高职高专工学结合医药类规划教材

Pharmaceutical Sales Management Practices

医药销售管理实务

主　编　吴　锦
副主编　高　琳　卫军锋　许奇浩
　　　　刘德才　顾永帜　郭文博

ZHEJIANG UNIVERSITY PRESS
浙江大学出版社
·杭州·

图书在版编目(CIP)数据

医药销售管理实务 / 吴锦主编. —杭州：浙江大学出版社，2014.2(2024.2 重印)

ISBN 978-7-308-12843-8

Ⅰ.①医… Ⅱ.①吴… Ⅲ.①医疗器械—销售管理②药品—销售管理 Ⅳ.①F763

中国版本图书馆 CIP 数据核字（2014）第 018401 号

内容简介

本书从医药销售经理的角度，将医药销售经理的工作职责分成十个学习情境：做一名医药销售经理、制订销售计划、构建销售组织、销售人员的选聘与培训、销售人员的薪酬与激励、销售分析与绩效考评、货品管理、信用管理、客户关系管理、客户服务管理。

本书按照"项目引领"教学模式的要求，取材体现医药特色，内容凸显实用性和可操作性。本书适用于医药院校相关专业高职高专、中职教育教材，也可作为医药销售代表、医药销售经理的学习参考书。

医药销售管理实务

吴 锦 主编

策划编辑 阮海潮(ruanhc@zju.edu.cn)

责任编辑 何 瑜(wsheyu@163.com)

封面设计 春天书装

出版发行 浙江大学出版社

(杭州市天目山路 148 号 邮政编码 310007)

(网址：http://www.zjupress.com)

排 版 杭州青翊图文设计有限公司

印 刷 广东虎彩云印刷有限公司绍兴分公司

开 本 787mm×1092mm 1/16

印 张 15

字 数 375 千

版 印 次 2014 年 2 月第 1 版 2024 年 2 月第 5 次印刷

书 号 ISBN 978-7-308-12843-8

定 价 42.00 元

《高职高专工学结合医药类规划教材》

编委会名单

高职高专工学结合医药类规划教材

《医药销售管理实务》编委会名单

主　编　吴　锦

副主编　高　琳　卫军锋　许奇浩
　　　　　刘德才　顾永帜　郭文博

编委名单（以姓氏笔画为序）

卫军锋　山西药科职业学院
王建华　宁波四明大药房有限责任公司
王绍军　上海罗氏制药有限公司
刘宇兴　辉瑞投资有限公司
刘德才　青岛国风药业股份有限公司
许奇浩　浙江医药高等专科学校
吴　锦　浙江医药高等专科学校
郑燕群　阿斯利康无锡贸易有限公司
赵　静　浙江医药高等专科学校
俞　涌　宁波立华制药有限公司
施能进　浙江医药高等专科学校
姜素芳　浙江医药高等专科学校
顾永帜　浙江广播电视大学
高　琳　广东食品药品职业学院
郭文博　浙江医药高等专科学校
曹　龙　海正辉瑞制药有限公司
蒋雄鹰　辉瑞投资有限公司

总　　序

近几年，医药高职高专教育发展势头迅猛，彰显出了强大的生命力和良好的发展趋势。《国家中长期教育改革和发展规划纲要(2010—2020年)》指出，要大力发展职业教育，培养创新型、实用型、复合型人才，培养学生适应社会和就业创业能力。高职教育培养生产、服务、管理等一线岗位的高端技能型人才，目标科学明确，满足适应了医药行业企业发展的迫切需要。而培养面向一线工作的高端技能型人才不仅要有扎实的理论基础，更要掌握熟练的实践操作技能，同时还应具备良好的职业素养和心理素质。

医药行业是涉及国民健康、社会稳定和经济发展的一个多学科先进技术和手段高度融合的高科技产业群体。医药类高职院校学生更应树立医药产品质量第一的安全意识、责任意识，更要着重强调培养学生钻研业务的研究能力、质量控制方面的职业知识及一专多能的职业能力。

为创新医药高职高专教育人才培养模式，探索职业岗位要求与专业教学有机结合的途径，浙江医药高等专科学校根据高端技能型人才培养的实际需要，以服务为宗旨，以就业为导向，依托宁波市服务型重点建设专业“医药产销人才培养专业群”的建设，推进教育教学改革，组织教学和实践经验丰富的相关教师及行业企业专家编写了一套体现医药高职高专教育教学理念的优质教材，贴近岗位、贴近学生、贴近教学。

本套教材具有以下几个特点：一是内容上强调需求。在内容的取舍上，根据医药学生就业岗位所需的基本知识技能和职业素养来选择和组织教材内容；二是方法上注重应用。教材力求表达简洁、概念明确、方法具体，基本技能可操作性强，让学生易于理解、掌握和实践。三是体例上实现创新。教材内容编排实现项目化，按照工学结合的教学模式，突出“案例导入”、“任务驱动”、“知识拓展”、“能力训练”等模块。

浙江医药高等专科学校作为教育部药品类专业教指委的核心院校，在医药高职高专教育中不断探索，不断前行，取得了一系列标志性的成果，教育质量不断提高，校企合作不断深入。本套教材是学校教师多年教学和实践经验的体现，教材体现了新的高职高专教育理念，满足了专业人才培养的需要。

前　言

销售是企业实现利润目标的重要环节之一，实现了销售，方可实现马克思的"惊险的跳跃"，企业竞争的成败在很大程度上取决于销售竞争。为了适应多变的环境，人们不断地在销售管理理论和实践方面进行探索和创新。销售管理是研究企业销售人员管理活动的规律及其策略的学科。

本书的编写特点主要体现在以下三个方面：

1. 体现医药特色。选取的工作过程、案例、实训等素材紧贴医药行业和医药销售经理的实际工作。参编人员由医药类相关专业的学校教师，来自国企、外企、合资企业的优秀医药销售经理组成。学校教师都具有研究生学历和硕士学位，医药销售经理都具有十年以上的工作经历和经验，为编写出高质量高标准的《医药销售管理实务》教材奠定了很好的基础。

2. 按照"项目引领"教学模式的要求，从医药销售经理的角度，将医药销售经理的工作职责分成十个学习情境：做一名医药销售经理、制订销售计划、构建销售组织、销售人员的选聘与培训、销售人员的薪酬与激励、销售分析与绩效考评、货品管理、信用管理、客户关系管理、客户服务管理。每个学习情境又分成若干个项目，每个项目又分成若干个任务。

3. 实用性和可操作性。一方面，教材对销售管理的理论不做系统性叙述，而是将理论与销售管理的实际有机结合，并突出医药特色。围绕实际应用讲解理论，通过案例分析，向读者说明医药销售管理的工作流程、方法、技巧等。另一方面，教材在结构的布局、内容的选取、案例的设计等方面符合课程标准的要求，配有电子课件，把教师的备课、授课、辅导答疑等教学环节有机地结合起来，适应以学生为中心的互动型教学需要。教材更多的是提供了医药销售管理的手段和方法、技术和技巧，希望本教材成为医药销售经理的好帮手。

为了让读者对医药销售管理的具体工作和细节要求有直观深刻的认知，特精心制作了视频素材《医药销售管理实战训练》，包括《处方药销售经理的工作》、《非处方药销售经理的工作》两个动画作品。

本书主要适用于医药院校相关专业高职高专、中职教育教材，也可作为医药销售代表、医药销售经理的学习参考书。

本书难免有不当与疏漏之处，望广大读者批评斧正。敬请各位读者把修改建议发送到电子邮箱 usaivy@126.com，非常感谢！

吴　锦

2014 年 1 月

目 录

学习情境一　做一名医药销售经理

学习目标

通过本学习情境的学习，学生应能够理解销售管理的含义，掌握销售管理的内容；了解销售经理的职责与职权，了解销售经理应具备的品质，理解销售经理的角色定位，掌握销售经理的职能与技能；了解知名营销专家对销售管理发展趋势的判断，了解医药销售环境的变化，了解医药销售管理的未来发展趋势。

❖知识目标

了解销售人员的职业道路，掌握销售人员的角色定位，树立正确的职业心态。

❖技能目标

有意识地培养经理人的品质，能够运用销售经理的职能和技能，做好医药销售管理工作。

情境引入

企业只有成功地进行销售才能生存下去，并获得持续发展，伴随企业活动的一切投资才能保值和增值。因此，对企业而言，销售工作是至关重要的。销售管理是对企业销售活动进行计划、组织、指挥和控制，以为企业和客户创造价值的活动。

项目一　销售管理认知

任务1　理解销售管理的含义

关于销售管理的含义，中外营销专家和学者有不同的理解。

西方学者一般认为，销售管理就是对销售人员的管理。著名营销学家菲利普·科特勒认为，销售管理就是对销售队伍的目标、战略、结构、规模和报酬等进行设计和控制。美国学者约瑟夫·P. 瓦卡罗认为，销售管理就是解决销售过程中出现的问题，销售经理应该是一个知识渊博、经验丰富的管理者。拉尔夫·W. 杰克逊和罗伯特·D. 希里奇在《销售管理》一书中认为，销售管理是对人员推销活动的计划、指挥和监督。

我国学者李先国等人认为，所谓销售管理，就是管理直接实现销售收入的过程。

由此可见，销售管理有狭义和广义之分。

狭义的销售管理专指以销售人员为中心的管理，在市场发育比较好、企业营销职能部门划分较细的西方发达国家持这种观点。

广义的销售管理是对所有销售活动的综合管理。我国学者大多持这种观点，这是因为我国市场经济发育不完善，企业的营销活动划分不是太细，销售活动包括的范围较广。在我国一些企业，销售管理涉及销售计划管理、销售组织管理、销售人员管理、销售业务管理、销售网络管理、客户管理和销售物流管理等活动。

我们认为，销售管理是对企业销售活动的计划、组织、训练、领导和控制，以达到实现企业价值的过程。

【小资料 1-1】

销售经理的一天

冯·奥利弗是博伊斯办公用品公司的地区销售经理。虽然他的每一天都有所不同，并富有挑战性，但冯·奥利弗还是描述了他的销售管理工作的“一天”。

上午 7:30，到达办公室。喝一杯咖啡，查看一下电话留言和网上电子邮件，需要回复的邮件立刻回复。

上午 8:30，访问销售代表，作为一天的良好开端。通过与销售代表的谈话，可以知道他们在做什么及准备做什么，从而知道怎样才能为他们提供帮助。

上午 9:00，阅读各种报告，并做出下一步的工作计划。例如，销售预测、预算和计划、补充新生力量等。剩下的时间会检查每一个销售人员的绩效和客户扩展情况，做出帮助其改进和提高的计划。

上午 10:00，尽量与销售代表在一起，与他们一起研究每一次访问的目标和策略问题，以便寻找真正的客户需求，确定满足顾客利益需求的战略和程序。最后，评估销售访问效率，发现需要改进的环节，并设计下一步的工作计划。

中午 12:00，与客户和销售代表共进午餐。一般每周有几次邀请客户共进午餐的机会，目的是为了增进与客户的关系，增加相互了解的机会，进而将来更好地为客户提供满意的服务。

下午 1:30，进行必要的销售访问，对销售人员进行现场指导与培训。

下午 3:30，回到办公室，打几个电话，与销售人员讨论一天发生的有关事情，安排为客户送货、结算、服务等问题。

下午 5:00，回忆一天的工作并做出第二天的工作计划，包括检查有关绩效，主要是检查与销售、利润目标相对比的业务报告，设计第二天的工作时间表。

下午 6:30，下班。

这就是销售经理的一天，也就是销售管理具体内容的概要。

任务 2　掌握销售管理的内容

一、菲利普·科特勒对销售管理内容的理解

菲利普·科特勒认为，企业销售管理涉及三个方面的内容：一是公司在设计销售队伍时计划作什么决策？这涉及销售队伍的目标、战略、结构、规模和报酬等问题；二是公司怎样招聘、挑选、训练、指导、激励和评价它们的销售队伍；三是怎样改进销售人员在推销、谈判和建

立关系营销上的技能。

二、查尔斯·M.富特雷尔对销售管理内容的理解

查尔斯·M.富特雷尔认为，销售管理涉及五个方面的内容：一是制订销售计划，即要建立一个面向有利可图的顾客的销售团队；二是设计销售组织，要选择合适的人，并建立适当的组织结构；三是对销售人员进行科学训练；四是引导和指挥销售人员提高销售效率；五是对销售人员和销售结果进行评价以指导未来的销售活动。

三、本书对销售管理内容的概括

在我国，一般认为企业销售管理的内容应涉及制订销售规划、设计销售组织、指挥和协调销售活动、评价与改进销售活动等四个方面。

根据前述对销售管理含义的讨论，我们认为销售管理包括制订销售计划、构建销售组织、销售人员的选聘与培训、销售人员的薪酬与激励、销售分析与绩效考评、货品管理、信用管理、客户关系管理、客户服务管理等内容。

项目二　如何成为一名合格的医药销售经理

任务1　了解销售经理的职责与职权

在现代营销组织中，通常有两大职能部门：一是销售部，二是市场部。销售是企业活动的中心，销售部是企业“冲在最前沿的战士”，其核心工作是销售和服务。作为销售经理，应清楚自己的职责及享有的相应职权。

一、销售经理的职责

(1)制定并完成销售部工作目标；

(2)负责销售网络的建设，并保证其合理性、健康性；

(3)审查分销商的信誉状况；

(4)监督检查货款及时回笼；

(5)负责销售部各项定额指标的制定和分解；

(6)对下属的纪律行为、工作秩序、整体精神面貌负责；

(7)对销售部预算开支的合理支配负责；

(8)对销售部工作流程的正确执行负责；

(9)对销售部制定的各项规章制度的执行情况负责；

(10)对销售部所掌管的企业秘密的安全性负责。

二、销售经理的职权

(1)销售部所属员工及各项业务工作的管理权；

(2)向营销副总的报告权；

(3)筛选客户的建议权；

(4)重大促销活动的现场指挥权；

(5)下级岗位调配的建议权和提名权；

(6)对下属工作的监督检查权；

(7)对下属工作争议的裁决权；

(8)对下属奖惩的建议权；

(9)对下属业绩的考核权；

(10)对限额资金的支配权；

(11)一定范围内的客户投诉赔偿权；

(12)一定范围内的经销商授信额度权；

(13)退货处理权。

任务 2　掌握销售经理的职能与技能

一、销售管理的职能

销售经理作为销售部门的领导和管理者，其职能可以概括为计划、组织、领导、控制四大基本职能。

1. 计划

计划是所有管理职能中最基本的功能。一个切实可行而又富有挑战性的计划是其他工作顺利开展的前提。若计划做得不好，接下来的组织、领导、控制等工作就会陷于被动。要制订一个切实可行而又富有挑战性的销售计划，首先要了解公司总体战略计划及营销战略计划，因为如果没有战略目标，销售部门的工作也就没有方向，或者偏离公司的战略方向。只有知道了总体战略目标是什么，才可能对具体工作做出计划，并率领整个部门沿着正确的方向前进。

2. 组织

销售计划固然非常重要，但任何一项销售计划都不可能由一个人去实施，需要进行人员配备，构建一支高素质的销售团队。构建销售组织，也就是以顾客为中心、以实现企业利润为目标建设销售团队。其中包括销售人员的招聘、选用，并为他们提供必要的资源，以保证其较高的工作效率。聘用多少员工以及聘用哪些类型的员工是销售经理的重要工作内容，对企业至关重要。

【小资料 1-2】

琼·米勒在雷诺德公司已经工作了 5 年，他是该公司俄克拉荷马城销售部门的一名销售员。由于他业绩出色，最近被提升为田纳西州孟菲斯地区的销售经理助理，这是他走向销售经理岗位的第一步。

米勒的上司是威尔森——孟菲斯地区的销售经理。多年来米勒一直非常崇拜威尔森的工作方式，他期待着能够获得作为一名销售管理人员应该掌握的经验，期待着能够在威尔森这样一位经理的带领下工作。米勒用了几个星期的时间熟悉了孟菲斯地区的零售业务、大客户，以及当地的 12 名销售代表。有一天，威尔森邀请米勒来到他的办公室，并告诉米勒有一名销售代表提出了辞职，同时要求米勒马上寻找一些应聘人员，并准备进行面试。米勒找到了 10 名应聘人员，经过选择，最后向威尔森推荐了 3 人进行面试，剩下的应聘人员将由大区经理进行面试，由他们决定其是否录用。

米勒很愿意参加招聘工作，他知道很多年轻的大学毕业生正在找工作，但是，他也知道要找到真正符合公司职位要求的应聘人员并不容易。公司一般要求应聘人员必须具有市场营销或商业相关专业的大学学历，并且需要提供真实的工作履历。此外，良好的性格也是一个必不可少的条件，应聘人员必须具有强烈的进取心、高度的自信和积极的生活态度。米勒知道在找到能够被公司所接受的应聘人员之前，他需要对应聘人员进行深入的了解。为了准备好这次招聘工作，米勒一直在征求威尔森的意见，向他请教如何发现和寻找应聘人员。威尔森向米勒介绍了自己在多年工作中积累的经验，他希望能够招聘一名来自边远农村地区的大学毕业生，他认为那些来自边远农村的年轻人具有吃苦耐劳的品质，而且他们也最能理解和发挥金钱的真正价值。同时，他认为招聘最重要的两个方面是评价应聘者是否拥有获取成功的欲望和坚持不懈的精神。

3. 领导

为了保证销售业务的正常运作，销售经理需要对所有的销售人员进行领导，指导他们做什么、如何做、为什么做和什么时候做。如果要想使销售人员的行动取得理想的成效，就要设法让他们建立共识，赋予他们责任心和使命感，销售人员也应当确切地知道公司对他们的要求。为此，要确保销售人员了解公司总体销售目标、需要做哪些具体工作和要达到什么标准。在领导下属销售人员工作时，销售经理要身先士卒，要有亲和力，并且对下属要多褒少贬，以激励销售人员做得更好。

【小资料 1-3】

艾伦一直想和她的销售经理查尔斯谈一下她的个人问题。查尔斯查阅了艾伦的销售记录，发现她在过去的 6 个月里，全部完成了公司分配给她的销售定额。实际上，艾伦不仅成功地完成了自己的销售任务，还抽时间参加了一次年度销售竞赛和两次教育培训。这时，艾伦走了过来。

“请坐，有什么事情吗?”

“是的，……是关于我的丈夫。他最近的情绪一直不好，他觉得我回家太晚了。他说如果我不和你谈的话，他会打电话给你。”

“是吗，这的确让我感到有点意外，我们在前几天曾经见过，他告诉我，你在销售竞赛中的表现让他感到非常自豪。”

“我知道，但是我那个时候正在参加州立大学的两个培训班，而且我在客户身上还要花很多的时间。此外，他每个星期也要出去两三次。”

“我很理解，艾伦，但是我应该怎么帮助你呢？你想让我做些什么呢?”

“我想知道以后是不是还要在夜里加班或者出差在外过夜。我的丈夫他希望我晚上能够待在家里，否则他会为我担心的。”

这时查尔斯突然想到，他们到现在结婚也只不过才 16 个月，应该尽量帮助艾伦减少加班次数并帮她调整一下出差的时间。

4. 控制

为落实计划和完成目标，销售经理要时刻关注销售人员及其业务发展的动向，并制定各种衡量基准，掌握情报反馈，通过追踪考核来对整体销售业务与人员进行控制。同时，还应了解计划正在如何进行，并在必要时做一些调整，包括对销售人员增加工作压力或进行制止，以防止销售人员做出愚蠢或危险的事情，等等。良好的信誉与服务对企业来说至关重要，树立好的公司形象要花很长时间，而要毁掉良好形象只需几分钟。所以，销售经理要做到全面了解企业状况，密切注意各项细节，定期评估绩效，判断员工表现，并注意重点管理等。

【小资料 1-4】

某计算机公司销售部门来了两个销售代表，一个是新招的 A，另一个是已经进入公司一年的销售代表 B。A 从来没有做过计算机硬件的销售，也没有很好的销售经验，而 B 曾在一家著名的 IT 企业做过几年的销售。第一个季度过去了，两个人都没有完成任务，这在销售经理的预料之内，因为他们刚刚接触客户，需要更长的时间开展业务。后来，新招的销售代表 A 的业绩居然比经验丰富的销售代表 B 好一些，这使经理非常奇怪，这是为什么呢？经理需要找到原因。销售业务取决于两个方面：一个是销售代表会见客户时的表现；另一个是销售代表与客户在一起的时间。B 的销售技能不错，说明问题不在销售技能上，经理开始注意他有多少时间与客户在一起。经理仔细地与他讨论每一个客户的情况，结果发现他根本不了解他的客户，这就说明他几乎没有花费时间与客户在一起。经理问 B："你最近去见过这些客户吗？"B 犹豫了一下，承认没有。经理询问原因，他终于说出了原委，原来是因为经理调整了他的客户，使他的业绩受到了影响。他的心情也受到了打击，他认为自己好不容易培养起来的客户，却轻易地被经理分走，太不公平了。于是，销售经理将一份准备好的业绩提高计划拿出来，要求他必须在两个月内完成本季度任务的 60%，最终要 100%地完成。经理告诉他："我理解你的心情，但我不能原谅你拿着公司的薪水，却不履行自己作为销售代表的职责。"B 在业绩提高计划书上签了字，如果他不能在限定时间内完成规定的任务，这意味着他将重新找工作了。

二、销售管理的技能

销售经理的工作是非常复杂的，其技能也应是多样的。我们可以把它们概括为三种最基本的技能，即感知和决策技能、人际关系技能、技术技能。

1. 感知和决策技能

感知和决策技能是指销售经理从总体上对销售组织进行理解并对组织成员之间关系的认知能力。具体地说，销售经理应该认识到自己所在的销售组织在哪些方面可以和所在企业的整体相互配合，自己的销售组织如何适应其所在的行业和地区，自己的组织成员各自有什么特长，还存在什么问题。这种能力意味着一个人是否能够以长期的、整体的角度进行战略思维。

【小资料 1-5】

安德鲁由于客户关系极好而刚刚晋升为地区销售经理，但是他现在似乎遇到了麻烦，该地区的销售额急剧下降，让这位地区销售经理感到非常恼火。销售总监安森想知道到底发生了什么事情，于是，安森告诉这位新上任的地区销售经理，准备到他的办公室去一次，和他共同讨论一下销售计划和销售定额问题。在他的办公室，通过和销售人员的谈话，安森很快发现个别的销售人员竟然不了解销售计划的内容及他们的销售定额，他们也不知道自己的目标是什么，更不知道他们应该重点把握哪些客户。安森又检查了一下这位地区经理上个季度的资料档案和会议记录。果然，有关的文件、记录含糊不清，相互矛盾，杂乱无章。于是，安森坦诚地与安德鲁进行了一次谈话，安德鲁承认自己做得不令人满意，也已经意识到整个销售机构无法纳入他的销售轨道。显然，安德鲁存在明显的职位不适应，一个好的销售人员未必胜任销售经理的职位。

2. 人际关系技能

人际关系技能是指作为销售经理与其他人进行合作和领导其他人进行有效工作的能力，具体表现为激励、帮助、协调、领导和解决冲突的能力。

对一名销售经理来说，他的大部分时间都用于和他人之间的交往上，需要经常处理与他人之间的关系。不断提高自己对他人领导、激励、协调、沟通的能力，这是成功的销售经理不可或缺的要素。

【小资料 1-6】

查理是密执安安全系统公司最出色的销售人员，他从来没有让自己的销售定额落空过，他一直认为自己应该被提升为销售经理。但问题在于，查理并不是他自己想象的那样出色，尽管他是公司顶尖的销售人员，但是他也是一个独行侠，他根本没有能力去管理一个地区的销售组织。这时，销售总监收到了查理的一封信，这封信内容写得非常直接，表达的意思也非常明确："我在公司中做销售人员已经有很多年了，长期以来我一直是公司最出色的销售人员，在这几年中我每年都能够达到或超过自己的销售定额，我所负责的客户的销售额每年都在增加，而且在这个地区，我所开发的客户比任何人都多。公司在绩效考评中对我的评价是出色，你本人也承认我是公司最出色的销售代表。我对自己目前的工资、佣金和奖金没有任何怨言，我希望你能够意识到，我已经为自己的下一个工作目标——销售经理做好了充分的准备。对我来说，有一点我认为非常重要，你必须认识到，如果公司不能充分发挥我的才能，那么我只能有一个选择——离开公司。"看来非常有必要与查理进行一次面谈，就有关问题进行沟通。

3. 技术技能

技术技能是指销售经理应该掌握的特定的销售知识、分析问题和解决问题的能力及使用某些交通和通信工具的能力。例如，查阅报表，分析存在的问题，并提出解决问题的方案的能力。

在一个组织中，管理层次越低，技术技能的重要性越大。随着个人在组织中地位的上升，技术技能的重要性与人际关系技能、感知和决策技能的重要性相比，其作用会有所下降。对于不同管理层次的销售经理来说，感知和决策技能、人际关系技能、技术技能三者之间的关系，如图 1-1 所示。

图 1-1　不同管理层次感知和决策技能、人际关系技能、技术技能三者之间关系

任务 3　了解销售经理应具备的品质

管理是一门科学，也是一门艺术。要成为一名合格的经理，需要学习销售管理课程，更需要系统地接受销售管理培训。接受销售管理课程的学习和培训，可以帮助你成为一名合格的销售经理，并对未来可能遇到的各种挑战做好充分的准备。通过销售管理课程的学习和培训，可以获得很多有价值的信息资料，这些资料是其他途径无法得到的。

但是，课堂上学到的只能是关于管理的一般知识、一般规范和一般规律，就像打球一样，场下教练讲的都听懂了，就以为自己会打球了，那就错了。当自己认为已经知道其中奥妙的时候，其实仍一无所知。销售经理还需要在管理的实践中不断学习，不断开发自己的领导潜能，培养自己的意志品质，不断完善自己。一名合格的销售经理应具备三个优秀品质：勇气、意志和远见。勇气，就是要有否定自己的勇气，向别人学习。没有自我的否定，就不会有自我的发展。意志，就是要有克服困难、战胜自我的意志品质。没有今天的失败，就不会有明天的成功。远见，就是要有长远的眼光，放眼未来，对自己充满信心。眼光看多远，路才能走多远。

任务 4　理解销售经理的角色定位

一、人际关系方面的角色：领导者、联络者

1. 领导者的角色

销售经理作为一个销售部门的负责人，要负责对下属进行激励和引导，包括对下属的聘用、培训、评价、奖酬、提升、表扬、干预，以至解雇。部门的节奏通常是由销售经理来决定的，销售部工作是否卓有成效取决于销售经理向部门注入的力量和远见。销售经理的无能或疏忽往往使部门的工作处于停滞不前的状态。作为领导者的角色的重要目的是把部门成员的个人需求同部门目标结合起来，以便促进整个团队有效地开展工作。

2. 联络者的角色

销售经理作为销售部门负责人，要通过各种正式的和非正式的渠道来建立和维持本部门同外界的联系。这些渠道主要包括：参加外部的各种会议，参加各种社会活动和公共事务，与其他部门的经理互相访问或互通信息，同与销售有关的其他机构的人员进行各种正式和非正式的交往等。

二、信息方面的角色：接受者、传播者、发言人

1. 信息接受者的角色

销售经理得到的信息大致有以下五类：一是内部的业务信息，通过下属的业务报告、特

别报告，以及对部门工作的检查等渠道获得；二是外部的事件信息，如客户、竞争者、市场变化、政策变动、技术发展等，通过下属、同业组织、报刊等渠道获得；三是分析报告，从下属、同业组织或外界人员等渠道得到对某一事件的分析报告；四是各种环境信息，包括参加各种会议、阅读客户来信、浏览同业组织的报告等；五是压力信息，各种压力也是信息的来源，如下属的申请和外界人士的要求、其他部门的意见和社会机构的质问等。

2. 信息传播者的角色

销售经理把外部信息传播给下属部门和人员，把内部信息从一位下属传播给另一位下属。销售经理传播的信息包括：一是有关事实的信息，销售经理要用某种公认的标准来判断是否正确，把其中有价值的信息传播给有关的下属；二是有关价值标准的信息，销售经理在组织中要传播正确的价值标准，以便指导下属正确地决策。

3. 信息发言人的角色

销售经理信息传播者的角色所面向的是部门内部，而其发言人的角色则面向外部，把本部门的信息向周围的环境传播。销售经理发言人的角色要求他把信息传递给两类人：第一类是其直接上级；第二类是企业之外的公众。销售经理只有把自己的信息同他所联系的人共享，才能维持他的联系网络。

三、决策方面的角色：变革者、冲突排除者、资源分配者、谈判者

1. 变革者的角色

销售经理的变革者的角色是指销售经理在其职权范围内充当本部门改革的发起者和设计者。变革者的角色的活动开始于观察工作，寻找各种机会和问题。当发现一个问题或机会以后，如果销售经理认为有必要采取行动来改进部门的工作状况，就应该提出改进方案，报上级批准后组织本部门实施。

2. 冲突排除者的角色

销售经理面对的冲突有两种类型：一种是下属之间的冲突，主要是由于争夺资源的分配、个性不同引起的；另一种是部门之间的冲突，主要是当部门资源遭受损失或面临损失的危险时发生的。销售经理一般把排除故障置于较其他绝大多数活动都优先的地位。

3. 资源分配者的角色

实现资源分配者的角色，销售经理就要保留销售部门所有重要决定的权力，这样就能保证把这些决定互相联系起来，使它们互相补充而防止冲突，并在资源有限的情况下选用最好的方案。由销售经理来批准的事项有：下属拟定的改进性方案，对较为次要的故障的排除措施，现有程序和政策的例外情况处理，下属谈判的合同，业务预算等。

4. 谈判者的角色

对于销售经理来说，谈判者的角色显然是最重要的角色之一。这些谈判既包括正式的商务谈判，也包括非正式的谈判。谈判就是资源交易，要求参加谈判的人要有足够的权力来支配各种资源，并迅速作出决定。对于销售经理来说，很多谈判场合都需要他的参加并作出决定。

项目三 把握医药销售管理的发展趋势

任务1 了解知名营销专家对销售管理发展趋势的判断

美国学者托马斯·英格拉姆(Thomas Ingram)等认为，销售管理正出现了某些新的趋势，如图1-2所示。

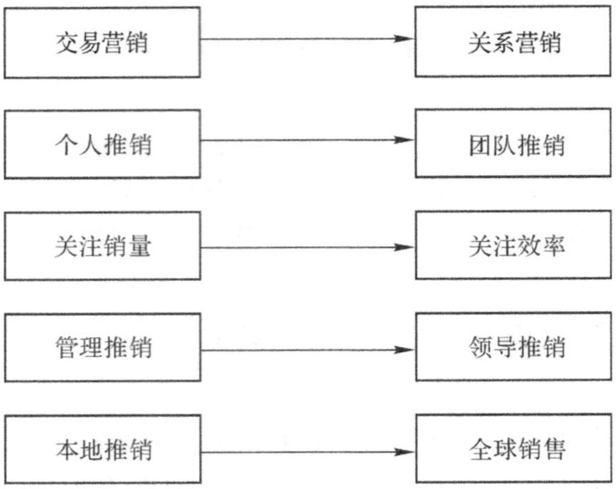

图1-2 销售管理发展趋势

一、从交易营销到关系营销

在经营过程中，越来越多的企业发现，仅仅将注意力放在自身利益以及与顾客的单次交易上已经很难维持良好的客户关系。为了持续的发展，企业需要将自己放在一个开放的系统中，与上游的供应商直至下游的消费者建立起长期的良好的合作关系。在这种思想的指导下，产生了关系营销理论。

关系营销是以系统论为基本思想，将企业置身于社会经济的大环境中来考察企业的市场营销活动，建立并发展与消费者、竞争者、供应者、分销商、政府机构和社会组织的良好关系。关系营销将建立与发展同所有利益相关者之间的关系作为企业营销的关键，把正确处理这些关系作为企业营销的核心。

关系营销和交易营销的区别主要表现在：

(1)交易营销的核心是交易，企业和营销人员通过“诱使”顾客发生交易活动从中获利；关系营销的核心是关系，是企业通过与利益相关方维持长久的良好关系而获益。

(2)交易营销把其视野局限于目标市场上，即各种顾客群；关系营销所涉及的范围则广得多，包括顾客、供应商、分销商、竞争对手、银行、政府机构和内部员工等。

(3)交易营销强调如何获得顾客；关系营销更加强调保持顾客。

(4)交易营销不太强调顾客服务；关系营销高度强调顾客服务。

(5)交易营销是有限的顾客参与和适度的顾客联系；关系营销却强调高度的顾客参与和紧密的顾客联系。

二、从个人推销到团队推销

过去，在企业里销售精英大行其道；但是，在今天，超级明星式的销售人员的重要性在许多销售组织内的作用正在下降，特别是当销售的重点从销售产品转向解决顾客问题、增加顾客价值时。在许多情况下，一个人不可能拥有判断和解决顾客问题所需要的全部知识和技巧。此时，就需要某种类型的团队一起工作。这种团队协作可以是在销售组织内不同的个人之间，也可以是在销售和市场营销部门之间，或者是在企业内不同职能部门之间。虽然已有许多不同的团队协作方法，但是从个体向团队转化有不断增长的趋势。

三、从关注销售量到注重销售效率

一个销售组织的基本任务就是将产品销售出去，达到理想的销售量。在以往，对销售人员和销售经理的评估与奖励通常是依据其在一定时间内完成的销售量来进行的。但是，今天许多企业发现同样的销售额给企业带来的效益是不一样的。因此，许多销售组织不再只关注于“为销售而销售”（只重销售量），而是关注销售利润。这就使得销售管理关注点从单纯的销售量转向了销售效率。销售管理的效率导向，要求销售人员更有效地或效率更高地做事，在成本一定的条件下能够完成更多的销售量。

四、管理方式从依赖职权发展到依靠领导者个人魅力

过去许多销售组织都采用传统科层式的组织架构，销售经理主要利用职权对下属的活动进行控制，以实现预期目标。现在的销售组织多采用团队合作的方式开展工作，团队中每个成员按照自己的能力完成团队赋予的任务，团队领导的主要工作是激励其成员完成任务。

【课堂互动 1-1】　管理者与领导者的最大区别是什么？

五、销售区域从本地辐射到全球

随着经济的全球化和信息技术的迅猛发展，传统的以地理界限为基础划分销售区域的方式显得越来越不适用。每一个企业都是全球分工中的一员，因而其市场很难再锁定在某一固定的地理区域，而是全球化的。因此，现今的销售组织必须主动适应这种变化，其领导者和成员必须具有国际视野，以应对来自世界范围内的竞争挑战。

任务 2　认识医药市场营销环境

一、医药市场营销环境的含义

营销大师菲利普·科特勒指出：“市场营销环境就是影响企业的市场和营销活动的不可控制的参与者和影响力。”具体地说，医药市场营销环境就是：在营销活动之外，对医药营销活动产生影响和冲击的不可控制的各种因素和社会力量的总和，它是影响医药企业生存和发展的各种外部条件。

二、医药市场营销环境的分类

企业市场营销环境的内容既广泛又复杂。不同的因素对营销活动各个方面的影响和制约也不尽相同，根据医药企业的营销活动受制于营销环境的紧密程度来划分，医药市场营销环境可分为微观环境和宏观环境。图 1-3 表明，医药企业运营中的相互作用的市场营销环

境，其中内圈表示微观环境，外圈表示宏观环境。

图 1-3　企业市场营销环境

1. 医药市场营销微观环境

所谓医药市场营销微观环境是指与医药组织关系密切，直接影响企业为目标市场服务顾客的各种因素。它一般包括两个方面：

(1)组织内部因素，如自身综合实力、其他部门与营销部门的关系、营销部门在组织中的地位等。

(2)组织外部因素，主要包括供应者、竞争者、营销中介、顾客与公众等。

2. 医药市场营销宏观环境

所谓医药市场营销宏观环境是指那些影响企业微观环境中所有行动者的大范围的社会力量，主要包括人口环境、经济环境、自然环境、科学技术环境、政治法律环境和社会文化环境。

随着市场竞争的日益加剧和科学技术的飞速发展，企业的经营环境正经历着前所未有的剧变。顾客的需求在变化，顾客的兴趣在变化，顾客的消费观念和购买行为在变化，服务顾客的方法和技术也在变化。如何应对急剧变化的市场形势，已成为所有企业和销售管理者面临的最大挑战。

【课堂互动 1-2】　与以往相比，当前顾客的需求都出现了哪些变化？

销售人员的职业道路

销售职业化已成为一种发展趋势，销售人员有着广阔的发展前景，他可以从普通的销售人员晋升为销售经理，或者市场营销总裁，甚至总裁。

销售人员走向销售职业生涯，一般从销售培训生开始。在经过一段时间的培训之后，销售人员可以负责某一地区的销售工作，这也就走上了通往销售经理的道路。经过若干年的磨炼之后，销售人员开始进入更高层次的管理职位——大客户销售人员，就可以获得比较高的社会地位和经济收入。这时，销售人员有两种选择：有的销售人员可以选择满足现状，把销售作为自己的职业生涯；有的选择进入管理层，从地区销售经理，到区域销售经理，再到全国销售经理，以至市场营销总裁。

今天，更多的企业不仅希望雇用具有销售才能的销售人员，更希望发现具有销售管理潜能的销售人员。销售人员的职业发展道路如图 1-4 所示。

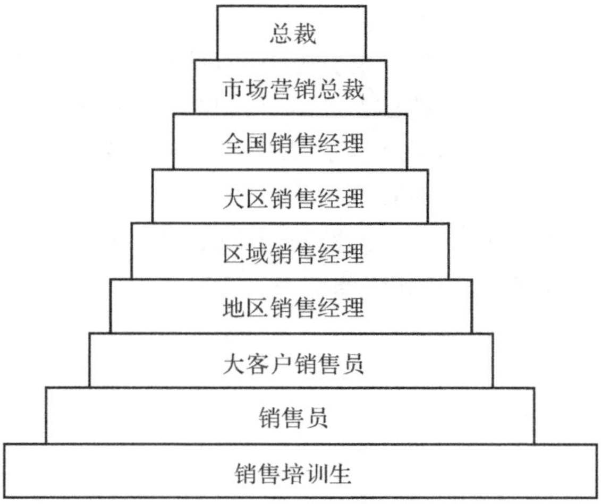

图 1-4　销售人员的职业发展道路

地区销售经理，一般负责管理某一地区 3～10 名销售人员；区域销售经理，一般负责 3～5个地区销售的管理；大区销售经理，一般负责 3～5 个销售区域的销售管理。

尽管没有销售经验的人也有可能担任销售管理职务，但这种情况一般很少见。对于高层管理人员来说，他们一般会认为有销售经验的人员担任更高层次的管理职位会更具有说服力。从一名普通的销售人员起步，进入销售管理这一领域，一个人可能会得到更多的利益和更多的信息，如公司销售人员对销售所持有的态度，顾客对公司、产品及销售人员所持有的态度，公司竞争对手的情况等。

与大公司的销售人员相比，小公司的销售人员晋升的速度可能会更快，因为小公司发展的速度比大公司快；与老公司相比，处于成长期的公司的销售人员晋升的机会可能会更多，因为随着公司的发展和市场的扩张，销售人员会有更多的晋升机会。

以前，人们认为应该尽量在一个公司就职，大家彼此比较熟悉和了解，相互信任，会得到更多的晋升机会。但是，现在这种状况已经不存在了，许多人发现通过改变工作可以获得更多的晋升机会。一方面，销售人员面对新的人际关系和公司环境，他会努力进取，积极表现自我，不断向自己挑战，争取自身价值的提升；另一方面，公司领导及员工对新引进的人员也分外关注，因为表现积极、业绩突出得到晋升也是理所应当，这对老员工也是一种有效的激励。同时，很多公司在其人力资源管理中，越来越看重员工的信誉和对企业的忠诚，这对于销售人员来说，又增加了一些想通过跳槽得到职位晋升者的选择难度。

归纳总结

销售管理是对企业销售活动的计划、组织、训练、领导和控制，以达到实现企业价值的过程。

销售经理要成功地履行自己的职能，需要具备三个方面的技能：感知和决策技能、人际关系技能、技术技能。

企业总是希望雇用到一些不但具有销售能力，而且具有成为销售经理潜质的销售人员，他们可以通过自身的努力从普通的销售人员走上销售经理的岗位。但是，在角色的变化过程中，他们需要我们的帮助。当然，成为合格的销售经理的关键是销售经理自身的不断学习，培养自己的勇气、意志和远见。随着市场环境的变化，可以看出销售管理呈现了这样的发展趋势：从交易推销到关系推销；从个人推销到团队推销；从关注销售量到关注销售效率；从管理推销到领导推销；从本地推销到全球销售。

实用技术训练

一、知识训练

1. 重要概念解释

销售管理

2. 问题理解

(1)销售管理的内容？

(2)如何成为一名合格的医药销售经理？

3. 知识应用

(1)单项选择题

①销售管理的核心是(　　)。

A. 销售人员　　B. 销售活动　　C. 销售绩效　　D. 销售目标

②管理层次越低，(　　)技能越显得重要。

A. 感知　　B. 决策　　C. 人际关系　　D. 技术

③销售人员的工作安全感应取决于(　　)。

A. 企业政策　　B. 经济环境　　C. 销售经理　　D. 工作表现

④对一名刚上任的销售经理来说，要成功地适应新岗位，最关键的是(　　)。

A. 适应角色　　B. 面对挑战　　C. 不断学习　　D. 培养品格

⑤从市场的发展可以认识到，企业的成功取决于(　　)。

A. 销售经理　　B. 销售人员　　C. 现有的顾客　　D. 长期的顾客

⑥对于一个销售经理来说，最重要的品质是他应该具有(　　)能力。

A. 计划　　B. 组织　　C. 领导　　D. 控制

(2)多项选择题

①销售管理是对企业销售人员及其活动进行(　　)从而实现企业目标的活动过程。

A. 计划　　B. 组织　　C. 培训与指导　　D. 激励与评估

②销售管理的基本技能可以概括为(　　)三种。

A. 感知和决策技能　B. 人际关系技能　C. 技术技能　D. 领导技能

③从销售人员到销售经理会发生(　　)和工作关系等方面的变化。

A. 观念　B. 目标　C. 责任　D. 技能

④合格的销售经理的优秀品质可概括为(　　)。

A. 勇气　B. 意志　C. 学习　D. 远见

二、技能训练

1. 案例分析

某化工公司是生产销售卫生材料的,销售经理张先生在与客户的接触中发现客户经常抱怨几件事:①该材料在加工过程中,由于员工操作水平参差不齐,造成材料的拉力不一,有的拉力太大,有的拉力又太小,材料质量不稳定,直接影响了客户最终产品的质量;②有时有交货不及时的现象。

面对这种现象,张经理组织了一次部门会议,征求各销售人员的意见。销售人员王某认为这两个问题都不是本部门所能解决的,最多只能把情况反映上去。李某认为应该直接与生产部、技术部和运输部联系,以取得相关部门的支持。其他几个销售人员也认为这不是销售部的责任。

张经理在仔细考虑之后,决定以书面报告的形式直接向总经理汇报。总经理在看到报告后,立即把营销副总经理付某找来,要他负责解决这些问题。付总看了报告后把销售经理张先生找来,首先责备张经理为什么不事先向他报告,后又指示其与相关部门直接联系以解决这些问题。

张经理根据付总的指示先后与储运部、生产部、供应部、财务部进行联系,得到如下答复。

储运部:"因为没有成品,生产跟不上,找生产部门去。"

生产部:"原材料供应不及时,影响生产进度,找供应部门去。"

供应部:"没有足够的资金,找财务部。"

财务部:"因为销售部回款不力,应收款占用大量资金。"

技术部:"可以为客户提供技术支持。"

质管部:"质量控制太严,更无法交货。"

问题绕了一圈,又回到张经理这里,可张经理也有话说:"就是因为这些问题,客户才不按期付款的呀!"假如你是张经理,你该怎么做呢?

讨论:

(1)问题的关键在什么地方?

(2)作为销售经理,该如何谨守职责?

(3)试指出张经理下一步的行动方向。

2. 操作实训

【项目】认识销售管理。

【目的】理论与实践相结合,通过了解销售管理实践加深对理论知识的理解。

【内容】以某一企业为个案,研究其销售管理流程、模式和特点。

【步骤】

(1)寻找医药行业在销售管理方面比较有特色的企业。

(2)通过文献调查、深度访谈、企业实习等方式，了解其销售管理流程、模式和特点。

(3)熟悉该企业销售管理的主要岗位、职责及任职要求。

(4)就实训项目撰写一份调查报告或实训报告。

（吴　锦）

学习情境二　制订销售计划

学习目标

通过本学习情境的学习，学生应能够理解销售计划的重要性，掌握销售目标制定的方法，理解销售定额的含义及其作用，了解销售定额分配程序，最终能根据销售预测编写销售计划书，编制各类销售计划及销售人员行动计划。

❖知识目标

了解销售计划的重要性，理解销售定额的含义及其作用，掌握销售目标制定的方法。

❖技能目标

能根据销售预测编写销售计划书，编制各类销售计划及销售人员行动计划。

情境引入

市场是难以把握的，面对难以把握的市场，企业唯一可行的办法就是加强管理工作的计划性，将企业的销售活动置于周密的计划管理之下。“计划你的工作，按你的计划工作”，这句话精辟地概述了销售管理工作的基本原则，就是制订销售计划和按计划销售。销售计划是销售管理的基石，是企业为取得销售收入而进行的一系列销售工作的安排，包括确定销售目标、分配销售定额、制订实施方案等。

项目一　销售计划认知

任务1　销售计划的内涵

销售计划是企业为取得销售收入而进行的一系列销售工作的安排，包括销售预测、预定销售目标、编辑销售定额和销售预算，只有销售数字和金额的销售计划是不完整的，还需要有切实可行的实施方案来指导销售人员的工作。

销售计划的内容通俗来说，即由卖什么东西（产品计划）、买家需求（顾客计划）、由谁来卖（销售人员计划）、以什么价格出售（售价计划）、需要卖多少（销售额计划）、要怎么卖（实售计划）组成。在现实中，许多企业将计划销售额误以为是销售计划，只列出目标销售数量和金额，因此一定要注意销售计划内容的广泛性。

任务2　销售计划的重要性

许多企业在销售管理上存在的问题，往往是销售计划的问题。例如，有些企业的销售目标不是建立在调查和分析的基础上，而是想当然想出来的，缺乏科学依据；有些企业的销售计划没有按地区、客户、产品、销售人员进行分解，使计划无法具体落实；还有些企业的管理者把销售目标作为销售计划，只知道向下级下达目标数字，缺乏科学的实施方案和必要的业务指导，致使销售目标无法实现。

销售计划对企业是非常重要的，其重要性体现在以下两个方面：

一、销售计划是企业和销售人员销售工作的基础

“凡事预则立”，在科学的调查、预测下产生的销售计划是企业销售工作的蓝图，可以为销售人员指明工作的方向和方法。有些销售人员每天在外面奔波却达不到好的效果，这不仅影响了企业销售目标的完成，更打击了销售人员的积极性，甚至怀疑公司和产品。制订合理的销售计划是完成销售任务中至关重要的一环，是销售人员取得良好业绩的基础，也是企业销售取得成功的基础。

二、销售计划是企业考核销售人员工作的依据

销售计划以各种数字体现出对销售人员工作的要求，这些以科学方法得来的数字正是企业考核销售人员的标准和依据。销售目标是对销售人员能力的体现，销售定额是对销售人员的最低要求，销售预算是对销售费用的限制。企业可以通过是否达到销售定额、是否达到销售目标及其费用是否在销售预算之内等方面来考核销售人员的工作业绩，这种考核办法比较公平科学，在现实中也得到了广泛的应用。

实践证明，只有符合销售组织自身特点、全员参与制定、保持一定弹性的销售计划才是一个好的计划、有用的计划。它可以正确地贯彻企业策略，引导企业走上健康发展的道路。

项目二　确定销售目标

根据销售预测，企业就可以确定销售计划的核心——销售目标。销售目标往往是在销售预测的基础上，结合本公司的营销战略、行业特点、企业现状以及竞争对手的状况来制定的。企业的销售目标反映了企业的经营意识，是企业市场地位的象征。销售收入的多少就是企业经营好坏的最好标志。

任务 1　确定销售目标

制订销售计划，首先就是要根据销售预测确定销售收入目标，销售收入目标在销售计划中居于中心地位。

一、根据销售成长率确定销售目标

销售成长率是企业今年的销售实绩与去年销售实绩的比率，用公式表示如下。

销售成长率＝今年的销售实绩/去年的销售实绩×100％

那么，

销售目标值＝今年的销售实绩×销售成长率

【案例 2.1】 某企业今年完成销售 5 000 万元，实现销售成长率 120％，如果明年的市场仍保持这样的成长态势，则明年的销售目标值为 6 000 万元。

企业的销售成长率不仅受市场需求及企业市场占有率的影响，还受到竞争者的影响，所以销售成长率往往与企业愿望有一定的差距。要想得到比较准确的销售成长率，需要综合考虑过去几年的销售成长情况，求出平均销售成长率。平均销售成长率的计算公式如下。

$$平均销售成长率=\sqrt[n]{今年销售业绩/基准年销售业绩}\times 100\%$$

式中：n 的求法是以基准年为 0，然后计算当年相对于基准年的第 n 年，如果是第 3 年，则 n 为 3。

【案例 2.2】 某企业 2005—2007 年实现销售额分别为 100 万元、112 万元、120 万元，则企业 2005—2007 年的平均销售成长率为 $\sqrt{(120/100)}\times 100\%=109.5\%$，2008 年的销售目标值为 $120\times 109.5\%=131.4$(万元)。

有时，也可以用“经济成长率”或“业界成长率”来代替销售成长率，从而确定企业销售目标。

二、根据市场占有率确定销售目标

市场占有率是在一定时期、一定市场范围内，企业实现的销售额(量)占业界总销售额(量)的比率，用公式表示如下。

$$市场占有率=企业实现的销售额(量)/业界总销售额(量)\times 100\%$$

那么，

$$销售目标值=业界销售预测值\times 企业市场占有率目标$$

对一个企业而言，市场占有率代表了企业的销售实力、企业的竞争能力和企业的市场地位，所以，企业会千方百计扩大自己的市场占有率。但是受法律及竞争的影响，企业市场的扩张都有一定的限度，企业市场占有率目标只能以企业现有的销售能力和竞争能力来确定。业界销售预测值则需要通过科学的市场需求预测大致求得。

【案例 2.3】 某企业今年实现销售 800 万元，市场占有率为 12%，预计明年的市场仍将保持旺盛的需求，行业销售将达到 8 000 万元，如果企业仍维持现有的市场占有率，那么明年的销售目标就是 960 万元。

三、根据市场扩大率或实质成长率确定销售目标

市场扩大率是企业今年市场占有率与去年市场占有率的比率，用公式表示如下。

$$市场扩大率=今年市场占有率/去年市场占有率\times 100\%$$

实质成长率是企业成长率与业界成长率的比率，用公式表示如下。

$$实质成长率=企业成长率/业界成长率\times 100\%$$

根据市场扩大率或实质成长率确定销售目标，实际上是企业依据其在市场上的扩大目标或实质成长目标来决定销售目标。当企业今年的销售额等于去年的销售额时，不一定是“维持了原状”，只有当实质成长率为 100%时，也就是业界的成长率与企业成长率相等时，才可称为“维持了原状”。那么，也只有当企业的成长率高于业界成长率时，才可称为“实质的成长”。如果企业的成长率低于业界的成长率，虽然市场扩大率有所增加，那也并不意味着企业“实质的成长”，只能说明企业的发展速度不如业界的增长速度快。

相反，遇到经济衰退，如果企业的成长率降低幅度等于业界成长率的降低幅度，说明企业在业界“维持了原状”；如果企业的成长率降低幅度高于业界成长率降低幅度，说明企业在业界的市场地位降低；如果企业的成长率降低幅度低于业界成长率降低幅度，说明企业“实

质的成长”。

【案例 2.4】 某企业市场扩大率与实质成长率的关系如表 2-1 所示。

表 2-1 市场扩大率与实质成长率的关系

	去 年	今 年	成长率
企业实绩(万元)	100	150	150%
业界实绩(万元)	1 000	1 200	120%
市场占有率	10%	12.5%	

市场扩大率=12.5%/10%×100%=125%

实质成长率=150%/120%×100%=125%

于是,企业在决定下年度市场扩大率的目标值及推测了业界的成长率之后,就可以确定销售收入的目标值了,计算公式如下。

销售目标值=企业本年度销售实绩×业界成长率×企业市场扩大率

那么,企业的销售目标值=150×120%×125%=225(万元)

四、根据损益平衡点确定销售目标

损益平衡就是销售收入等于成本,损益值为零。一般而言,销售收入(X)由成本和利润构成,成本又可分为固定成本(F)和变动成本(V)。所以,损益平衡时的销售收入(X)等于固定成本(F)加上变动成本(V),用公式表示如下。

$X=F+V$

$X-V=F$

变动成本随着销售收入(或销售量)的增减而变动,所以可以通过变动成本率来计算每单位销售收入变动成本的增减率。

变动成本率(V_x)=变动成本(V)/销售收入(X)

那么,公式可演变为

$X-V_x \cdot X=F$

那么,损益平衡点上的销售收入目标值(X_0)为

$X_0=F/(1-V_x)$

在损益平衡分析上,成本的区分方法有个别法、二期间法、目测法、最小平方法等,其中最常用的是个别法。

所谓个别法就是分别检查各个成本项目以区分变动成本和固定成本的方法。成本分解如表 2-2 所示。

表 2-2　成本分解表

项　目	金额(万元)	分解基准		固定成本 (F)(万元)	变动成本 (V)(万元)
		区　分	比　例		
销售成本	25 000	V			25 000
广告宣传费	300	F∶V	2∶1	200	100
促销费用	250	V			250
薪　水	350	F		350	
折旧费用	100	F		100	
合　计	26 000			650	25 350

由上表可知，损益平衡点的销售收入目标为 26 000 万元，变动成本率为 97.5%。

如果考虑企业的纯收益，将纯收益目标值(R)加入上式，则销售收入目标值公式如下。

销售收入目标值 $X_r=(F+R)/(1-V_x)$

假设，$R=3\ 000$(万元)，那么，

销售目标值 $X_r=(650+3\ 000)/(1-0.975)=146\ 000$(万元)

如果企业的收益目标是收益率，而收益率 r=纯收益/销售收入，所以根据收益率确定销售收入目标的公式如下。

销售收入目标值 $X_r=F/(1-V_x-r)$

上例中，如果收益率的目标为 2%，那么，

销售收入目标值 $X_r=650/(1-0.975-0.02)=130\ 000$(万元)

五、根据经费预算确定销售目标

在企业的正常经营活动中，无法避免各种经营费用的开支，如销售费用、人事费用、折旧费用等。而这些费用的开支均需销售毛利的扣除。根据经费预算确定销售目标，也就是要使企业销售实现的销售毛利足以抵偿各种费用开支。其计算公式如下。

销售毛利率＝销售毛利/销售收入×100%

＝(销售收入－销售成本)/销售收入×100%

＝1－销售成本率

那么，

销售收入目标值＝销售毛利/(1－销售成本率)

或者，

销售毛利率＝(营业费用＋营业纯益)/销售收入×100%

那么，

销售收入目标值＝(营业费用＋营业纯益)/销售毛利率

上式中的营业费用包括了固定费用和变动费用，在工作中需要把变动费用部分扣除，所以，销售收入目标值演变为

销售收入目标值＝(固定费用＋必要纯益)/(1－销售毛利率－变动性营业费用率)

上式比较适合于流通企业确定销售目标值。制造业销售目标值的确定大多利用变动利润计算，一般先估计变动利润，再求销售收入目标值，公式如下。

销售收入－变动成本＝变动利润

变动利润率＝变动利润/销售收入×100％＝1－变动成本率

销售收入目标值＝固定成本/(1－变动成本率)＝固定成本/变动利润率

上述方法，主要以销售毛利率目标值为标准，然后再计算销售收入目标值。但是，要想使该值更合乎实际，可按照产品及部门的毛利来计算销售收入目标值，其计算程序如下：

(1)决定企业的毛利；

(2)决定产品及部门的毛利贡献度；

(3)分配产品及部门的毛利目标；

(4)通过产品及部门预定的毛利率，计算产品及部门的销售收入目标值；

(5)总计各产品及部门的销售收入目标值，即可得企业的销售收入目标值。

根据毛利贡献度确定销售目标的方法，如表 2-3 所示。

表 2-3　以毛利贡献度计算销售目标

部　门	毛利贡献度	企业毛利(万元)	毛利目标(万元)	预定的毛利率	销售目标(万元)
甲	60％		1200	20％	6 000
乙	25％		500	25％	2 000
丙	15％		300	30％	1 000
合计	100％	2 000	2 000	22.2％	9 000

六、根据消费者购买力确定销售目标

根据消费者购买力确定企业销售目标，也就是估计企业服务范围内的消费者购买力状况，以此预测企业的销售额。该方法尤其适用于零售企业。

根据消费者购买力确定企业销售目标的程序如下：

(1)设定企业的服务范围，并调查该范围内的人口数、户数、收入额及消费支出额；

(2)调查企业服务范围内商店的数目及其平均销售能力；

(3)大致估计各商店的销售收入；

(4)确定企业的销售目标值。

【案例 2.5】　某超市调查得知，其服务范围内的居民户数为 5 000 户，每户平均年消费水果支出额为 3 000 元。那么，企业服务范围内的消费者购买力为 15 000 000 元。又调查得知，在服务范围内经营水果的商店有 12 家，包括 4 家超市和 8 家副食店，其销售能力和销售收入如表 2-4 所示。

表 2-4　销售能力和销售收入情况表

	超　市	副食店	合　计
商店数	4	8	12
销售力	1	0.5	
销售能力合计	4	4	8
平均销售收入(元)	1 875 000	937 500	15 000 000

据此表数据，不考虑其他因素，该超市的销售收入目标应定为1 875 000元(15 000 000/8)。

七、根据销售人员的申报确定销售目标

根据销售人员的申报确定销售目标，就是根据一线销售人员的申报，逐级累计，求得企业销售目标。由于一线销售人员最了解销售情况，所以根据他们的估计而申报上来的销售目标最能反映当前企业的销售状况，而且最有可能实现。当然，如果一线销售人员的预测值与管理者的预测值一致，这是最为理想的结果。

根据销售人员的申报确定销售目标时，需要注意以下两点：

(1)申报时尽量避免过分保守或夸大。销售人员在申报销售指标时，应依据自己的能力来申报可能实现的销售收入，避免过分保守或极端夸大的情形。

(2)检查申报内容。销售经理不仅要检查销售人员是否有保守或夸大的情形，而且要检查申报内容的市场性，也就是检查申报内容是否符合市场发展趋势及市场购买力。

【小资料 2-1】

销售目标过高、库存大，迫使厂家主动降产能

比亚迪汽车公司近日宣布，将2010年产销目标由80万辆调整至60万辆。比亚迪汽车公司有关人士表示，调整是基于公司目前的产能原因，也是贯彻公司“品牌年”整体战略的重要举措，将集中力量进行品牌建设，为明年和以后的成长奠定坚实的基础。

有业内人士表示，上半年以来，各汽车经销商的销售不好，库存压力过大，从而使得厂家不得不降低生产目标来配合经销商的销售。业内人士分析，虽然业界对于下半年中国车市保持高速增长存有疑虑，但保持一定的增速仍然可期。比亚迪在上半年的快速增长验证了车市仍然存有增量空间，而且随着下半年比亚迪M6、L3等重磅新车的上市，以及“金九银十”传统旺季的来临，外界预计比亚迪仍然将保持全年50%以上的高速增长。

(资料来源：2010年08月11日，广州日报)

任务2　分配销售定额

销售定额是销售经理计划管理工作中最有力的措施之一，它规定了销售单位和个人必须实现的最低目标，它可以用来衡量销售单位、销售人员完成任务的状况。如果定额管理运用得当，可以激励每个销售人员更好地完成任务，这对于一个销售组织来说有极其重要的作用。

一、销售定额的特征

1. 公平性

合理的销售定额应该让各销售单位和销售人员感到公平。应该指出的是，销售定额的公平并不意味着分配给每个销售单位或销售人员的销售定额都是相等的，因为不同的销售区域的市场潜力不同，竞争的程度也不同，而且销售人员本身也存在着销售能力和经验的

差别。

2. 可行性

设计和分配销售定额，既要定额的可行性，也要兼顾定额的挑战性。定额定得太低，起不到对销售人员的激励作用，定额定得太高而无法实现，销售人员也会失去积极性。

3. 灵活性

销售定额不是固定不变的，要依企业的经验、信息的反馈及企业内外部环境的变化而相应调整，保持对销售人员的动态指导，发挥销售定额应有的作用。

4. 可控性

销售定额要有利于销售经理对销售人员的销售活动进行检查和监督，并采取措施随时纠正偏离组织方向的销售行为。

5. 可接受性

企业下达给下属及销售人员的销售定额，必须能够被下属及销售人员理解和接受，否则难以起到激励作用。

二、销售定额的类型

销售定额通常有四大类型：销售量定额、财务定额、销售活动定额和综合定额。

1. 销售量定额

销售量定额是最常用、最重要的销售定额。目前经常使用的设置销售量定额的方法是以当地过去的销售量、销售潜力和市场预测为基础，以销售成长率来确定当年的销售定额。如果当年期望的销售成长率为110%，每个销售人员的销售定额就是上年定额增加10%，即是上年定额的110%。

显然，仅以过去的销售量来设置销售量定额是不够的，销售经理在设置销售量定额时，必须考虑以下因素：区域市场状况、竞争者地位、现有市场占有率、市场涵盖的客户数量和质量、过去的销售业绩、新产品推出的效果、价格政策及预期的经济条件。

2. 财务定额

销售量与利润相比，企业重视更多的是利润。如果销售人员在赢利少、容易卖的产品上花费太多的时间和精力，就会大大降低企业的赢利能力。财务定额可以激励销售人员开发对企业更有效益的客户，销售更有效益的产品。财务定额包括费用定额和利润定额。

(1)费用定额。提高利润率的关键在于对销售费用的控制，费用定额规定了销售人员销售一定数量的产品所需的最高费用限额。

为了控制销售人员的销售费用，限制交通、饮食和住宿成本的快速上升，通常销售经理把这些费用直接与销售量或者补偿计划结合起来。一种方法是规定销售人员每天可以花费在饮食、交通、住宿上的费用标准；另一种方法是用销售费用率来决定允许的费用限额。

设置费用定额的目的是控制销售人员的费用水平，增加销售利润。所以销售经理在设置费用定额时，一定要注意以下两方面的问题：一方面，注意费用限制不能阻碍销售业绩的提高，必须保证销售人员有相对充足的经费来开发新的客户，维持销售业务的正常进行。一定的销售业务量要求有相应数额的费用来保证，如果过分强调节省费用开支，必然会影响销售人员正常的业务活动。因此，销售经理对费用的控制应该是适度的，而且要依具体情况区别对待。假如一名销售人员某月的费用开支超过定额100元，而他的销售额超过销售定额100 000元，销售经理应该给予奖励而不是指责或处罚。

另一方面，销售经理要注意将费用定额与销售量定额、销售人员的薪酬挂钩，通过一定的经济手段来鼓励销售人员节约费用开支。如将节约的费用按一定比例以津贴的形式返还给销售人员，可以调动销售人员节约费用开支的积极性，进而使他们在销售过程中精打细算，最大限度地实现企业利润目标。

(2)利润定额。利润是企业生存的前提，销售经理和销售人员必须创造能为企业带来利润的销售额，因此利润定额也是一项重要的财务定额。利润定额具体可分为毛利润定额和净利润定额两种类型。

毛利润是产品销售额与销售成本之间的差额。有时企业用毛利定额代替销售量定额，用以强调毛利、利润的重要性，这是由于毛利定额可以帮助说明销售任务的完成情况。例如，销售人员甲完成销售 50 万元，而销售人员乙完成销售 40 万元。仅从销售额上看销售人员甲完成任务的情况比乙好，但甲的费用为 10 万元(费用率 20%)，乙的费用为 7 万元(费用率 17.5%)，从毛利的角度看，乙的毛利率比甲高，所以乙的业绩较好一些。

设置毛利定额虽然可以使销售人员集中精力提高毛利，但实际上销售人员是无法控制毛利的，也无法完全对毛利负责，因为销售人员不负责定价，无法控制产品成本。所以，企业一般对销售人员公开生产费用信息，让销售人员随时了解费用状况。

净利润是销售额减去产品销售成本和销售人员直接费用后的余额，其计算过程如表 2-5所示。

该地区的平均产品销售成本为销售额的 80%(3 467 200/4 334 000)，平均净利润率为 17.2%。销售人员乙的业绩是可以接受的，销售人员甲和丙的业绩最好，他们的净利润率高，因为他们的费用开支少，费用率低。销售人员丁应该引起注意，应减少费用开支，提高净润率。

表 2-5　某地区销售人员利润对照表

	销售人员甲	销售人员乙	销售人员丙	销售人员丁
销售额(元)	5 792 000	4 842 000	6 046 000	4 334 000
产品销售成本(元)	4 633 600	3 873 600	4 836 800	3 467 200
销售毛利(元)	1 158 400	968 400	1 209 200	866 800
费用(元)	68 000	72 000	64 000	88 000
工资(元)	45 600	43 200	40 800	38 400
其他费用(元)	22 400	28 800	23 200	49 600
净利润(元)	1 022 400	824 400	1 081 200	690 800
净利润率	17.65%	17.03%	17.88%	15.94%

3. 销售活动定额

销售人员的销售活动定额，包括以下几项内容：

(1)日常性拜访(日拜访次数)。

(2)吸引新客户，获得订单(每月开发新客户数量、日订单数量)。

(3)产品展示(演示频次)。

(4)宣传企业及其产品。

(5)为顾客提供服务、帮助和建议。

(6)培养新的销售人员。

建立销售活动定额可以让销售人员对日常活动做出更好的计划,从而更加有效地利用时间。销售活动定额也使得销售经理便于控制销售人员时间的使用,即控制不同销售活动中的时间分配。销售活动定额管理如表 2-6 所示。

表 2-6 某地区销售活动定额完成情况表

销售人员	拜访次数	订单数量	订单数量/拜访次数	实际销售额(千元)	每单平均销售额(元)
甲	1 900	1 140	60%	5 792	5 081
乙	1 500	1 000	66.7%	4 842	4 842
丙	1 400	700	50%	6 046	8 637
丁	1 030	279	27.1%	4 334	15 534
合计	5 830	3 119	51%	21 014	8 524

从表中可以看出,丁的精力主要集中在大客户身上,虽然每单平均销售额高,但成交率低,销售业绩反而是最差的;乙的精力主要放在了小客户身上,虽然成交率高,但订单规模小,销售业绩也较差;丙的销售业绩最好,因为他兼顾了大客户与小客户。

在实际工作中,销售活动定额管理也会遇到一些问题,如员工参与人数多,资料必须从销售人员的报告中获得,而销售人员在报告时可能偏重数量而忽视质量,如销售人员甲拜访的次数和订单的数量都是最多的,但他每单的平均销售额并不是最高的。另外,由于销售活动有时无法直接实现销售,很难对销售人员产生激励,需要将销售活动定额与销售量定额一起使用则效果更好。

4. 综合定额

综合定额是对销售量定额、财务定额、销售活动定额综合而得出的定额。综合定额以多项指标为基础,可以全面反映销售人员的工作情况,因此更加合理。在设置综合定额时,需要对不同的指标赋予不同的权重,这些权重表示各项指标对管理的重要性。

如表 2-7 所示,赋予销售额、净利润和新客户的权重分别是 5、3、2,两位销售人员在销售额上的表现水平相当,但由于王刚在净利润和新客户这两项指标上表现比较突出,所以在综合评定上超过了黎明。需要注意的是,企业同时采用多项定额,但这些定额必须是针对销售最重要的活动、销售量及产品。

表 2-7 销售人员综合定额表

姓　名	指　标	定额(元)	实际完成额(元)	完成率(%)	权　重	完成率*权重	业绩总评
黎明	销售额	200 000	18 0000	90	5	4.5	7.6
	净利润	100 000	70 000	70	3	2.1	
	新客户	20	10	50	2	1.0	

续表

姓 名	指 标	定额(元)	实际完成额(元)	完成率(%)	权 重	完成率*权重	业绩总评
王刚	销售额	300 000	270 000	90	5	4.5	8.1
	净利润	150 000	120 000	80	3	2.4	
	新客户	25	15	60	2	1.2	

三、销售定额的分配

1. 月别分配法

月别分配法就是将年度目标销售定额分配到一年的12个月或4个季度中。

月别分配法的优点在于简便易行,容易操作。目前有许多企业采用月别分配法分配销售定额。其缺点是忽略了销售人员所在地区的大小及顾客的多少,可能影响销售人员的积极性。如果将月别分配法与其他分配方法结合起来,效果更好。

2. 销售单位分配法

销售单位分配法就是以某一销售单位为对象来分配销售定额。

销售单位分配法的优点在于强调销售单位的团结合作,利用销售单位的整体力量来实现目标销售定额。其缺点是过于重视销售单位目标定额的完成,而忽视了销售人员个人的存在。所以,当企业将目标销售定额分配到各个销售单位时,应考虑销售单位所在地区的特征,如销售区域的大小、市场的成长性、竞争对手与潜在顾客的多寡等。

3. 地区分配法

地区分配法是指根据销售人员所在的地区与顾客的购买能力来分配目标销售定额。

地区分配法的优点在于可以对区域市场进行充分的挖掘,使产品在当地市场的占有率逐渐提高,因此,比较容易为销售人员所接受。其缺点在于很难判断某地区所需产品的实际数量及该地区潜在的消费能力。所以,在分配目标销售定额时,必须考虑各个地区的经济发展水平、人口数量、生活水平、消费习惯等因素。

4. 产品类别分配法

产品类别分配法是指根据销售人员销售产品的类别来分配目标销售定额。采用这种方法的前提是培养尽可能多的忠诚的客户。因为,如果消费者经常改变消费需求,变换所消费的产品,企业就很难判断某种产品的消费者群体的规模大小,产品类别分配法也就失去了意义。所以,企业必须进行市场调查,及时了解消费者需求的变动情况,采取多种措施来满足消费者的需求,创造一批忠诚的顾客。

5. 客户分配法

客户分配法是指根据销售人员所面对顾客的特点及数量来分配目标销售定额。它充分体现了客户导向的观念,可以使销售人员把销售的重点放在重点客户身上,有利于客户的深度开发和忠诚客户的培养。但是,这种方法也会使销售人员为了业绩只注重老客户的维护,而忽视新客户的开发。

6. 销售人员分配法

销售人员分配法是指根据销售人员能力的大小来分配目标销售定额。

销售人员分配法,有利于形成对销售人员的激励,激励销售能力强的销售人员继续努力，鼓励销售能力相对较差的销售人员奋起直追。但是，这种方法也容易使销售队伍产生等级之分，使能力强的销售人员产生骄傲自满情绪，使能力较差的销售人员产生自卑感，从而形成内部矛盾。

在实际操作中，上述六种方法一般不单独使用，而是将两个或两个以上的方法结合起来使用，扬长避短，优势互补。

项目三　制订销售预测计划

销售预测是整个企业全部运作规划的关键因素，所有部门都要根据销售预测编制本部门下一时期的工作计划。生产部门根据销售预测确定生产进度和数量，进行存货管理；财务部门根据销售预测编制经营预算和现金流量计划；人力资源部根据销售预测决定是否雇佣新人和雇工数量；市场营销部根据销售预测确定营销方案，把资源分配到各种销售活动中。预测过高，会造成产品积压，给企业带来损失；预测过低，会错过盈利机会，浪费大量的机会成本。可见，科学的销售预测十分重要，是制订好销售计划的基础。

任务 1　销售预测及其相关概念

销售预测是指某个企业对其未来一段时间内，在特定市场上按照预定的市场营销计划可能实现的销售额(量)所作的估计。销售预测的范围十分广泛，企业既可以给某条生产线作预测，也可以给个别产品项目作预测；既可以为公司整体市场作预测也可以为个别细分市场作预测。

制订销售预测首先要了解市场规模、市场潜力和销售潜力三个指标，这也是各个企业在现实操作中需要注意的问题。

市场规模指在特定时期(通常为一年)内，在考虑价格、促销和竞争对手活动等因素的情况下，一个特定的市场所能消费的商品总量。

市场潜力指在特定时期内，某一个市场上整个行业的某种产品或服务的总预期销售额(量)。

市场潜力包括四个要素：物品可出售量、销售量用货币或产品单位来计量、具体的时期、具体的市场界限(以地理范围或顾客类型来划分)。例如，预计 2009 年我国绿色环保服饰的市场潜力是 1 亿元人民币，这个表述也就包含了上述四个要素。

销售潜力是市场潜力的子集，是指在特定时期内，某特定企业所能取得的最大市场份额的合理预期。如果某品牌绿色环保服饰 2009 年取得了全国 1.2 亿元消费的 30%，那么可以说该品牌绿色环保服饰 2010 年的销售潜力在 30%左右。在讨论销售潜力的时候，产品、市场和时间段是必不可少的三个要素。市场潜力是一个行业概念，而销售潜力是一个企业概念。绝大多数行业中存在着许多相互竞争的企业，因此企业的销售潜力必然小于行业的市场潜力。只是在垄断的行业中，市场潜力才等同于企业销售潜力。

任务 2　销售预测的前期准备

在制订销售预测之前，首先要对市场和销售潜力进行估计。对市场和销售潜力的估计有几种基本方法:需求估计法、消费者意图调查法和试销。

一、需求估计法

许多报纸、杂志、网站上会登载行业数据、行业分析以及营销调查等资料。企业根据这些信息对市场和销售潜力进行估计的方法就是需求估计法。例如,一个服装制造商想要预估其产品的市场和销售潜力,他可以选择服装行业的相关网站查询,了解现有服装市场总的市场潜力、各服装品牌的发展程度、服装厂商的数量和生产能力等,他还可以根据自己服装的定位和目标群,请专业机构调查相关数据,如人口数量、各商场各地段的消费者流动情况等,根据这些数据估算出自己的销售潜力。

二、消费者意图调查法

消费者意图调查法,也叫购买者意图调查法,是通过问卷等形式直接接触顾客,调查其在给定价格下的购买意向来估计市场潜力。在少数重要顾客占据企业大部分销售量的情况下,消费者意图调查法是很有成效的。然而,这种方法也存在着较大的风险,消费者口头上达成的购买意向并不一定能落实到行动上。另外,消费者意图调查法的费用较高,时间较长,并不适合需要迅速了解产品市场潜力的制造商。

三、试销

试销是指企业在某特定市场上推出和销售某种新产品。与其他通过猜测来预计市场的方法相比,试销不需要猜测,而是以实际的销售情况为依据。很多新产品在生命周期开始几年,都要经过试销,以证明产品的销路和利润空间。试销的优点在于以产品在真实市场中的表现来推断销售潜力,更具说服力。但要获得试销结果,必须耗费大量的时间和精力。另外,对于需要同时以获得消费者认可和消费率较低的产品,试销难以作出有效评价。试销主要适用于能以最小成本生产出少量产品的情形,而不适用于在生产前需要增加固定资产投资的产品。

任务 3　影响销售预测的因素

一、不可控因素

1. 市场需求

市场需求是外界因素中最重要的一项,经济发展形势、流行趋势、消费者生活习惯的转变等都会引起需求量的变动。因此,企业应该密切关注该行业的相关市场动态,提前对市场形势进行分析预测,以掌握市场的需求动向。

2. 政治环境

政策的变动往往会对销售产生较大的影响,例如 2008 年 6 月起禁止超市免费发放塑料袋的规定,就使得塑料袋生产厂家调整销售预测,甚至调整生产结构,以适应政策变动引起的市场变化。

3. 经济环境

销售收入深受经济变动的影响,尤其是近年来石油价格上涨、通货膨胀加剧、股市震荡、人民币升值等,国内外的经济环境直接影响企业的销售甚至生存,因此企业一定要对经济形势的发展有一个正确的认识,采取灵活的措施来适应经济形势的变化。

4. 行业竞争环境

企业的销售是整个行业销售的一部分，销售额的高低直接受到业内竞争者的影响。新的竞争者的出现、竞争对手采取了新的竞争战略等，都会对行业格局产生一定的影响，自然也会对企业的销售产生一定的影响。

二、可控因素

1. 生产能力

生产能力是影响企业销售额的重要因素。

2. 销售人员

销售人员是销售活动的核心，直接决定企业销售的实现情况。

3. 营销和销售政策

包括产品、价格、渠道、促销政策在内的营销政策和包括交易条件、付款方式等的销售政策，也会直接影响企业的销售情况。

任务4 销售预测区间和销售预测方法

一、销售预测区间

销售预测区间一般是三个月(一个季度)、六个月或一年。在通常情况下，销售预测区间和企业的会计年度一致，因为企业的费用计划要以销售预测为基础。但是对于存在淡季和旺季的企业来说，他们更愿意按经营周期进行预测。例如，销售教材的企业往往会把一个学期作为销售预测区间。

二、销售预测方法

销售预测方法主要包括定性预测和定量预测两种：定性预测的主要依据是历史经验和专家判断；定量预测则是利用数学和统计分析工具研究历史数据，作为对未来的预测。

1. 定性预测

(1)经理意见法。

经理意见法是最古老和最简单的预测方法之一，是指根据经理人员的经验、分析和直觉，参考多个或全部参与者的意见得出销售预测。这种方法的优点在于简单便捷，不需要经过复杂的设计计算，也不需要完整的历史数据，因此当预测资料不足而预测者的经验相当丰富时，采取这种方法最好。经理意见法在中小企业中十分受欢迎，但这种方法也有其不足之处：首先，这种方法以个人为基础，不如统计数字令人信服；其次，高层经理和情绪强烈的管理人员可能比那些更了解产品的销售人员对最终预测产生更大的影响。

(2)销售人员意见法。

销售人员是接近市场、最了解市场需求的人员，他们对销售的预测是比较合理的。该方法是让参与预测的销售人员对下一区间销售的最高值、最可能值和最低值分别进行预测并计算其概率，得出每个销售人员的销售预测值，最后求出平均值作为企业的销售预测。其具体计算方法见表2-8。

表 2-8　销售人员意见法

销售人员	预测内容	预测销量	概　率	预测销量×概率	期望值
甲	最高销量	1 000	0.3	300	820
	最可能销量	800	0.5	400	
	最低销量	600	0.2	120	
乙	最高销量	1 000	0.2	200	700
	最可能销量	700	0.5	350	
	最低销量	500	0.3	150	
丙	最高销量	900	0.2	180	620
	最可能销量	600	0.6	360	
	最低销量	400	0.2	80	

如果企业对三位销售人员意见的信赖程度相同，那么企业的销售预测即三人预测的平均值为

$$(820+700+620)/3=713.3$$

销售人员意见法简单明了，容易操作，各销售人员对市场了解比较充分，因此预测值可靠性比较大，适用于各类企业。这种预测方法的缺点在于：①销售人员可能不了解企业整体规划和宏观经济趋势；②销售人员为了能超额完成销售定额，可能会有意识地压低预测，从而造成预测的不准确。

(3)消费者意见法。

消费者是产品销量的决定因素，消费者意见法是通过征询消费者的需求和未来的购买计划了解整体需求，在此基础上分析市场形势，预测未来销量。调查消费者需求的方法多种多样，包括现场发放调查问卷、电话咨询、直接访问等方式。这种方法的优点在于大大提高了预测的客观性，准确率较高。在实践中，消费者意见法主要用于生产资料商品、中高档耐用消费品的销售预测。需要注意的是，要使这种预测方法有效，必须具备两个条件：消费者的意见明确和购买意向真实可靠。

(4)德尔菲法。

德尔菲法也称为专家意见法。运用这种方法首先要组成一支由在各领域中拥有丰富专业知识的专家组成的专业队伍。组织者给每位专家发出问卷，要求他们就同一个主题进行预测，组织者将答案汇总后反馈给各位专家。各位专家通过汇总情况了解大家的意见，需要时再作一次预测。这个过程反复进行，直到专家们的意见趋于一致。德尔菲法的缺点是需要花费较高的成本来邀请专家，还需要大量的时间，而且预测结果的质量完全取决于专家的才能。

2. 定量预测

(1)平均值法。

顾名思义，平均值法就是把几期的销售额平均起来预测本期销售额的方法。这是定量预测中最简单的方法之一，其公式为

$$S_{t+1}=(S_t+S_{t-1}+\cdots+S_{t-n})/n$$

S_{t+1} 是下期的预测销售额，S_t 是现期销售额，S_{t-1} 是上期销售额，依次类推。把到目前为

止的 n 期销量加总再平均，就得到了下期的预测销售额。n 的取值由预测者根据需要决定。

在现实中，企业一般采用移动平均法，即事先定好期数，以后每期预测时都用最近一期的数据替换最早一期的数据，以保证销售预测更加符合实际。例如，企业采用三期移动平均法预测销售额，则第四期预测销售额为 $S_4=(S_1+S_2+S_3)/3$，第五期预测销售额为 $S_5=(S_2+S_3+S_4)/3$，依次类推。

平均值法最大的优点是计算简单。对于销售比较稳定的产品来说，平均值法尤其是移动平均法的预测比较准确，但对于销售情况不稳定的产品或有突发事件的时期，其预测的准确性就比较低，例如"非典"期间的销售额并不能体现企业正常的销售情况，就不应该用上面的公式进行计算。在这种情况下，企业可以指定不同月份销售额的权重，来体现它们对下一期销售影响程度的不同，即加权移动平均法。其公式为

$$S_{t+1}=(a_tS_t+a_{t-1}S_{t-1}+\cdots+a_{t-n}S_{t-n})/n$$

其中，$a_1+a_{t-1}+\cdots+a_{t-n}=1$。

(2) 指数平滑法。

指数平滑法同样可以区分各期销售额对预测的不同影响，只是选取的基数不同，其公式为

$$S_{t+1}=AS_t+(1-A)S'_t$$

式中：S_{t+1}—— 下期预测销售额；

A—— 平滑指数；

S_t—— 本期实际销售额；

S'_t—— 本期预测销售额。

根据平滑指数 A 的值，企业可以为本期实际销售额和本期预测销售额分配权重。例如，当 $A=0.3$ 时，则本期实际销售额的权重为 0.3，而本期预测销售额的权重为 0.7。与加权移动平均法相同，指数平滑法的优点在于可以体现时间对预测销售额的影响程度，降低突发因素对后期的影响；其缺点在于平滑指数的选择没有固定的标准，全靠管理者的经验判断，具有一定的随意性。

(3)回归分析法。

回归分析法分析在因变量(销售量)和一个或多个自变量之间是否存在某种函数关系，如果发现了这种关系，那么因变量(销售量)的值就可以根据自变量的值来预测。回归分析有多种形式，最简单的是直线回归，自变量(X)与因变量(Y)的关系被假定为线性关系。简单线性回归的表达式是 $Y=a+bX$，其中 a 代表直线在 Y 轴上截距，即自变量 X 为 0 时 Y 的取值；b 表示每一单位的 X 变动会引起多少单位的 Y 变动。

在现实中，自变量(X)可以是时间、人数、收入等与产品销售相关的因素，如果多个因素同时对销售影响很大，那么也可以连同它们一起回归分析，即多元回归分析。

(4)能力基础预测法。

对餐饮、医疗等服务行业来说，企业的规模和设施会对销售产生一定的限制，在这种情况下，企业能力有多大，销售预测就有多大。例如对一家饭店而言，座位能力就可以反映出销售预测：饭店拥有 50 张桌子和 200 把椅子，午餐加晚餐一天可以接待 4 拨客人，而且全部满座。假设饭店每年营业 300 天，每天可以接待 200×4＝800 个客人，每人的平均消费为 20 元，则一年的销售额预计是 4 800 000 元(即 300×800×20)。

【课堂互动 2-1】 定量预测与定性预测的优缺点分别是什么？

分析提示：可以从它们的特点出发来思考各自的优缺点。

项目四　编制销售计划

销售计划的编制是指企业在进行销售预测的基础上，制定销售目标、销售策略、激励措施和实施方案的过程。企业所属各部门、各销售单位必须按年度、季度、月度，分产品别、客户别编制切实可行的销售计划，由企业进行汇总，形成企业的销售计划，然后层层下达执行。

任务 1　月别销售计划的编制

一、收集过去三年间月别销售实绩

收集过去三年间各月销售实绩资料，并将各年度、月别销售额认真地记录，如表 2-9 所示。

表 2-9　月别销售计划表

月　别	去年实绩	1 年前实绩	2 年前实绩	前 3 年合计	月别比重(%)
1					
2					
3					
4					
5					
6					
7					
8					
9					
10					
11					
12					
合计					

二、月别销售实绩合计

将过去三个年度的月别销售实绩进行总计。

三、确定过去三个年度的月别销售比重

计算月别销售比重，就是计算某个月的三年合计销售实绩占全部三年合计实绩的百分

比。因季节因素的影响,每月销售情况会有所不同。

四、确定月别销售计划目标

月别销售计划目标,就是将过去三年间月别销售比重乘以企业销售目标总额。

任务2　月别、产品别销售计划的编制

一、取得产品别销售比重

将过去三年同月的产品别销售实绩和占同期产品销售比重找出,进行总评,如表2-10所示,了解过去销售较好的产品群。

表2-10　产品别销售实绩分析表

		去年同月		前1年同月		前2年同月		销售比重总评
		销售实绩	销售比重	销售实绩	销售比重	销售实绩	销售比重	
产品别	A							
	B							
	C							
	D							
合计								

二、参照企业产品销售比重政策,调整产品销售比重

参照公司产品销售比重政策、利害关系人的意见及产品需求预测等项目来调整过去三年间同月的产品别销售比重。

三、确定月别、产品别销售计划目标

用调整后的月别、产品别销售比重和月别销售计划目标相乘即得到月别、产品别计划销售额,如表2-11所示。

表2-11　月别、产品别销售计划表

月　别	产品别							
	A		B		C		D	
	销售比重	销售计划	销售比重	销售计划	销售比重	销售计划	销售比重	销售计划
1								
2								
3								
4								
5								
6								
7								

续表

月别	产品别							
	A		B		C		D	
	销售比重	销售计划	销售比重	销售计划	销售比重	销售计划	销售比重	销售计划
8								
9								
10								
11								
12								

每月结束，销售经理要对当月产品别销售情况进行分析，如表 2-12 所示。

表 2-12　____月份产品销售分析表

年　月　日

产品别	项目	
A	目标	
	实绩	
	达成率(%)	
B	目标	
	实绩	
	达成率(%)	
C	目标	
	实绩	
	达成率(%)	
D	目标	
	实绩	
	达成率(%)	

任务 3　部门别、客户别销售计划的编制

一、取得部门别、客户别的产品销售比重

将去年同月的部门别、客户别的产品销售比重予以分析研究，如表 2-13 所示。

表 2-13　部门别、客户别销售分析表

部门别	客户别		去年同月		今年月计划	
			销售额(元)	销售比重(%)	销售额(元)	销售比重(%)
第一销售分公司	A级客户	A1				
		A2				
		A3				
	合计					
	B级客户	B1				
		B2				
		B3				
	合计					
第二销售分公司	A级客户	A1				
		A2				
		A3				
	合计					
	B级客户	B1				
		B2				
		B3				
	合计					

二、部门别及客户别产品销售比重的调整

将去年同月的部门别、客户别的产品销售比重按下列三项内容予以调整：

(1)部门别、客户别的销售方针；

(2)部门主管及客户动向意见的参考；

(3)客户信用程度、信用状况、与竞争对手的竞争关系及拓展新客户目标等。

三、确定部门别、客户别销售计划目标

用调整后的销售比重乘以部门的销售计划目标定额，即可获得部门别、客户别的销售计划目标。

任务 4　销售人员行动计划的编制

一、月别行动计划

销售人员对未来的行动制订计划是必要的，如表 2-14 所示，每位销售人员明确制定出自己未来一个月的重点行动目标、销售的商品、拜访的客户等。

表 2-14　销售人员行动计划表

姓名：
日期：

本月销售目标描述		
重点销售商品	重点拜访客户名单	新开拓客户名单
1. 2. 3.	1. 2. 3.	1. 2. 3.

二、周别行动计划

月别的重点行动目标设定后，就可以制订周别的行动计划了。将每周需要努力的方向具体列出，如表 2-15 所示。

表 2-15　周别行动计划表

星期＼日期	客户名称	接洽人	地　点	电　话	访问目的	备　注
星期一 日期						
星期二 日期						
星期三 日期						
星期四 日期						
星期五 日期						

续表

星期 日期	客户名称	接洽人	地　点	电　话	访问目的	备　注
星期六 日期						
星期天 日期						

三、以销售日报表来检查周别计划的实施成果

销售人员每天以书面形式呈报自己的销售情况与访问顾客情况，如表 2-16 所示。只要将行动计划表与每日实绩相对照，销售人员的表现就一目了然，这样便有利于销售经理对销售人员的行动实施有效的控制。

表 2-16　销售人员日报表

年　月　日

序　号	客户名称	接洽人	订货名单	等　级	数　量	单价(元)	金额(元)	交货日期
1								
2								
3								
4								
5								
6								
今日访问客户数：			本月累计访问客户数：			明日计划访问客户数：		
本月业绩目标：			已完成目标：			未完成目标：		
工作价值评估								

任务 5　销售货款回收计划的编制

一、制订与销售计划并行的销售货款回收计划

销售人员配合月别销售计划，制订月别销售货款的回收计划。过去的收款实绩等资料可作为分析参考之用，如表 2-17 所示。

表 2-17　销售额、回款额计划表

客户名称	经办人	销售计划		回款计划		当月回收明细		
		月　日	月　日	月　日	月　日	合　计	现　金	支　票

二、缩短客户销货款积欠天数，提高客户销货账款回收率

客户销货款积欠天数和客户销货账款回收率是对销售人员考核的重要指标。其公式如下：

客户货款积欠天数＝(客户赊款余额＋本企业收受票据余额)/日平均销售总额

客户销货账款回收率＝当月回收客户赊款余额/当月客户销售计划×100%

拓展提高

下列例子中能否使用销售定额？如果能，你认为应该采用哪种销售定额？

1. 为糖果厂宣传或促销的销售人员

能，应该采用销售量定额。根据糖果厂过去的销售量、销售潜力、市场预测、竞争者、市场占有率和销售业绩等信息，以销售成长率来确定当年的销售定额。由于糖果属于散装或小包装食品，没有大的利润，不需要使用财务定额，也不需要使用销售活动定额。

2. 为体育健身器材新产品推销的销售人员

能，应该使用销售活动定额，体育健身器材新产品往往需要一些特定的场所或是一些有这方面需求的顾客群，可以适当地对产品进行展示，来说明产品用途以吸引新的顾客，为顾客提供服务、帮助和建议。

3. 工业中央供热和空调部件厂的销售人员

能，可以采用财务定额来适当地提高利润，由于是中央供热和空调是比较大量的，一般都是大单生意，可以适当地提高设置销售费用，或者将费用定额与销售量、销售人员的薪酬挂钩，通过一定的经济手段来鼓励销售人员节约开支。

4. 化妆品入室推销

能，化妆品推销应该采用销售活动定额，主动入室拜访，产品体验，宣传新产品，为顾客提供优质的服务和体验。因为化妆品是以女性市场为主，而且常常是主打新产品来吸引女性消费者。

5. 家用空调、电冰箱厂的销售人员

能，可以采用综合定额，根据家电市场的各种信息(竞争者、市场占有率、拥有的客户、过去的业绩)来确定销售定额，也可以用财务定额提高利润，让销售人员来提高销售利润，可以进行产品展示，吸引新客户，来增加顾客群、销售量、利润等。

归纳总结

销售计划是企业为取得销售收入而进行的一系列销售工作的安排，包括依据销售预测设定销售目标、编制销售定额和销售预算。销售计划对企业来说十分重要，它是企业和销售人员销售工作的基础，是企业考核销售人员工作的依据。

销售预测是指某个企业对其在未来一段时间内，在待定市场上按照规定的市场营销计划可能实现的销售量所作的估计。影响销售预测的两大因素主要有市场需求、政治环境、经济环境和行业竞争环境等不可控因素，以及生产状况、销售人员和销售政策等可控因素。销售预测的方法包括定性预测和定量预测。其中，定性预测方法包括经理意见法、销售人员意见法和德尔菲法。定量预测方法包括平均值法、指数平滑法、回归分析法和能力基础预测法。销售预测的制定主要包括确定预测目标，初步预测，根据可控因素对预测进行调整，根据不可控因素对预测进行调整，检查和修正五个步骤。根据销售预测，也可以确定销售目标，销售目标可以根据销售成长率、市场占有率、损益平衡点、经费预算、消费者购买力以及销售人员的申报来确定。

销售定额规定了销售单位和个人在一定时期内必须实现的最低销售目标，它可以用来衡量销售单位、销售人员完成任务的状况。销售定额可以为企业提供绩效考核的标准，为销售人员提供目标和激励，为销售经理提供控制手段。销售定额通常有四种类型：销售量定额、财务定额、销售活动定额和综合定额，企业在不同条件下可以使用这些定额中的一个或几个。有了年度定额以后，企业需要将其分配到各个时间区间、销售单位、地区和个人等，分配方法主要有月别分配法、销售单位分配表、地区分配法、产品类别分配法、客户分配法和销售人员分配法。

销售预算是对完成销售计划所需费用的估算，它对企业的销售工作起着计划、协调和控制的作用。销售预算有自上而下和自下而上两种编制方式。编制销售预算主要包括确定销售工作范围，确定成本，进行本量利分析，向管理层提交预算，预算调整，分配并执行预算六个步骤。常用的销售预算编制方法主要有销售额百分比法、销售单位法、标杆法、目标任务法、投入产出法、零基预算法和永续预算法。常用的预算控制有两种方式：费用专控目标体系和定额管理。

销售计划的编制，是指企业在进行销售预测的基础上，编制销售目标、销售策略、激励措施和实施方案的过程。这个过程涉及的步骤包括分析现状、确定目标、提出并确定销售策略和编制销售计划书。

实用技术训练

一、知识训练

1. 重要概念解释

销售潜力　销售预测　销售目标　销售定额

2. 问题理解

(1)简述影响销售预测的因素。

(2)简述销售预测的方法。

(3)简述销售定额的特征。

(4)简述部门别、客户别销售计划的编制。

3. 知识应用

(1)单项选择题。

①根据专家的意见做出销售预测的好处不包括(　　)。

A. 一定准确做出决策　B. 费用少
C. 在决策中引证并且协调各种不同观点　D. 预测较快

②销售配额可以根据月份、业务单位、地区、客户、业务员、(　　)进行分配。

A. 产品　B. 目标　C. 管理　D. 渠道

③销售收入(　　)销售成本时,就达到损益平衡。

A. 等于　B. 大于　C. 小于　D. 没有正确答案

④如果销售增长率高于业界市场增长率,则企业(　　)。

A. 保住本企业市场地位　B. 亏损　C. 没有发展　D. 无正确答案

⑤销售计划四步骤:依据销售预测、(　　)、编辑销售配额和销售预算。

A. 设定销售目标　B. 产品渠道分析　C. 人力资源整合　D. 客户群分析

(2)多项选择题。

①好的销售目标能(　　)。

A. 知道销售行为　B. 激励销售人员　C. 降低销售成本　D. 增加企业利润

②销售目标包括(　　)。

A. 销售额目标　B. 销售费用目标　C. 利润目标　D. 销售活动目标

③销售目标往往结合企业(　　)来制定。

A. 营销战略　B. 行业特点　C. 竞争对手　D. 企业现状

④销售配额的作用有(　　)。

A. 引导作用　B. 控制作用　C. 激励作用　D. 评价作用

⑤销售预测精度取决于(　　)。

A. 数据真实性与可靠性
B. 生产线的复杂性、产品的特征和技术的创新
C. 预测时间长度
D. 预测技术

二、技能训练

1. 案例分析

某公司研制出一种新产品,现在市场上还没有相似产品出现,因此没有历史数据可以获得。但公司需要对可能的销售量做出预测,以决定产量。于是该公司成立专家小组,并聘请业务经理、市场专家和销售人员等8位专家,预测全年可能的销售量。8位专家通过对新产品的特点、用途进行了分析,以及根据人们的消费能力和消费倾向做了深入调查,提出了个人判断,经过三次反馈得到结果如下表2-18所示。

表 2-18 专家判断

单位:(千件)

专家编号	第一次判断			第二次判断			第三次判断		
	最低销售量	最可能销售量	最高销售量	最低销售量	最可能销售量	最高销售量	最低销售量	最可能销售量	最高销售量
1	500	750	900	600	750	900	550	750	900
2	200	450	600	300	500	650	400	500	650
3	400	600	800	500	700	800	500	700	800
4	750	900	1 500	600	750	1 500	500	600	1 250
5	100	200	350	220	400	500	300	500	600
6	300	500	750	300	500	750	300	600	750
7	250	300	400	250	400	500	400	500	600
8	260	300	500	350	400	600	370	410	610
平均数	345	500	725	390	550	775	415	570	770

提问:试运用德尔菲法做出销售预测。

2. 操作实训

【项目】医药企业销售预测。

【目的】理论与实践相结合,通过销售预测实践加深对理论知识的理解。

【内容】理解医药行业中代表性医药企业的销售预测。

【步骤】

(1)选择一家有代表性的医药企业。

(2)通过文献调查、访谈、企业实习等方式,收集该企业历年的销售数据。

(3)结合收集到的数据,选择合适的预测方法进行预测。

(4)就实训项目撰写一份报告。

(许奇浩　吴　锦)

学习情境三　构建销售组织

学习目标

通过本情境的学习，学生应能够理解销售组织的含义、职能、销售组织设计的影响因素，了解销售组织设计决策、销售组织设计的原则、销售组织设计的步骤，熟悉销售组织结构的各自优缺点和适用范围，了解销售组织结构的未来发展趋势，了解销售组织现存问题及原因，了解销售组织的改进与发展相关内容。

❖知识目标

使学生理解销售组织的含义、职能，了解销售组织设计的影响因素、原则和步骤，熟悉销售组织结构的主要类型及各自优缺点和适用范围。

❖技能目标

能运用所学知识，去分析一些企业在销售组织管理方面的特点；能够以某一企业或项目为背景，为其设计一个合理的销售组织架构；能够总结大多数企业在销售组织设计方面的模式及特点；能初步诊断某一企业在销售组织管理方面存在的问题，并提出改进思路。

情境引入

当一群人在一个团体内(如公司)为同一个目标而努力，就会产生“组织”的问题。换句话说，组织就是将员工在工作中的地位、职责和权力，以及他们相互间的关系加以明确地规定。为了最高效率地达成销售目标，必须充分发挥销售组织的作用。

项目一　理解销售组织的职能与结构

任务1　理解销售组织的含义

一、组织的含义

一般来讲，对组织的含义有两种理解：一是将组织理解为名词，即组织(Organization)是关于一群人活动的安排或运行机制，目的是使相关者一起活动的效果优于单个人的活动；二是将组织理解为动词，即组织(Organize)是对工作任务进行合理安排以达成组织目标的过程。本情境提及的组织，特指销售组织，是名词的概念。

二、组织结构的含义及其在管理中的作用

组织结构(Organizational Structure)，简而言之，就是组织内部对工作的正式安排。

在组织职能中，组织结构的设计与选择是十分重要的，组织结构制约着管理目标的实现；组织结构的变动还会影响到目标与计划的变动。一个组织，只有当其目标与计划与它的结构保持一致时，才能有效地实现其目标与计划。

组织的结构是组织内各要素及其相互关系的总和。它包括以下内容：

(1)正式关系和责任模式；

(2)对组织中不同部门的个人活动或活动的安排；

(3)活动或任务的协调；

(4)组织内部的等级关系；

(5)指导组织内部人们活动和关系的方针、程序、标准、评价系统等。

组织结构在企业管理中的作用如图 3-1 所示。

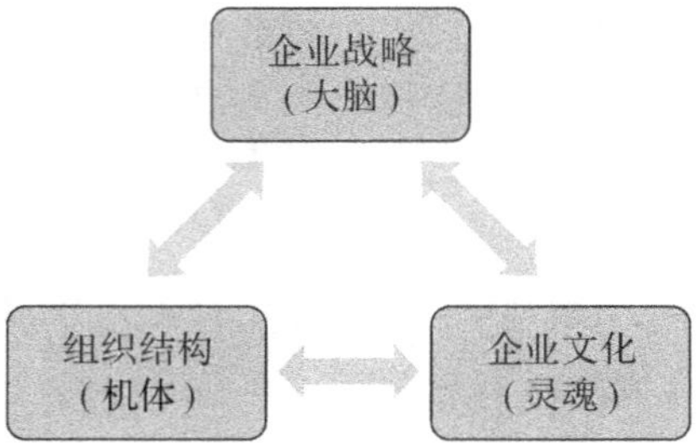

图 3-1　组织结构在企业管理中的作用

从图 3-1 可以看到，组织结构与企业战略、企业文化一起构成企业管理系统的三大支柱。在这个系统中，组织机构就像机体一样，构成企业的物质组成部分，是企业行动力和执行力的直接来源；而企业战略就像大脑一样，起着指挥、导向的作用；企业文化是灵魂，体现一个企业的价值观和经营观。

三、销售组织的定义

销售组织是企业内部从事销售工作的人、事、物、信息、资金的有机结合，通过统一协调行动完成企业既定的销售目标。

四、销售组织的特点

销售组织作为企业组织体系的重要组成部分，具有以下特点：

1. 整体性

在企业内部，企业的每一个组成部分和各个活动之间都是紧密联系在一起的，必须服从企业的整体发展目标。也就是说，企业的销售网络的计划、行动都必须服从和服务于企业的整体发展目标，每一职能部门的活动必须是企业总行为的有机组成部分。现代企业的整体性要求企业的销售部门内部各要素之间必须密切配合，协调一致，不能各自为政。

2. 适应性

适应性是指企业的销售组织机构必须适应外界环境的变化，能够对瞬息万变的市场环境迅速做出反应并采取行动。销售组织是一个开放的系统，它与企业的战略和环境保持动态的适应，随着企业发展战略的调整和环境的变化，销售组织也要进行调整和变革，以保证较高的组织运行效率。

3. 稳定性

稳定性是指企业一旦按照其销售目标构建起销售组织，就必须保持相对的稳定性。朝令夕改，内部动荡都不利于销售目标的达成。

4. 关联性

销售组织的关联性可以从两个方面理解：一是从整合营销的角度讲，企业的销售组织建立起来后，不可能靠单打独斗就能完成销售任务，而必须与其他部门如生产部门、物流部门、仓储部门、财务部门、市场部门等保持密切合作；二是销售组织内部各要素之间也不是孤立存在的，只有将部门内部人、事、物、信息、资金有机地结合，才能达成销售目标。

任务2　理解销售组织的职能

一、组织职能的含义

组织职能是指根据一个组织的目标，将实现这个目标所必须进行的各项活动和工作加以划分和归类，设计出适应的组织结构，配备负责人员，分工授权并进行协调的一系列活动的总称。

二、销售组织的职能

彼得·德鲁克在《管理：任务、责任和实践》一书中指出，企业的两项基本职能是市场销售和创新。只有市场销售和创新才能产生出经济成果，其余一切都是“成本”，由此可见销售工作在整个企业中的重要性。

销售组织的职能主要体现在以下几个方面：

(1)确定内部员工之间的正式关系。

(2)确定各职位的责、权、利。

(3)负责招聘、录用、培训、考核、激励销售组织员工。

(4)负责组织内部人、财、物、时间和信息等资源的计划、使用和调度及使组织效率最大化。

(5)负责企业销售目标的达成与销售计划的实施。

(6)负责销售渠道的拓展与管理工作。

(7)负责具体促销活动的组织实施。

(8)负责销售内勤事务处理工作。

三、销售部门在企业中的地位

销售部门在企业中的地位主要受市场发育程度、行业特征、企业规模、营销战略等因素的影响，并集中通过其与市场部门之间的相互关系来体现。

1. 市场化初期销售部门在企业中的地位

在市场化初期，由于市场上产品品种不丰富，供应量也不足够，消费者没有多大的选择权，整个市场处于卖方市场。但在供应者之间已开始有竞争，因此这个时期很多企业将销售部门放在核心位置，谋划将来的市场地位。“销售量为王”成为这一时期流行的观点，谁把东西卖得出去谁就是市场的王者，而对市场维护、生产质量控制、售后服务等的关注度则不够。

但是，一些小企业因为受财力、人力、物力等条件限制，其销售部门在企业中的地位并不如大企业那么显赫，有的企业甚至根本不设专门的销售部门，而是靠产品自身的性价比优势进行市场渗透。

市场化初期销售部门在企业中的地位如图 3-2 所示。

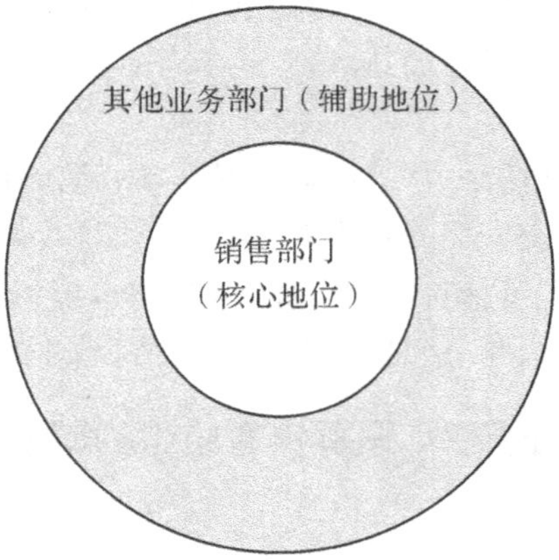

图 3-2　市场化初期销售部门在企业中的地位

2. 市场成熟期销售部门在企业中的地位

随着市场日趋成熟，市场上的产品明显供过于求，竞争因此也变得越来越激烈。为赢得竞争，以往不被企业重视的市场维护、生产质量控制、售后服务等日益受到重视。销售部门在企业中仍然处于比较重要的地位，但已与市场部、生产部门、物流部、财务部等其他部门处于并列的位置。

市场成熟期销售部门在企业中的地位如图 3-3 所示。

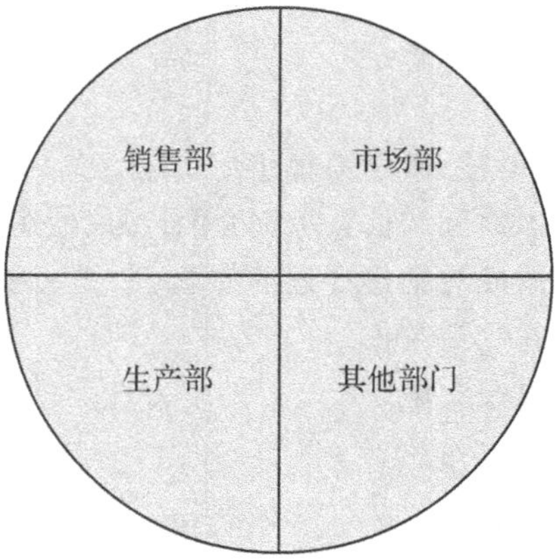

图 3-3　市场成熟期销售部门在企业中的地位

随着中国市场化程度越来越高，空白市场越来越少，原有的市场竞争也越来越激烈。在这种情况下，单凭销售部门单打独斗已经很难应付市场竞争，而必须借助其他部门的支持，通力合作才能赢得消费者。

3. 日用消费品行业销售部门在企业中的地位

由于日用消费品消费人群众多，且分布不均匀，在城市比较密集，在农村比较分散，为方便消费者购买，企业必须建立一定数量的销售网点来进行市场的渗透与扩张，因此市场部门的工作就显得比较重要了。在日用消费品行业，市场部门与销售部门一般处于同等地位，在一些大企业，市场部门的地位甚至高过销售部门。

4. 工业品行业销售部门在企业中的地位

由于工业品行业目标客户比较集中，客户开发和维护主要依靠销售人员采取一对一或者多对一的方式进行，市场部门只是起到辅助的沟通和服务作用。因此，在工业品行业中，市场部门的职能常常是包含在销售部门中。

5. 企业中销售部门与市场部门的关系

根据市场发育程度、行业特征、企业规模、营销战略等方面的差异，各企业销售部门与市场部门的关系可以有两种形式：一种是包含关系；另一种是并列关系。

包含关系又分为两种情况，分别如图 3-4 和图 3-5 所示。

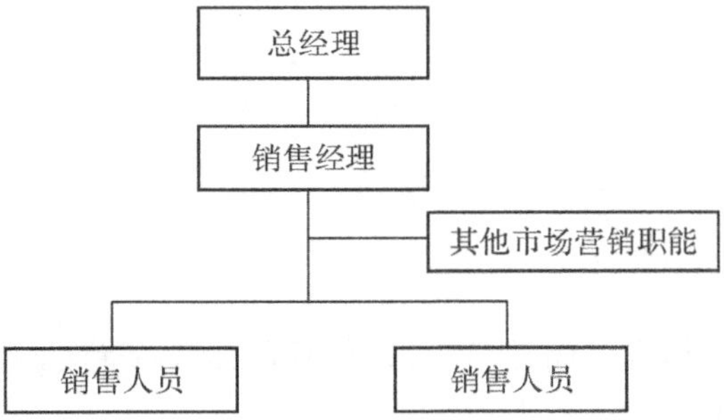

图 3-4　包含关系一

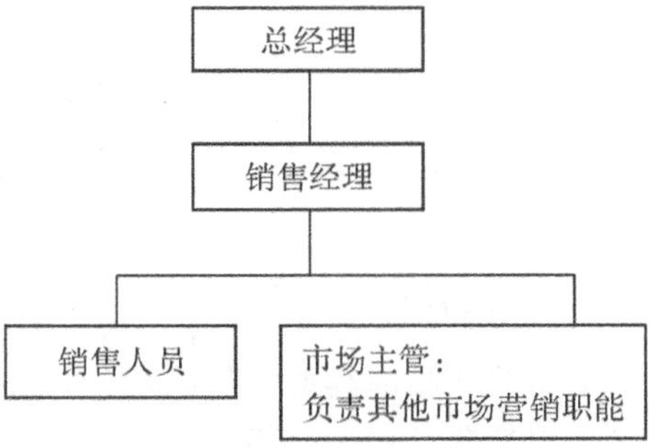

图 3-5　包含关系二

在图 3-4 中，市场部门的职能完全由销售人员承担；在图 3-5 中，则在销售经理下设置市场主管一职，分管市场部门的职能。

并列关系也分为两种情况，分别如图 3-6 和图 3-7 所示。

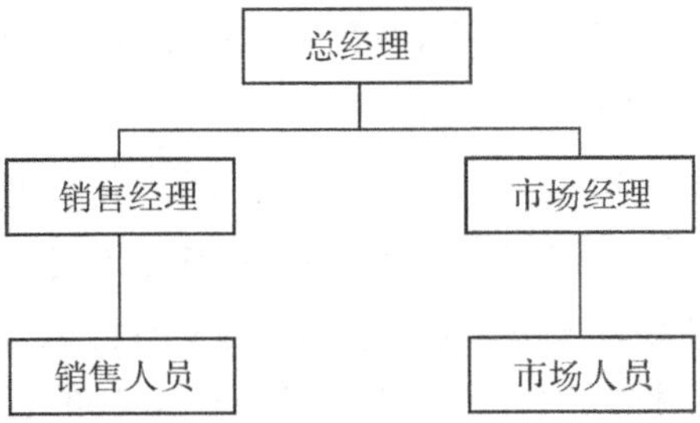

图 3-6　并列关系一

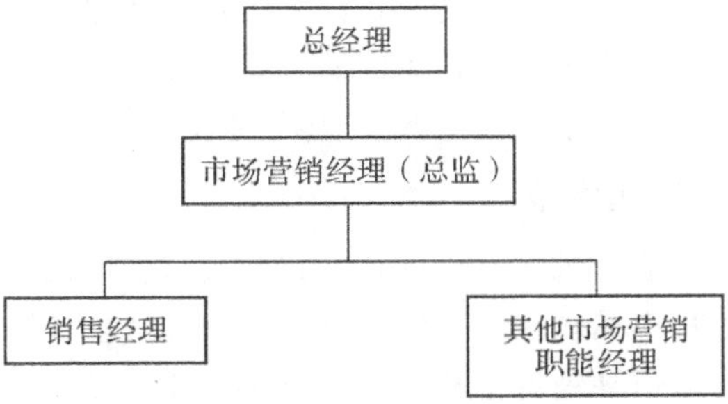

图 3-7　并列关系二

在图 3-6 中，在总经理下分设销售经理和市场经理，分管销售和市场工作。在图 3-7 中，在总经理下增设营销经理或营销总监一职，分管销售与市场工作；在营销经理或营销总监的领导下，销售经理和市场经理独立开展工作。

项目二　销售组织的设计

任务 1　了解销售组织设计的影响因素

在建立销售组织时，需要考虑以下几个因素，即产品特征、销售策略、销售区域、渠道特性以及外部环境等，如图 3-8 所示。

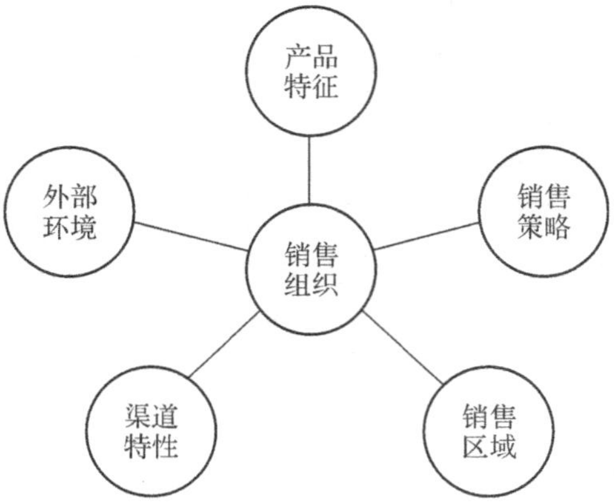

图 3-8　销售组织设计的影响因素

一、产品特征

不同的产品因其特性不同，其面临的消费群体也不同，因而会具有不同的销售特性。如前述日用消费品和工业用品，采取的销售组织类型就不一样。

当产品结构复杂、采用高水平技术时，按产品专门化组成销售队伍就较合适，否则按区域设立销售组织就可以了。如柯达公司就为它的胶卷产品和工业用品配备了不同的销售队伍。胶卷产品销售队伍负责密集分销的简单产品，工业用品销售队伍则负责那些具有一定技术含量的工业用品。

另外，在日用消费品行业，当企业经营的产品线特别宽时，为加强对市场的管理，企业常以产品线为单位设置相应的组织架构，譬如海尔、美的等家电巨头，在销售组织设计时，就按产品线设立了诸如空调事业部、冰箱事业部、小家电事业部等。

二、销售策略

一般来讲，企业可以采用“推式”或“拉式”策略进行产品销售。“推式”即通过人员推销来销售产品，“拉式”是指通过广告等促销手段吸引消费者购买而达到产品销售的目标。企业采取何种销售策略显然影响着销售组织的设计，“推式”比“拉式”策略需要更多的促销人员。

即使是同样采取“推式”策略，也会因具体的方法不同而影响到销售组织的设计。因为，在进行人员推销时，我们至少可以从以下方式中选择一种或几种最适合企业产品销售的方式。

(1)一个销售人员对一个客户，即一个销售人员通过电话或亲自拜访，和一个现实或潜在的顾客进行交谈。

(2)一个销售人员对一群顾客。

(3)一个销售小组对一群顾客。

(4)推销研讨会，即公司销售小组为客户举办一场有关产品技术发展状况的教育讲座。

三、销售区域

销售区域的范围对销售组织设计的影响主要体现在两个方面：

1. 企业划分给每个销售人员的责任辖区有多大

每个销售人员的责任辖区越大，则企业在目标市场管理中所需的销售人员数量越少，因而销售组织结构就越简单；反之，则需要更多的销售人员，销售组织结构也就越复杂。

2. 企业对销售区域开发的程度

如企业采用精耕细作的方式对区域市场进行管理，则组织机构就会变得比较庞杂；反之，则简单。因为有经验数据显示，企业销售渠道每"下沉"(即从高一级区域下降到次一级区域，如从市下降至县区)一级，销售人员的数量将增加三倍。

四、渠道特性

渠道特性是指销售渠道的长短和宽窄。显然，销售渠道越长、越窄，销售组织就会越复杂；反之，则越简单。在我国家电行业，就有区域多家代理制(如春兰)、区域总代理制(如格力、科龙、美的等)和直供分销模式(如海尔)等三种典型的渠道模式，不同的渠道模式对应不同的销售组织形式。

五、外部环境

企业外部环境对销售组织变化的影响较大。一般来讲，在比较稳定的外部环境中，企业的销售组织结构也会相对稳定。反之，则需要采取一种随时应变的动态结构。

导致销售组织变动的外部因素包括需求状况的变化、竞争状况、政治法律环境的变化和科学技术的发展等。如世界日化巨头安利和雅芳进入中国后，迫于中国政府对传销销售模式的压力，其销售模式被迫由传销向"店铺＋直销"模式转型，因而也迫使其对销售组织结构进行重新设计。

任务2　了解销售组织设计决策

如前所述，销售组织的设计受许多因素的影响，企业必须根据自身情况选择最合适的销售组织结构形式，以最大限度地实现企业的目标。

在设计销售组织之前，企业除了要在具体的组织结构形式之间进行选择外，也需要在是采取机械式还是选择有机式的组织形式之间进行选择。表 3-1 描述了两类组织形式各自的特点及它们之间的区别。

表 3-1　机械式组织与有机式组织

机械式组织的特点	有机式组织的特点
高度的专门化 界线分明的部门划分 指挥链明确 窄管理幅度 集权化 高度正规化	跨职能团队 跨层及团队 信息自由流动 宽管理幅度 分权化 低度正规化

一、机械式组织

机械式组织是一种正规的严密控制的组织结构形式，其特征是：高度的专业化、界限分明的部门划分、高度正规化、有限的信息沟通(大多是下行沟通)、基层员工很少参与决策。

机械式的组织结构犹如一台高效率的机器，以规则、条例、工作的标准化作为组织正常运转的保障。这种组织设计将个性差异、个人的主观意志等人为因素的干扰降到最低限度，因为个性化的东西被认为是非效率的，只会带来不和谐。

二、有机式组织

与机械式组织形成鲜明对比的是有机式组织，这是一种灵活的具有高度适应性的组织形式。有机式组织也进行劳动分工，但人们所从事的工作并不是标准化的。员工经过良好的训练，并被授权进行多种多样的工作活动和处理不同的问题，因此，这些组织经常使用员工团队。有机式组织中的员工不需要多少正式的规则和直接监督，因为他们高水平的技能和训练，以及来自其他团队成员的支持，使正规化和严密的管理控制成为不必要。

【课堂互动 3-1】 机械式组织结构适合于哪种类型的公司？而有机式组织结构又适合于哪些公司呢？请同学们举例说明。

分析提示：根据以上所学的机械式组织和有机式组织的特点，以及企业的实际情况进行组织结构的最佳选择。

任务 3　了解销售组织设计的原则

根据销售管理的需要，在设计销售组织时，必须遵循下列 10 大原则。

一、任务目标原则

该原则是指销售组织结构的设计和改进等都应该以是否对实现销售目标和任务为衡量标准，可以说没有目标和任务的销售组织是没有存在价值的。

二、顾客导向的原则

在设计销售组织时，管理者必须关注市场，关注顾客需求，以满足顾客需求为中心，组建一支面向市场的销售队伍。

三、精简与高效的原则

精简与高效是手段和目的的关系，提高效率是组织设计的目的，而要提高组织的运行效率，又必须精简机构。具体地说，精简与高效包含三层涵义：一是组织应具备较高素质的人才和合理的人才结构，使人力资源得到合理而又充分的利用；二是要因事设岗而不是因人设职；三是组织结构应有利于形成群体的合力，减少内耗。

四、管理幅度合理的原则

管理幅度是直接向一个经理汇报的下属人数。管理幅度是否合理，取决于下属人员工作的性质，以及经理人员和下属人员的工作能力。在正常情况下，管理幅度应尽量小一些，一般为 6～8 人。但随着企业组织的变革，出现了组织结构扁平化的趋势，即要求管理层次少而管理幅度大。

五、分工协作原则

该原则要求在进行销售组织结构设计时，既要实行专业分工的原则，以利于提高管理工作的质量和效率，还要重视部门间的协作配合，以发挥管理的整体效益。

六、命令统一原则

该原则要求在进行销售组织结构设计时，应注意在管理工作中实行统一领导，建立起严格的责任制度，从而保证销售活动的有效领导和正常运行。

七、责权利相结合原则

该原则是指销售组织的设计应保证每一个管理层次、部门、岗位的责任和权力要相对应，还要与相应的经济利益结合起来。

八、集权与分权相结合原则

该原则要求在进行销售组织结构设计时，应把必要的权力集中于高层和把权力恰当地分散到下级两者有机地结合起来。

九、执行与监督分开设置原则

该原则要求在进行销售组织结构设计时，公司中的执行性机构和监督性机构应分开设置，而不应该合并为一个机构。监督机构既要执行监督职能，还要履行对被监督部门的服务职能。

十、稳定而有弹性的原则

组织应当保持员工队伍的相对稳定，这对增强组织的凝聚力、提高员工的士气是必要的。同时，组织又要有一定的弹性，以适应环境的变化。

任务 4　了解销售组织设计的步骤

销售组织设计一般应遵循如下步骤。

一、明确销售组织设立的目标

设立销售组织的第一步骤，是决定所有要达到的目标。最高管理阶层决定公司的全盘目标，主管销售业务的负责人决定销售业务部门的目标。

二、分析达到销售组织目标所必须完成的各项任务

要达到销售组织目标，首先应确定要完成哪些任务，其次应该将任务归集各岗位职责，再次将职责明确归集到各岗位，最后确定岗位任职要求。

三、确定适合人员的上岗

根据销售活动的职位要求，将任务下达给销售人员。为此，首先要确定相应销售职位的人员任用资格与编制，其次应选择确定适合的销售人员来从事相应岗位。

四、制订协调与控制方法

销售过程任务繁多，销售人员各司其职而又经常发生工作关系，因而需要在不同的任务、不同的岗位之间加以协调和控制，以保证销售活动按照既定的目标进行。

五、改善销售业务部门的组织工作

销售组织运作一段时间后，要定期评估实际绩效与销售目标是否存在差异，当实际与目标有差异时，需要对销售组织进行改进与调整。

项目三　销售组织的管理

任务1　了解与组织结构有关的几个关键因素

与组织结构有关的几个关键因素主要包括：工作专门化、部门化、指挥链、管理跨度、集权与分权、正规化。

一、工作专门化

工作专门化是被用来描述组织中的任务被划分为各项专门工作的程度。工作专门化的实质是将整项任务分解为若干步骤，每一个步骤由一个人独立完成，及各个员工仅专门从事某一部门的活动而不是全部。一般来说，工作专门化有利于提高各个人的工作熟练程度，从而提高工作效率和准确率。

二、部门化

部门化是指按照完成某项目标的需要，将若干职位组合在一起的方式。每一个组织根据其实际情况和任务的特性，可以按照职能部门化、产品部门化、地区部门化、过程部门化和顾客部门化等方式来划分和组合其工作活动。

三、指挥链

指挥链是指从组织高层延伸到基层的一条职权线，它规定了谁向谁报告工作。

四、管理跨度

管理跨度是指一个管理者直接管理的下属数量。管理跨度在很大程度上决定了组织中管理层次的数目及管理人员的数量。

五、集权与分权

集权指的是组织高层进行决策制定时的集中程度。如果高层管理者在做出组织的关键决策时，从不或很少听取下属的意见，这样的组织就是集权的；反之，就是分权的。

六、正规化

正规化是指组织中各项工作的标准化程度，以及员工行为受规则和程序约束的程度。如果一项工作是高度正规化的，则承担这项工作的人员对做什么、何时做以及如何做等没有什么自主权。

任务2　熟悉销售组织结构的主要类型

销售组织结构的选择受到企业人力资源状况、财务状况、产品特性、消费者需求状况及竞争对手等因素的影响。各企业根据自身的实力及发展战略，可以在以下几种基本组织结构中进行选择。

一、区域型销售组织

区域型销售组织是指企业将销售人员派遣到不同地区，在各地区成立分支机构，全权代表企业开展销售业务。区域型销售组织结构如图3-9所示。

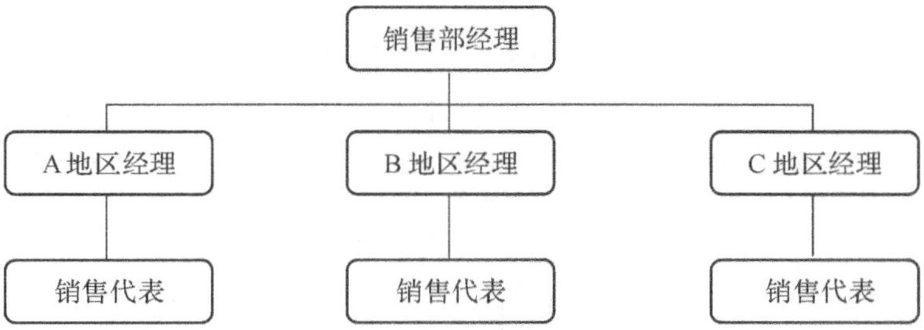

图 3-9　区域型销售组织结构

区域型销售组织的优点：①区域主管权力相对集中，决策速度快；②地域集中，相对费用低；人员集中，易于管理；③区域负责制提高了销售人员的积极性，激励他们去开发当地业务和培养人际关系。

区域型销售组织的缺点：销售人员要从事所有的销售活动，技术上可能不够专业，不适应种类多、技术含量高的产品。

区域型销售组织的适用范围：①企业规模小；②企业产品种类单一，技术含量不高；③销售渠道单一；④销售部门人数较少，销售部门结构比较简单。

采用区域型销售组织应注意的问题：销售区域需按销售潜力相等或工作负荷相等的原则加以划定，以防出现销售人员投入产出不成比例的情况出现，从而避免引起销售人员苦乐不均的现象。

二、产品型销售组织

在产品型销售组织里，企业按产品或产品线分配销售人员，每个销售人员专门负责特定产品或产品线的销售业务。产品型销售组织结构如图 3-10 所示。

产品型销售组织的优点：①销售队伍与相关的生产线相联系，便于熟悉与产品相关的技术、销售技巧，有利于培养销售专家；②市场与销售联系密切，产品供货及时。

产品型销售组织的缺点：①由于地域重叠，造成工作重复；②成本高。

产品型销售组织的适用范围：①当产品技术复杂、产品之间联系少或数量众多时，如乐凯公司就为它的普通胶卷产品和工业用胶卷配备了不同的销售队伍，普通胶卷销售队伍负责密集分销的简单产品，工业用和医用胶卷销售队伍则负责那些需了解一定技术的产业用品；②当企业的产品种类繁多时，如家电行业的海尔、美的等，就按产品线成立事业部。

采用产品型销售组织应注意的问题：当企业的产品种类繁多时，不同的销售人员会面对同一顾客群。这样不仅使销售成本提高，而且也会引起顾客的反感。例如，庄臣公司设有几个产品分部，每个分部都有自己的销售队伍。可能在同一天，庄臣公司的几个销售人员到同一家医院去推销。如果只派一个销售人员到该医院推销公司所有的产品，可以省下许多费用。

三、顾客型销售组织

顾客型销售组织是指企业按市场或顾客类型来组建自己的销售队伍。例如，一家计算机厂商，可以把它的客户按其客户所处的行业如金融行业、电信行业等来加以划分。顾客型销售组织结构如图 3-11 所示。

顾客型销售组织的优点：①更好地满足顾客需求；②可以减少销售渠道的摩擦；③为新

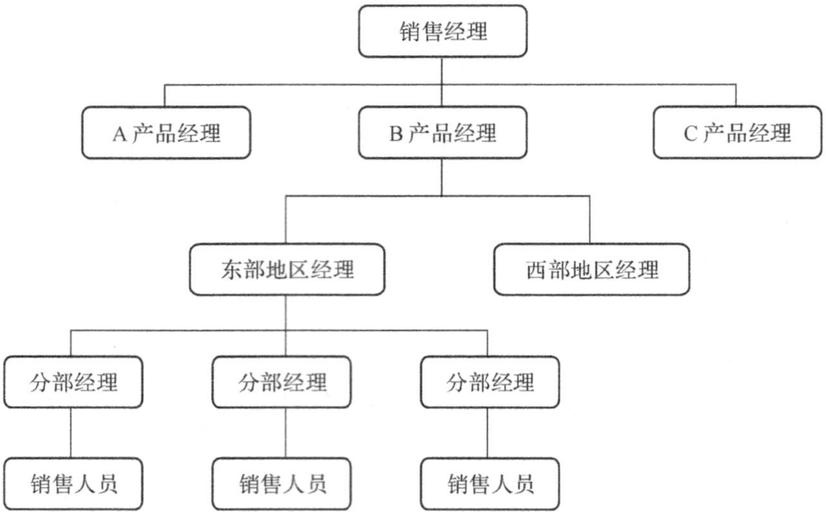

图 3-10　产品型销售组织结构

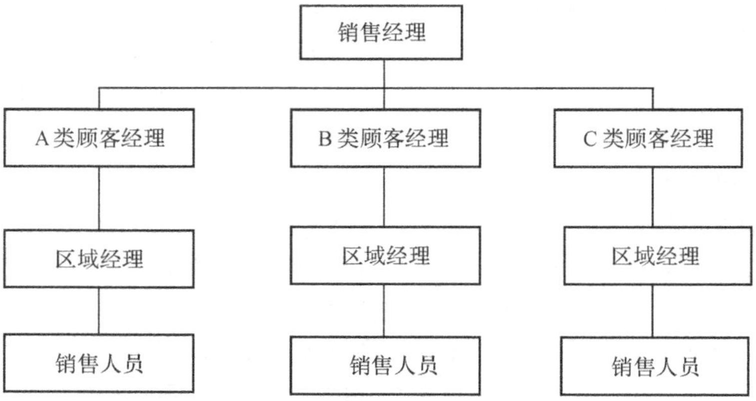

图 3-11　顾客型销售组织结构

产品开发提供思路。

顾客型销售组织的缺点:①销售人员熟悉所有产品,培训费用高;②主要消费者减少带来的威胁;③销售区域重叠,造成工作重复,销售费用高。

顾客型销售组织的适用范围:当企业规模扩大,而主要采用渠道分销时(前提多是日用消费品),则要根据渠道的类型设计销售部门的组织结构。

近年来,按市场或顾客类型来建立销售组织的企业逐渐增多,而产品专业化组织在某些行业已经减少了。因为市场专业化与顾客导向理念一致,都强调了营销观念,按市场或顾客类型划分销售组织著名的公司有施乐、IBM、NCR、普惠、通用食品和通用电气公司等。

采用顾客型销售组织应注意的问题:按市场组织销售队伍最明显的优点是每个销售人员都能了解到消费者的特定需要。有时还能降低销售人员费用,更能减少渠道摩擦,为新产品开发提供思路。但当主要顾客减少时,这种组织类型会给企业造成一定的威胁。

四、职能型组织结构

职能型组织结构是按工作专门化要求组建的一种组织结构形式。一般而言，销售人员不可能擅长于所有的销售活动，但有可能是某一类销售专家，根据这种思路有些公司采用职能型的组织结构模式。

职能型组织结构的优点：①分工明确；②工作专业化，有利于提高工作效率；③有利于培养销售专家。

职能型组织结构的缺点：费用高，不适合规模较小和实力较弱的公司采用。

职能型组织结构的适用范围：适合规模较大的公司采用，大公司由于销售队伍庞大，很难协调不同的销售职能，较多采用这种模式。

五、围绕大客户规划的组织结构

有些公司的经营业绩主要由几个大客户来支撑，因此需要成立专门的销售团队服务于这些大客户。这种组织模式针对性强，不需要过多的管理和销售费用。如中兴公司的大型通讯设备，其客户主要为中国电信、中国联通等。

【小资料 3-1】

“利乐包”的销售组织模式

利乐包是瑞典利乐公司(Tetar Pak)开发的一系列用于液体食品的包装产品。该产品目前在中国的饮料包装生产的占有率达到95%。

早在20世纪50年代，利乐是最先为液态牛奶提供包装的公司之一。自此以后，它就成为世界上牛奶、果汁、饮料和许多其他产品包装系统的大型供应商之一。

在中国，使用利乐包的都是一些大型饮料、乳品公司，为服务好这些大客户，利乐公司采用围绕大客户规划组织结构。具体做法是成立大客户销售和服务团队，为某一大客户提供专门化的服务。为了随时了解大客户需求，这些大客户甚至将办公室设在大客户公司内部。

（资料来源：利乐包，百度百科 http://baike.baidu.com/view/208449.htm）

任务3　了解销售组织结构未来发展趋势

销售组织未来发展趋势主要体现在两个方面：一是采用复合型销售组织结构的企业逐渐增多；二是采用团队销售组织结构将成为未来销售组织的主要形式。

一、复合型销售组织

前面几种销售组织建设的基础都是假设企业只按照一种基础划分销售组织，如按区域或产品或顾客。事实上，许多企业使用的是这几种结构的组合。例如，有的企业的销售组织可能就是按产品和区域来划分，或者是按顾客和区域来划分，还可能是按产品和顾客来划分。

如果企业在一个广阔的地域范围内向各种类型的消费者销售种类繁多的产品时，通常将以上几种结构方式混合使用。销售人员可以按区域——产品、产品——顾客、区域——顾客等方法加以组织，一个销售人员可能同时对一个或多个产品线经理和部门经理负责。

二、团队销售组织

未来销售发展的趋势是由个人销售发展为团队销售，因此以团队为基础设计与建立销售组织将成为必然。

例如，通用电气公司为更好地服务重要客户，成立了跨职能和跨公司的大型销售团队。针对南加州爱迪生公司从通用电气公司购买蒸汽涡轮发电机项目，通用电气公司专门成立了140人的跨公司团队以减少停工期。这个团队包括60名来自通用的员工，其他成员则来自爱迪生公司。Baxter公司更为超前，它们甚至与客户共同协商设立组织目标，并分享与之有关的成本和盈余。

一个企业在选择采用团队销售组织时，必须考虑很多因素，诸如确定团队的规模和职能，以及团队整个和个人的报酬机制问题。这些决策在很大程度上取决于团队的战略目标。如果团队的主要任务是提供大量的售后服务，通常在团队中要包括支持人员，因为支持人员能更好地理解售后服务的需要，促进销售的完成。另外，随着销售团队规模的增长，个人有减少努力的倾向，因而有必要限制团队的规模。

任务4　改进和发展销售组织

一、了解销售组织是变化的

由于内、外环境的变化，企业的销售组织也是不断变化的。这就要求销售管理者时刻要关注公司环境的变化并相应地调整内部的组织结构，从而加强企业的销售竞争力。

1. 公司外部条件变化

外部环境的变化主要包括以下几个方面：

(1)宏观经济环境变化造成需求变化。

(2)行业竞争的加剧造成市场份额降低。

(3)战争、自然灾害、瘟疫等不可抗力造成经营环境变化。

2. 公司内部条件变化

公司内部条件的变化包括：

(1)由于新产品和新业务的增加，出现了本公司要开发的新市场。

(2)本公司产品在寿命周期上的位置发生较大变化。

(3)本公司产品之间的销售率出现较大变化。

(4)本公司的流通政策有了较大的变化。

(5)本公司销售人员的质量结构出现变化。

二、了解销售组织现存问题及原因

1. 销售组织现存主要问题

在销售组织中，现存的比较常见的问题主要有以下几个方面：

(1)销售人员懒散疲惫。销售人员的懒散疲惫，主要有三个具体表现：

第一，晚出早归。指销售人员拖得很晚才出去见客户，或者见到客户简单聊两句，就赶紧跑回来了，然后自己骗自己说："没什么，这个单子出不了问题，说多了反而客户会烦……"，更有甚者，竟盼着客户不在或有事，自己好落得清闲。

第二，办事拖拉。懒散疲惫的第二个表现是办事拖拉。比如知道此时该给客户打电话了，但却莫名其妙地对自己说："等会儿再打吧！"；知道该去和客户见个面，却对自己说："明天再去吧！"；知道此时应当为推动订单做点什么事情，却也为自己开脱说："回头再做吧，那么积极可能也没什么用！"

第三，工作消极。懒散疲惫的第三个表现是平时工作消极。整个人坐在那里连眼皮都不愿意抬，似乎非常累，凡事支支动动，拨拨转转，没有客户的"反提醒"，或是经理"瞪眼睛"，是不会有行动的。

懒散疲惫是一个非常严重的问题，它像一种瘟疫一样，极易在整个队伍中蔓延。尤其是比较成熟的老业务员最容易犯，并且当老业务员疲惫懒散的时候，其他业务员都看在眼里，那么不但老业务员自己的工作业绩会下降，而且还会影响到其他的同事。

(2)销售动作混乱。销售队伍常见的第二个问题是销售动作混乱，无章可循。比如客户仅仅提出了初步意向，兴奋不已的销售员就盲目地把最低价格报出去了；刚刚提出想了解一下产品，结果销售员就把全套系统中的资料一股脑给过去了，而放弃了循序渐进的跟踪接洽，幻想着一锤定音……还有就是根本不去了解客户的需求起点和背景，也没有针对客户的需求来设计方案或解释产品，而是盲目地信口开河……

(3)销售人员带着客户跑。这个问题在一些处在快速成长期中的中小型企业里尤其突出。这些企业在其本身产品的性价比或是企业的核心竞争能力不很明显的情况下，基本上全凭销售人员的公关能力才能最终实现销售。在这些企业里，业务员很难带走客户。如果比较好的处在成熟期的业务人员带走客户，给企业带来的损失就尤为严重。

【小资料 3-2】

李经理的尴尬

A 公司是一家代理高血压产品的医药销售企业。一年半以前，该公司广州市场部李经理力排众议，找了一个非医药建筑行业出身的叫小王的业务员。招聘进来以后，虽然小王对医药行业了解甚少，对产品本身也不熟悉，但是干起活来很卖力，学习的劲头也很足。

李经理对小王也是关爱有加，亲自辅导他、督促他，帮助他一步一步地成长。经过半年多的不断学习、实践，小王成长起来了，逐渐有了自己的订单和亲自开拓的客户，一年多以后，还获得了公司的"新人奖"。

但是刚刚获奖 3 个月之后，小王找到了李经理，郑重其事地提出离职，原因是自己要去学习深造，即使是面对李经理苦口婆心的挽留也无动于衷。小王走的第一周，李经理脑子里总有小王的影子，总觉得这小伙子是个干销售的料，不干这行实在太可惜了。

又过了 3 个月，传来了令大家吃惊、令李经理难堪的坏消息，小王根本没有去深造，而是直接投奔了 A 公司最大的竞争对手 B 公司，而且 A 公司最近输给 B 公司的两个订单，正是小王带走的，据说小王已经当上了 B 公司广州公司市场部经理。

（资料来源：秦毅．如何系统规划销售组织与业务．北京：北京大学出版社，2006.）

(4)销售队伍"鸡肋充斥"，是一种什么现象呢？就是"能者走，劣者下，庸者留"。也就是说，有本事的、有想法的或者说想挣钱的销售代表都跑了；确实很差的，一看就不行的，很快也就被考核体系淘汰了；而业务能力不高不低、工作业绩不上不下、工作状态不好不坏的那些人留下来了……

(5)好人招不来，能人留不住。销售队伍常见的第五个问题，就是好的销售人员招不进来，有本领的销售人员看了看公司的现状，又萌生去意，只要他认为机会好，公司很难留得住。

好的销售人员招不到有多方面的原因，可能是对公司的理念理解得不够，或是对薪酬的期望太高，或是对产品知名度有怀疑，或是对当前的市场运作有看法等；能人留不住的原因就更多了，比如公司发展与个人发展的步调不一、对主管经理的好恶、对团队文化的不认同、自我期望过高等，都有可能促其另谋高就。

(6)销售业绩动荡难测。以上几个问题的叠加，最终导致销售队伍的第六个常见问题——业绩动荡不稳。

业绩动荡难测的典型边线就是：当成功签了一两个大单子的时候，整个销售部都非常受鼓舞，销售业绩"呼"一下就涨上去了；但是假如市场进入自然平缓期或是有些小的市场波动(比如竞争对手忽然加大市场投入度或放低价格)，整个销售队伍的情绪又"刷"地下去了，业绩也大幅度缩水。

业绩上下振荡，会使销售经理为保全业绩而不得不一头扎进具体的单子和业务里，但是人的精力总是有限的，有很多的销售经理因为无法对团队未来的业绩和订单进行基本的预测和把握，只好天天反复切换着"抓单子、看市场、管队伍、搞协调"等几个角色，在不断增加的业绩指标的压力下，最终使自己变成了一个彻头彻尾的"救火队长"。

2. 销售组织现存问题的原因分析

从内部可控因素来分析，销售组织出现上述问题的原因有以下三个方面：

(1)针对队伍的治理体系设计不当。

第一，销售目标设计的合理性。例如，有的销售指标定得太高，却发现"重赏之下没有了勇夫"；有的目标定得太单一，百分之百以业绩论英雄，这时想要销售人员服从日常的销售过程管理就会很困难。

第二，要害业务流程的梳理也很重要。比如技术部门到底在什么情况下必须做出什么样的行动来配合销售部；物流部门在保证供货周期上都应当承担哪些责任；大客户部在签订订单之后，计划建设部是否应当全力保证项目的实施进度等，这些都需要明确的业务流程来界定。假如这些要害的业务流程不界定清楚，就非常容易产生"内部推诿，得过且过"等现象，进而伤害到整个销售团队的积极性。

第三，销售组织设计也是系统规划的重要内容。企业是按产品来划分销售队伍？还是按行政区域划分销售队伍？还是按客户群划分销售队伍？不管企业按何种标准划分，总的原则是要跟所卖产品的特性和客户的购买习惯相匹配。

(2)针对销售活动过程的管理控制不够。销售经理日常管理控制销售队伍的工作主要有三个方面：第一是招什么样的人；第二是如何管理控制销售代表的日常行为；第三是如何管理控制客户。假如对这三项工作控制得不理想，销售队伍的问题就会越多。

(3)针对销售人员的系统培训不到位。造成诸多团队问题的第三个原因，是针对销售人员的系统培训存在问题，销售人员没有经过基本的培训过程，仅靠目标和奖励驱动，虽然也成就了一些业绩，但其成长明显缺乏后劲，对市场也会造成很大的隐性损失。

三、改进和发展销售组织

1. 销售组织改进的动因

销售组织建立起来以后，并不是一成不变的，而是要根据环境的变化对现行组织予以变革。销售组织是否需要改进，关键看销售组织的基本职能是否得到较好的发挥。

一般来说，当企业发现销售管理存在下列问题时，必须迅速检查销售组织的运作，并加以改善：

(1)销售业绩不振；

(2)企业的营销措施与行动无法及时推行；

(3)市场开拓和销售面临瓶颈问题；

(4)销售责任不分明；

(5)本位主义盛行；

(6)销售组织系统混乱；

(7)极端的劳逸不均；

(8)公司整日充斥低效率的会议；

(9)其他弊端。

2. 销售组织改进的原则

销售组织的改进必须遵循以下原则：

(1)指挥系统统一的原则。命令与报告，只能经由一个系统传达。特别是对于团队的销售更应注意命令的统一性，命令系统应将命令依次下达。

(2)管理幅度适当的原则。要根据销售工作的种类、难易度、标准化等设置管理层次，每一个销售经理所直接指挥的下属人数应当适当。

(3)同类职务的分配原则。为避免各销售单位工作重复，同类工作尽量集中于一个组织单位，以避免出现工作重叠和交叉。

(4)授权的原则。必须明确个人的责、权、利。当需要向下属授权时，应视其承担责任的意愿、工作能力和成熟度而定。

3. 销售组织改进的步骤

(1)评价销售组织的运营绩效。对照销售目标，评估各项销售指标实际完成情况与目标的差距。

(2)确定销售组织改进的内容。

①确定销售组织改进的目标；

②确定完成上述目标的工作要点与销售人员个人的工作规范；

③确定如何完成销售工作的计划，划分原始责任；

④确定完成销售工作所需的销售组织类型；

⑤确定销售人员编制及工作分配；

⑥检查销售部门组织的健全程度。

(3)销售组织改进项目的检查。根据改进目标和项目对销售组织予以改进后，还需定期检查，看各项项目是否达到预期。

拓展提高

医药销售经理怎样设计自己的组织结构?

当企业在开始创业的时候不需要一个很完整的组织结构,但是当企业有一定规模的时候,通常会采用一个功能式的组织结构,功能则包括销售、采购、生产、研发、质量管理等。只有这样才能有效地完成一些功能性的重点。

一个不合理的医药销售组织会有很多种现象,具体表现为:

一、组织设置过多的层级。一件事情需要三个人、四个人、五个人,一个层级、两个层级、三个层级的人去关注、去批准,工作效率就会大打折扣。

二、在工作过程中有大量的需要跨部门协调的工作。

三、同一职位上的人员过多。这点就很容易理解,我国有句俗语:三个和尚没有水吃,同一个职位管一件事情的人过多就会造成这件事情没有人去做的局面。

四、召集大量的人开大量的会议。合理的组织应该把跨部门的沟通减少到尽量少的地步,不要为了沟通而沟通,设置很多部门,让很多部门去管本来一个部门或者是一个人就能完成的事情,否则会造成大量的不必要的沟通。

五、助手或者是协调人的增多。一位医药销售经理没有把事情分派给固定的岗位,在事情多的时候就会找助手,让这个助手管这件事情,让另外一个助手管其他事情,总而言之就是助手型的人和协调人增加了很多。通常助手这一类人,他们手中有很大的权力,可以告诉人们一件事情怎样做,但是他们通常是不负责任的人,也就是说如果一件事情做得不好的话,他们不用为这件事情负责,这样的人越多,那么一个企业的组织会越乱,所以应该尽量地减少协调的人数。

一个好的医药销售经理要知道怎么去设计自己的组织结构,知道怎么做自己的流程,无论怎样设计,都要把握以下三个问题:

第一,怎么设计才能够让组织更好地完成客户所提的要求;

第二,怎么设计才能够让员工更好地完成他要完成的重点;

第三,作为中高层怎么设计组织结构才能够让高层完成他应该完成的重点。

那么怎么把事情具体到个人呢,有以下几个办法:第一,把要做的事情列出来;第二,要设计岗位,让具体的人来负责;第三,把要做的事情与岗位、重点配合起来。

归纳总结

一般来说,对组织的含义有两种理解:一是将组织理解为名词,即组织(Organization)是关于一群人活动的安排或运行机制,目的是使相关者一起活动的效果优于单个人单独的活动;二是将组织理解为动词,即组织(Organize)是对工作任务进行合理安排以达成组织目标的过程。

销售组织是企业内部从事销售工作的人、事、物、信息、资金的有机结合,通过统一协调行动完成企业既定的销售目标。

在建立销售组织时,需要考虑以下几个因素,即商品特征、销售策略、销售区域、渠道特性以及外部环境等。

与组织结构有关的几个关键因素主要包括：工作专门化、部门化、指挥链、管理跨度、集权与分权、正规化。

各企业根据自身的实力及发展战略，可以从以下几种基本组织结构中进行选择：区域型销售组织、产品型销售组织、顾客型销售组织、职能型销售组织、围绕大客户规划的销售组织等。

销售组织现存主要问题有：销售人员懒散疲惫；销售动作混乱；销售人员带着客户跑；销售队伍"鸡肋充斥"；好人招不来，能人留不住；销售业绩动荡难测；等等。

出现上述问题的原因有以下三个方面：针对队伍的治理体系设计不当；要害业务流程的梳理不够；销售组织设计不当。

实用技术训练

一、知识训练

1. 重要概念解释

组织　组织机构　组织职能　销售组织　职能型组织结构

2. 问题理解

(1)简述销售组织的职能。

(2)简述销售组织结构未来的发展趋势。

(3)简述销售组织设计的原则。

(4)简述销售组织设计的步骤。

(5)简述引起销售组织变化的内外因素。

3. 知识应用

(1)单项选择题。

①组织结构在管理中的作用是(　　)。

A. 大脑　　B. 灵魂　　C. 机体　　D. 创新

②管理幅度是否合理，取决于下属人员工作的性质以及其工作能力。在正常情况下，管理幅度一般为(　　)。

A. 3～4 人　　B. 6～8 人　　C. 8～10 人　　D. 10～12 人

③(　　)是指企业将销售人员派到不同地区，在各地区成立分支机构，全权代表企业开展销售业务。

A. 区域型销售组织　B. 产品型销售组织　C. 顾客型销售组织　D. 职能型销售组织

④(　　)是指企业按产品或产品线分配销售人员，每个销售人员专门负责特定产品或产品线的销售业务。

A. 区域型销售组织　B. 产品型销售组织　C. 顾客型销售组织　D. 职能型销售组织

⑤渠道特征是指销售渠道的长短和宽窄，销售渠道越长、越宽，销售组织就会越(　　)。

A. 简单　　B. 复杂　　C. 不影响　　D. 不变

(2)多项选择题。

①销售组织的特点有(　　)。

A. 整体性　　B. 适应性　　C. 稳定性　　D. 关联性

②销售组织设计的影响因素有(　　)。

A. 产品特征　　B. 销售策略

C. 销售区域　　D. 渠道特征

E. 外部环境

③有机式组织的特点有(　　)。

A. 跨职能团队　　B. 信息自由流动

C. 窄管理幅度　　D. 分权化

E. 低度正规化

④机械式组织的特点有(　　)。

A. 高度专门化　　B. 信息自由流动

C. 宽管理幅度　　D. 集权化

E. 高度正规化

⑤销售组织结构未来的发展趋势将是(　　)。

A. 复合型销售组织　　B. 团队型销售组织

C. 职能型销售组织　　D. 产品型销售组织

二、技能训练

1. 案例分析

A 公司是美国某知名制药企业在大中华地区的一级代理,公司代理的产品包括该厂家的各种处方药、非处方药,医药产品的专业性非常高,对医药销售人员的要求也比较高。在销售组织架构上,A 公司采取的是简单地按行政区域来划分销售队伍的方式,比如在北京地区划分的方式是:小张负责东城区,小李负责西城区,小王负责海淀区,小刘负责朝阳区等。

区域划分到业务代表以后,他们每个人肩上负责着公司所有类型的产品,包括各个类别的处方药、非处方药的销售任务。初期启动市场的时候,经理会给业务员一些当地市场的准客户名单,然后鼓励负责的业务员去进一步深挖客户。一般开始的时候,主管业务员还会跟经理交流市场、客户销售情况推进等各方面的情况,但随着业务能力的增强,他们也就独立做市场了。当业务能力再一步增强的时候,他们自然就会觉得自己完全可以掌握这一方的客户,因为所有的客户虽然熟悉了公司,但更多的是熟悉他们自己,在客户眼中,公司和他们完全是一体的。负责的业务员代表了公司,代表了所有产品,也就演变成了“划区承包,单线联系”。这实际上就等于把这个区域完全包给销售员了,把公司的各个产品线都“押宝”在这个业务员身上。

请问:(1)A 公司采用的组织结构的类型是哪一种?

(2)A 公司的组织结构设计合理吗?如果不合理,该如何改进?

2. 操作实训

【项目】了解医药企业销售组织设计。

【目的】理论与实践相结合,通过了解销售管理实践加深对理论知识的理解。

【内容】了解医药行业中代表性医药企业的销售组织设计。

【步骤】

(1)选择医药行业中在销售组织管理方面有代表性的医药企业若干家。

(2)通过文献调查、深度访谈、企业实习等方式,了解其销售组织的类型和特点。

(3)通过个案研究,总结医药行业在销售组织管理方面的代表性模式。

(4)就实训项目撰写一份调查报告或实训报告。

(施能进　郑燕群)

学习情境四　销售人员的选聘与培训

学习目标

通过本学习情境的学习，学生应能够理解销售人员的招聘方法，掌握招聘的技巧，了解销售人员招聘的流程，掌握简历的筛选方法，了解招聘销售人员的注意事项，了解销售人员培训的基本内容，了解销售人员在不同阶段的目标，了解销售人员培训的基本流程。

❖知识目标

了解销售人员的招聘的方法和技巧，掌握销售人员的培训内容。

❖技能目标

通过相关知识的了解，能对应聘的销售人员进行筛选，选拔合格的人员，并进行相关培训的安排。

情境引入

医药企业的成功离不开优秀的销售人员，而如何选择合适的销售人员是一个医药企业必须面对的问题。只有选择合适的销售人员，并对其进行相关培训，他们才能为医药企业带来销量，带来效益，医药企业的经营活动才能顺利展开，并快速发展。

项目一　销售人员的选聘

任务1　确定招聘的岗位

招聘是发现销售人才和鼓励应聘者的一种程序。既然要招聘，那么必须要有岗位才行。

一、确定岗位的来源

岗位的来源一般而言有两个方面：一是新增岗位，公司没有该岗位，由于业务发展的需要新增，需开拓新市场，把区域做得更细更深；二是岗位替换，在公司内该岗位有人，因多种原因离职或转岗，使岗位空缺，需要快速接手老客户，并开拓新客户。

二、确定岗位的要求

招聘前需要明确招聘岗位的具体要求，有针对性地来选择人员，如学历、工作地点、工作经验、专业、能力（独立性、自律性）等。要明确该岗位的直接领导对该岗位专员的招聘期望，根据岗位的需求来选择合适的人。

美国销售管理专家查尔斯・M. 富特尔认为，成功的销售人员应具备一些素质：精力充沛、高度自信、勤奋自律、顽强坚毅、不怕竞争、良好外表、讨人喜欢、追求成功、善于沟通。国外有些学者将销售人员应具备的素质简化为“3H1F”模式：3H 是指 Head、Heart、Hand，1F 是指 Foot。Head 是指销售人员要善于思考，应该怎样地沟通客户、拜访客户，从而成功地挽留客户和获得客户的订单。Heart 是指销售人员要用心去做事，要具备爱心、信心、耐心、关心、诚心、良心、恒心、决心、专心、小心、虚心、真心、热心、安心、留心。Hand 是指销售人员要勤于动手，建立客户档案，总结每次失败与成功的经验。Foot 是指销售人员要勤于跑动，经常拜访客户，要广泛寻找可能存在的客户。

三、发出招聘需求

在确定岗位需求后，就需要进行招聘，一般而言发出招聘需求有以下几个途径：

(1)网络途径：51job、智联招聘等网站。网络招聘是目前比较主流的方式，覆盖面大，较能明确地表达招聘需求。

【小资料 4-1】

某外企医药公司网上招聘通知

一、职位描述

1. 执行公司市场部的策略，通过以下方式不断地创造需求，完成及超额完成公司的销售指标；

2. 有效地将目标客户进行分级管理，了解目标客户的情况，合理安排拜访频率，确保正确地传递产品信息；

3. 独立组织面对客户的幻灯片演讲；

4. 独立组织圆桌会，有效地与专家合作，以保证医生正确的处方习惯；

5. 协助市场部举办区域的推广会议；

6. 协助主管完成招标及医保事务；

7. 及时准确地反馈市场信息，及时更新数据库信息及当前的拜访信息。

二、岗位要求

1. 医药学本科及以上学历；

2. 有 1 年以上医药企业销售工作经验，并业绩优秀；

3. 为人诚实、工作积极主动；

4. 良好的沟通能力及人际关系能力、影响力；

5. 有和医学领域专家建立并保持良好关系的能力；

6. 良好的创新、开拓能力；

7. 以客户为导向；

8. 良好的自我激励能力，愿意在压力下承担挑战性的工作；

9. 掌握演讲技巧、良好的协调及组织能力。

(2)报纸途径。这是比较常用得招聘途径，效果相对较好。

(3)内部推荐(内网)。内部推荐是很多企业用得最多的招聘途径。因为内部推荐的人员，本来就对企业有一定的认知，而且也有一定的经验，对于岗位的具体情况也比较了解。

内部推荐是企业招聘的常用途径。

【小资料 4-2】

某外企医药公司内网招聘通知

大家好！

由于区域内部人员提升、转岗，××地区抗生素组岗位空缺（负责产品：×××），特向各位伯乐邀约求推荐。

要求：1. 勤奋好学，自我要求高；

2. 热爱销售；

3. 医药专业优先考虑。

（4）人才市场途径。人才市场也是很多企业招聘采取的途径，这种途径既可以针对已经有工作经验的人员，也可以针对应届大学毕业生进行招聘。

任务 2　简历的搜集和筛选

一、简历来源

简历的来源很多，一般而言，有以下几个途径：

（1）公司人力资源部网上收集所提供的简历：数量较多，但质量不高；

（2）内部同事（该区域的其他组同事）推荐所提供的简历：成功率较高；

（3）同行推荐所提供的简历；

（4）客户推荐：基本条件较符合，相对少，但要考虑如果不成功对客户关系的影响；

（5）学术会议上碰到的优秀人员所提供的简历；

（6）拜访中碰到的优秀人才所提供的简历；

（7）竞争产品代表所提供的简历。

二、简历筛选

简历筛选的基本要求：学历、工作地点、有无工作经验。若有工作经验：看业绩及之前工作的公司；若无工作经验：看成绩和在校内外活动。

【小资料 4-3】

个人简历范例

张某某

女　|　26 岁

居住地：深圳

电　话：

E-mail：

自我评价

我个性活泼开朗，为人正直坦诚，做事勤奋认真，热爱销售。

求职意向

到岗时间：待定
工作性质：全职
希望行业：制药/生物工程，医疗/护理/卫生，医疗设备/器械
目标地点：××
期望月薪：5 000～8 999 元/月
目标职位：医药销售代表

工作经验

2010/2—2013/6：某医药公司(5 000～10 000 人)[1 年 11 个月]
所属行业：医疗/护理/卫生
职　　位：销售代表
某医院(开发)：2010 年接手××医院，药事会进药某产品
某医院(上量)：2010 年接手某重点医院。某产品由接手时的每月××盒到××盒。2011 年四季度指标为 39 万，实际完成 47 万；2012 年一季度指标 45 万，实际完成 50 万。2013 年二季度指标 60 万，实际完成 62 万；三季度指标 65 万，实际完成 70 万。
自己组织过多次科内会，且都是自己演讲幻灯片，客户反映较好。

教育经历

2006/9—2010/7：××大学本科
专业是中药学(中药药理学)，主要课程包括中药学、药理学、中药药理学、药剂学、生理学、病理学等。

语言能力

英语(良好)：听说(良好)，读写(良好)
英语等级：英语四级

任务 3　电话面试

在进行简历的初步筛选后，接下去是进行电话面试。首先进行自我介绍，再接着就招聘岗位进行介绍，然后就想要问的问题进行询问。

电话面试的优点是省时，一般适用于初筛；缺点是时间短，受面试者接电话时的环境

影响。

在进行电话面试时，一般要询问以下几个方面：

(1)动力方面：离职原因、为什么想进××公司以及如何看待这个职业。

(2)基本信息确定：学历、毕业院校、工学经历及业绩。

在进行电话面试时，需要重点考虑的要素有：①动力匹配：区域；②自我要求匹配：自评；③既往业绩/成绩；④能力；⑤就职动机/选择本公司的动机。

在电话面试完成后需进一步告知的事项：面试时间、地点、准备材料。

【小资 4-4】

一个电话面试的开场白

您好！

请问您是×××吗？

我是××公司××地区的地区经理，我姓×。

我从网上看到您应聘我们公司的工作简历，需要对您进行几分钟的电话面试，您看现在方便吗？

任务 4　正式面试

电话面试后，如果合适则告知应聘人员进行正式面试。一般而言，面试包括以下几个方面。

一、面试分类

一般包括初试、复试和第三次面试。

二、面试流程

面试前准备工作：熟悉简历，确定重点关注点及需要问的问题。

环境准备：安静、便于沟通。

物品准备：笔、笔记本、简历。

面试的内容：①欢迎致辞；②自我介绍；③岗位介绍；④流程介绍：自我介绍、面试官提问、应聘者提问；⑤辅助面试方法：角色扮演、分组比赛、资料或幻灯片的讲解；⑥感谢。

三、深入面试

深入面试的好处：①在一种相对放松的状态下交流；②双方坦诚相待，可真实地告知目前该区域的情况、公司情况(有可能是不好的一面，尽可能预先告知)；③双方慎重选择以免后悔；④深入面谈的时机应在前几次面谈通过后，准备录用该员工时。

深入面谈的内容：①工资待遇、奖金政策，收入的比较；②公司基本要求，包括工作职责等；③指标增长要求；④区域面临的困难；⑤工作压力(绩效的要求)。

一般而言，应聘者离职的真实原因有以下几个：

(1)应聘者想进本企业的真实原因。

(2)应聘者的追求。

(3)应聘者进入公司想得到什么,公司能否满足他。

(4)应聘者的人生观、价值观、对自己的要求。

(5)应聘者的性格、爱好、需求。

对于面试而言,一般面试考核需要考虑基本素质、动力、能力等因素,见表4-1。

表4-1　面试考核因素

基本素质	职业形象	着装,气质
	工作经历	既往工作公司和既往业绩
	学历	毕业院校
	性格	要强,有目标
	能力	人际敏感度,沟通交流能力,逻辑思维能力
动力	工作动力及稳定性	离职原因
		对目前公司/工作/老板不满意的地方
		目前收入,期望收入
		最大的压力/挑战是什么,如何处理
		投了哪几家公司简历,如果没有录取,接下来准备怎么做
		选择公司/工作最看重的是什么
		工作地点,接下来几年的生活规划
		公司的标准和要求
	内在动力及自我要求	之前目标及是否达成及行动,之后目标规划
		既往绩效排名及原因,自评
		优秀的标准,欣赏的人及原因
	工作职责	医药代表的工作职责和任务
		最大的困难/压力是什么,怎么办
	性格	发现你的优势
		性格优缺点
能力	区域管理	如何接手一家医院
		如何开发医院(流程及关键人物)
		重点客户销量/竞争品销量/如何做/客户个人信息
		如何快速建立与客户间关系/建立客户关系好的方法
	学习能力	产品知识

任务5　性格测试

在招聘工作中,对应试者的人格测验也是一项极为重要的工作内容,尤其是对那些经常要和其他人有人际交流的候选人的选择,这种人格特性的测验尤为重要,如对将从事推销、公共事业、监督和管理、访谈等工作的人。把人格测试引入招聘工作中,有助于在对应聘者的知识、能力和技能考察的基础上,进一步考察其工作动机、工作态度,情绪的稳定性、气质、性格等心理素质,使考察更全面、科学和客观,从而保证能够选拔出具有较高知识素质、能力素质和心理素质的优秀人才。

常见的性格测试工具很多,有盖洛普测试,有发现你的优势附带的测试,还有专门的调查公司进行问卷测试。测试的结果将应聘者的相关信息展示出来,应聘者是否适合这个岗位,以及应聘者具体情况与之前面试的结果是否一致。

我们看到这份问卷从毅力、说服力、团队合作、压力承受力、计划组织、判断/解决问题的能力、沟通能力等几个方面对应聘者进行全方位的评测。这种问卷结果能给招聘人员以较多的信息。

任务6 背景调查

背景调查是指通过从外部求职者提供的证明人或以前工作的单位那里搜集资料,来核实求职者的个人资料的行为,是一种能直接证明求职者情况的有效方法。背景调查既可在深入面试之前也可在其之后进行。这将花费一定的时间和财力,但一般仍值得去做。

通过背景调查,可以证实求职者的教育和工作经历、个人品质、交往能力、工作能力等信息。简而言之,背景调查就是用人单位通过第三者对应聘者提供的入职条件和胜任能力等相关信息进行核实验证的方法。这里的第三者主要指应聘者原来的雇主、同事以及其他了解应聘者的人员或是能够验证应聘者提供资料准确性的机构和个人。

由于背景调查技术的成本较高,操作难度较大,企业一般在确定了目标职位的候选人之后才使用。

任务7 确定录用

应聘者面试通过后,接下来就是确定录用。

一般企业的录用程序包括:①DM(地区经理)发录用给 RM(大区经理);②RM(大区经理)确定发人力资源部;③人力资源部发 offer 通知。

录用所需要的资料包括:①体检报告;②离职证明;③档案、户口。

在入职前员工需要准备的工作有:①名片;②电话号码;③学习产品知识;④个人生活安排(如租房等)。

DM(地区经理)在员工入职前需要做的事情包括:①确认入职;②欢迎信;③向团队成员介绍新同事(书面、面对面等形式)。

【小资料 4-5】

人员招聘时看中的才干

人员招聘时看重的才干:奋斗才干、思维才干、交往才干

奋斗才干

- 强烈的进取心,拼搏的精神

- 比别人做得更好，更优秀
- 有强烈的欲望，每天都要达到一定的成就
- 他们是自己给自己上发条的人，工作非常勤奋，甚至是工作狂
- 有强烈的荣誉感
- 体力充沛、耐力持久
- 竞争性强
- 追求功名

思维才干

- 善于设定目标、善于做计划
- 善于指挥和协调
- 善于思考、善于创新
- 善于总结经验和教训
- 追求规范和精确
- 具有战略思维——善于设想各种未来方案

交往才干

- 喜欢与人交往
- 特别关心他人
- 善于判断别人的感情和观点
- 善于建立广泛的关系网
- 善于有目的地利用关系
- 善于识别和关注个人特点
- 善于对别人投资并获得满足

项目二　销售人员的培训

任务1　入职调查及公司介绍

一、入职调查

在销售人员进行培训前，首先要进行简单的入职调查，了解员工的思想和信息。

入职调查一般包括：①工作职责和任务是什么；②在公司你希望有什么收获；③你在工作中会怎么要求自己；④你觉得工作中有可能碰到哪些困难；⑤对于以上困难，你准备如何处理；⑥你对自己工作的目标是什么；⑦你认为你的老板对你的要求和期望是什么。

通过简单的入职调查来了解员工的想法。

二、公司及组织结构介绍

介绍公司历史、公司文化、组织结构以及团队文化，当然也可以通过团队的调查问卷进行了解。下面是一份简单的团队调查问卷。

团队调查问卷

你加入公司希望收获的是什么?
代表1:学术推广能力,大客户管理
代表2:收入、奖金、成就感,公平公正的业务平台,和同事老板一起努力进步
代表3:家庭因素,可到家人所在的城市
代表4:荣誉,自身的提高,管理区域的能力
代表5:技巧能力的提升,成为一个专业的专员,金钱的收获
代表6:高奖金,能力提升
代表7:销售能力,更加成熟,更加从容,学会随机应变、处变不惊
代表8:成长学习的机会及获得锻炼的平台
你希望在怎样的团队工作?
代表1:积极向上,团队合作良好,互相帮助
代表2:稳定、上进、团结
代表3:团结互助,勇承担,高绩效,积极向上
代表4:工作氛围融洽,积极向上
代表5:和谐、积极、进取、互助
代表6:舒适,工作愉快,学习、活跃
代表7:和谐,合作,融洽
代表8:同事之间相处融洽、乐于分享、团结一致
你希望的老板是怎样的?
代表1:工作时认真、严格,生活上和善
代表2:有想法,有人格魅力,有担当
代表3:敬业、公平、公开、体恤下属
代表4:能帮助分析,找出自己的不足,给自己提供工作上的帮助
代表5:工作有激情,充满活力,公平合理
代表6:充分信任,积极跟进
代表7:工作认真负责,愿意听取下属想法,给予指导性意见,给下属适当压力
代表8:待下属公平、公正
你希望DM能在哪些方面帮到你?
代表1:大客户深挖
代表2:公司的系统、财务等制度;市场拓展计划,市场分析
代表3:领导力提高,分析市场、解决问题
代表4:区域规划,自身能力提高
代表5:工作,销售技巧
代表6:大客户管理、谈判技巧、领导力提升
代表7:客户拜访
代表8:区域管理

你希望未来1～2年内在公司取得什么业绩？

代表1：团队综合排名前三

代表2：完成销售任务，把市场做大，区域突破100万元

代表3：超额持续完成，在团队的综合排名中等偏上

代表4：获得销售明星

代表5：升高代，绩效完成

代表6：持续完成，职业发展，三星专员

代表7：达标甚至超额完成指标

代表8：希望能够独立掌控一个市场，成为一个持续完成相应指标的专员

任务2　了解公司的标准和公司的期望

医学信息沟通专员，由医学信息沟通地区经理领导、辅导和制订发展计划，负责在所分配区域进行医学信息沟通产品的推广和客户服务，如拜访医生、召开产品介绍会和其他活动以确保医生及时获得相关医学信息，从而实现区域销售目标。

医学信息沟通专员主要工作和承担的重任：

(1)实现/超过公司和地区经理制定的销售指标。

(2)完成地区经理交给的任务和业务目标。

(3)充分利用所有本区域内的资源进行有效拜访和召开产品介绍会。

(4)通过组织有效线路安排和工作计划，实现最佳区域覆盖和最高客户满意度。

(5)完成POA计划并充分开发区域潜力，如拜访新的目标医生，与其他同事通力协作，开发新的销售区域。

(6)根据公司区域管理系统，使所在区域生产力最大化。

(7)在实地工作和业务讨论中接受地区经理的常规性辅导。

(8)根据地区经理制订的发展计划，理解并掌握相关疾病、产品知识和公司的销售模式。

(9)建立并保持有效的联络系统，包括保持与地区经理的联系和按时参加地区和公司的会议。

(10)建立并保持与同事、其他部门和共同推广伙伴健康的工作关系，如与商务部、零售业务部、公共事务及政策部等共同工作，从而建立高绩效的团队。

(11)监督市场趋势、发展状况、竞争对手活动，为管理层制定行动战略提供参考。

(12)保持与主要学术带头人、业内重要人士的接触，确保稳定良好的关系。

(13)严格按照相关法律法规和公司相关规定从事医学信息沟通活动。

(14)保护公司信息安全，加强隐私和个人信息保护。

(15)按公司政策分配/利用/控制区域资源和预算。

(16)严格按照公司程序、部门规定和其他工作规章进行工作，按时完成电子客户管理系统(ECMS)的填报和维护。

(17)细心保护公司财产，必要时及时归还。

一般公司的绩效衡量包括三个方面：

(1)重要成果领域。包括销售业绩(总销售额、增长总额、增长百分比、关键产品完成率、

费用管理)、销售行为和技巧。

(2)战略技能。主要包括:①优化区域管理。经常拜访所分配业务对象并尽力熟悉其内部结构与主要人员,为进入市场和提高影响力建立基础。通过运用有关地区和国内医药发展趋势的知识和部门结构间的关系网络来增加公司的影响,并在地区/区域内建立对公司产品的扶持。②客户价值传递。③团队贡献。

(3)基本技能。包括:①核心价值观和遵纪守法;②工作知识;③工作态度和进取精神;④主动沟通和说服技巧;⑤计划和组织;⑥分析和解决问题能力;⑦执行力。

任务3 学习产品销售相关的知识和销售技巧

产品销售相关的知识和销售技巧包括以下内容:

(1)产品说明书。

①产品名称。产品的商标名称是公司为其产品所选择的商品名称。这些名称作为公司的商标而被注册。不注册的名称为其化学名称。

②成分说明。产品知识包的这一部分描述药品是作什么用的,并列出该药活性成分的化学结构。

③临床药理学。药品的临床药理学描述药物与人体的相互作用。

④适应证与用途。药物的适应证描述的是药品应当应用在什么样的情况或何种疾病状态下。在非适应证的情况下用药称为"未标明"。销售人员应当做好对自己的产品未标明使用所产生的质询如何应对的准备。

⑤禁忌证。禁忌证描述的是哪些情况下使用特定的某药品是不合适的。例如大多数药品都不应该用于孕妇,因此该药禁用于孕妇。

⑥警告。警告是为了提醒医生或者使用者该药可能会产生的危险。

⑦慎用指征。慎用指征是在服用前应当采取的措施或者医生在处方前应当清楚的事宜。比如在对肝功能不好的患者使用一种特定的抗生素时应当慎重。

⑧副反应。副反应是用药过程中出现的不希望有的效应。这些反应可能比较轻微,如头痛、恶心;也可能很严重,比如心律失常。销售人员应当很清楚产品的副反应,并且最好准备应用在使用中可能产生的副反应的质询。

⑨存放和贮存。该药品需要特别的存放和贮存条件,比如冷藏等。

⑩临床研究与参考文献。这一部分可能包含了与该产品相关的临床研究的简单讨论,也可能是列举那些与该产品相关的临床研究。

(2)常用的产品推广资料。

(3)PIM(科室会)幻灯片。

(4)市场部医学信息、研究结果。

做与医药相关的事业,对相关医药及临床知识的要求是很高的。医生经常被数以千计的文献所淹没。作为销售人员,当关于你的产品文献发表越来越多的时候,你就应该能够识别哪些是最有影响力的以及该研究中什么信息是最重要的,从而更好地熟悉这些事实,这样,当你开始现场工作的时候就变得容易多了。同时你还有必要去认识在重要领域里的主要研究者。

经常用的研究类型描述如下:

开放性研究——患者和医生均知道所给的是哪一种药(活性的或对照的)。

单盲研究——患者不知道但是医生知道所给的药物。

双盲研究——医生和患者均不知道所给药物是哪一种(活性的或对照的)。这种研究需要编码以防万一出现问题需要揭盲。

观察者盲研究——由一名医生检测临床疗效,另一名医生给患者调药,但后者不向前者沟通此信息。

换药研究——患者服用药物A,然后转换到药物B,以此比较两种治疗的区别。

对照研究——同一时间段内服用不同的药物的患者间的比较。

临床研究是医药销售人员无比宝贵的信息。因为医疗卫生专业人员习惯于利用医学杂志作为其处方方法的信息专员,他们对你所提供的关于产品的临床试验论文将会非常欣赏。大多数公司依靠他们的市场部门提供最权威的临床试验给他们的销售团队。

(5)相关疾病知识。

(6)竞品信息、区分度。

(7)拜访思路。

某门诊镇痛药的拜访思路

1. 一周的门诊天数
2. 一天门诊量
3. 门诊患者类型
4. 疼痛患者比例
5. 目前使用的镇痛药及选择的原因
6. 有没有使用该产品,哪些患者使用该产品,使用的原因
7. 哪些患者不使用该产品,不选用的原因
8. 传递信息
9. 缔结

某外科病房镇痛药的拜访思路

1. 科室手术有几台
2. 手术类型
3. 轻重中手术分别所占比例
4. 科室分组情况
5. 目前使用的镇痛药物,为什么使用
6. 有没有使用该产品
7. 哪些患者使用该产品,为什么使用
8. 哪些患者不使用该产品,为什么不使用
9. 跟进:今天有几台手术,是什么手术

(8)产品的调查问卷。

(9)反对意见处理。

(10)了解医生的诊疗流程以及处方情况。例如以下两个内容：

医生实际诊疗流程

1. 问诊：哪里不舒服？不适有几天了？曾经有无伤过？
2. 简单检查：按压(患处＋邻近部位)
3. 辅助检查：拍片
4. 诊断、开药(或不开，或住院)

某天门诊患者情况及处方情况

诊　断	处　方
(脊柱骨粘连)	虎力散，血脉通，独一味
腰痛	血脉通，依托度酸，氯唑沙宗
腰痛	罗浮山风湿膏(患者自己要求贴膏药)
腰痛	血脉通，依托度酸，氯唑沙宗
坐骨关节囊肿	住院
软组织挫伤	依托度酸，血脉通，独一味
软组织挫伤	疏风活络片，虎力散，依托度酸
髌骨骨折	血脉通，接骨七厘片
软组织挫伤	愈伤灵，独一味
腰痛	血脉通，接骨七厘片
关节炎	血脉通，独一味
胫骨骨折	住院
软组织挫伤	血脉通，独一味
软组织感染	住院
腰痛	愈伤灵，麻黄健骨片，依托度酸
软组织挫伤	洛索洛芬、疏风活络片
软组织挫伤(胃好，心血管不好)	塞来昔布，血脉通
软组织挫伤	塞来昔布，疏风活络片，大活络胶囊
软组织挫伤	罗浮山风湿膏
滑囊炎	洛索洛芬，大活络，罗浮山风湿膏
股骨颈骨折	住院

续表

诊 断	处 方
腰椎间盘突出	洛索洛芬，大活络
腰椎间盘突出	塞来昔布，血脉通，穴位敷贴
软组织挫伤(骨刺)	双氯芬酸二乙胺乳胶剂
软组织挫伤	穴位敷贴
滑膜炎	穴位敷贴
颈椎病	洛索洛芬，大活络
软组织挫伤	疏风活络，麻黄健骨片
腰椎间盘突出	大活络，疏风活络，洛索洛芬，穴位敷贴
软组织挫伤	塞来昔布，大活络，疏风活络，罗浮山
软组织挫伤	洛索洛芬，大活络，疏风活络，穴位敷贴
股骨骨折	恒骨骨伤合剂
腰椎间盘突出	塞来昔布，疏风活络，罗浮山风湿膏

(11)潜力评估。进行目标对象的销售潜力评估，例如：

潜力评估

①门诊用药。

门诊天数×门诊量×发病率×单患者处方量

②病房用药床位数×周转率×发病率×单患者支数。

③病房手术用药。

手术量×发病率×单患者支数

(12)销售技巧培训。

销售技巧培训包括拜访技巧、PIM(科室会)以及城市会等方面的培训。

(13)了解区域生意。包括产品的历史销量、历史最高销量、各产品进展、产品覆盖、产品机会、增长点和策略及行动计划。

(14)了解相关报表。包括日报表、周计划、销售进展、销量核对表、客户档案表、行政档案表等表格。

任务4 了解销售人员的阶段性培训目标

一、入职前的目标

(1)确立办好入职手续(家庭证明、档案、体验报告)。

(2)解决住房问题。

(3)确定联系的电话号码。

(4)做名片。

(5)实地了解销售点情况。

二、入职一周内的目标

欢迎入职,向团队成员介绍新同事加入,写欢迎信,完成新专员培训(可部分由老专员完成),告知对其的要求和期望,在3个半天内完成。

(1)公司介绍(公司历史、公司文化、团队规则、组织架构)。

(2)产品介绍(产品、疾病)资料和幻灯片。

(3)销售技巧介绍(QQ、PIM)。

(4)区域生意分析包括:①历史销量(团队历史最高销量);②目标;③增长机会。

三、入职1个月的目标

(1)建立客户档案表。

(2)VIP客户评估2～3次,10～20个(销量在××标准)。

(3)目标客户1～2次拜访。

(4)VIP客户知道你的信息和产品。

(5)夜访3个晚上。

四、入职1个季度的目标

(1)完成1期培训。

(2)能独立开科室会和城市会。

(3)能分析区域。

(4)做区域生意计划。

五、入职半年的目标

(1)突破历史最高销量。

(2)客户数量增加(VIP客户数量)。

(3)适应公司文化。

(4)能找到销量增长点。

(5)独立(对市场有自己的看法和见解)。

六、入职2年(成熟的专员)的目标

(1)绩效、技能、行为都处于团队中领先位置。

(2)能帮带新同事。

(3)能分担团队中某些工作。

(4)在产品策略及运用上能有突破,给他人有借鉴意义。

(5)能分享自己的成功经验。

(6)为DM排忧解难,出谋划策。

【小资料 4-6】

如何成为一名优秀的医药代表

你心目中的优秀的医药代表是怎样的？

优秀的医药代表的标准

- 绩效
- 技能
- 行为

什么是好的绩效？

- 完成率
- 增长率
- 完成金额
- 重点医院纯销的增长
- 新产品的增长率
- 团队中的排名
- 销售明星
- 生意持续增长
- 市场排名和市场占有率

什么是好的技能？

- 专业知识：产品知识，竞争产品信息，疾病知识
- 销售技能：拜访，科室会，城市会
- 管理技能：区域管理，重点客户管理能力，时间管理，资源管理，生意计划

什么是好的行为？

- 遵纪守法
- 积极进取
- 团队合作
- 挑战高目标
- 帮助他人
- 不断学习
- 高的执行力

【小资料 4-7】

医药销售人员培训需求分析表

××药业有限公司

销售代表培训需求分析表

代表姓名________ 报告日期________

1. 一般的了解程度	良好	尚可	需求改进
公司职责	________	________	________
公司管理理念	________	________	________
表达、态度、机制等	________	________	________

2. 推销时所表现的专业知识

	公司产品			
	良好	尚可	需改进	未观察
产品 A				
产品 B				
产品 C				
产品 D				

	竞争产品			
	良好	尚可	需改进	未观察
产品 A				
产品 B				
产品 C				
产品 D				

	临床证明			
	良好	尚可	需改进	未观察
产品 A				
产品 B				
产品 C				
产品 D				

3. 推销技巧的使用

(1)基本技巧	良好	尚可	需求改进
①初步利益陈述	________	________	________

②加强陈述所要之信息	________	________	________
③集中之于需求	________	________	________
④提出探询的问题	________	________	________
⑤有效聆听	________	________	________
⑥将特性转化为利益	________	________	________
⑦利用第三者佐证、推销文献	________	________	________
⑧处理反对意见	________	________	________

(2)高级技巧(若适用)	良好	尚可	需求改进
①不同社交风格推销技巧	________	________	________
②医院销售技巧	________	________	________
③团队推销技巧	________	________	________
④院内会推销技巧	________	________	________
⑤发展业务伙伴关系	________	________	________
4. 遵循 POA 策略	良好	尚可	需求改进
每次访谈产品数量	________	________	________
重点产品	________	________	________
产品定位	________	________	________
推销资源利用	________	________	________
5. 其他评鉴	良好	尚可	需求改进
时间管理技巧	________	________	________
地区经理、行销规划技巧	________	________	________
追加训练和发展的建议	________	________	________

拓展提高

宝洁销售代表的招聘

宝洁公司的销售代表体系是比较特殊的，经销商组建宝洁产品专营小组，由厂方代表负责该小组的日常管理。在宝洁公司分销商渠道中，销售代表有着非常重要的作用。他们任劳任怨，积极主动，有着极强的团队合作精神。每一个品牌分销率的提高，每一个新产品的推广，每一笔销售和回款，每一个鲜活生动的卖场陈列，都有他们的重要贡献。这些销售代表有的是分销商原来的优秀员工，有的是外聘的员工，他们一旦被录用后有一个逐渐发展的过程，从食杂店的分销工作开始，然后到批发市场的销售、零售商店的销售一直到销售主管。他们中的优秀员工可以发展成为宝洁公司的客户经理，或成为其他外企的销售经理，也有一些人成为分销商的管理层。宝洁为中国快速消费品行业培养了最早的一批销售人员，称宝洁公司为消费品市场的黄埔军校毫不为过。

宝洁公司是如何做的呢？下面通过论述宝洁公司对销售代表的招聘来做一解答，希望能够给各位业界同仁一个启示。

众所周知，宝洁的成功很重要的原因之一就是因为它有一个让同行敬佩，富有效率的销售网络。而分销商的销售代表是这个网络中最敏感的神经末梢。这些末端神经的数量多少,工作业绩的好坏,都会直接影响到公司这个神经中枢对市场反应的胜利运作。因此招聘足够数量的销售代表是销售工作顺利开展的重要环节。实践证明,分销人员增长一定会带来销售业绩的增长。这里有一个铁的经营法则:"销售人员的多少就是业绩好坏的答案。"有适量的人员是企业开展生意的基础,因而,招聘这一工作就显得特别重要。

请永远记住一点:为分销商招聘素质高的人员,但也是适合职位的人员。不要企盼一个跨国公司总裁会来做你的分销商销售代表,因而根据生意需要和职责需要,确定人员招聘条件也同样显得非常重要。只有合适定位,才会避免较高的人员流失率,才会避免培训无效的烦恼。

宝洁一般认为,不管是零售覆盖,还是郊县拓展,销售代表应具备一些最基本的条件:积极进取,踏实肯干,吃苦耐劳,身体健康,学历原则上高中毕业或以上,年龄在18～30岁之间,同时具有良好的沟通技巧。以上几点是考虑到销售工作本身的艰苦性、挑战性,同时也考虑到接受培训时人员接受能力,以及发展潜力而制订的。

1. 与分销商一起制定招聘政策

当和分销商确定好要招聘的人数和条件后,就要开始制定有关政策和整个招聘计划。招聘政策主要指要招聘人员的工资福利政策,以及招聘活动中各种有关费用的控制。

工资福利政策在整个招聘前期的准备工作中占有非常重要的地位。因为作为销售人员,自然希望收入越多越好,但可能有的分销商管理人员希望费用越低越好。工资福利政策不合理,对于有效地鼓励以及奖勤罚懒,防止人才流失都会有很大的消极影响,因而"人马未动,粮草先行"。在宝洁公司中,销售代表是作为分销商的雇员的,宝洁需要和分销商协商确认他们的工资福利和待遇。那么,如何制定工资福利政策呢?宝洁的意见是:

(1)工资福利的总额要参照当地同行业人才市场工资水平,高于竞争对手。

(2)要参照目前在职销售代表工资福利水平,避免差距太大或太小。

起薪太高,会造成以后销售代表的不满足感以及激励不够。因为工资不可能无限制大幅上涨,而且也容易使在职销售代表产生心理不平衡,从而影响工作热情和积极性。起薪太低,显而易见,是无法留住比较优秀的人才的。

(3)确定工资/奖金方法。

在和分销商初步确定工资总体水平后,还要根据对他的工作期望,将他应承担的职责纳入工资奖金系统中。工资制度要体现出吸引性、激励性、相对稳定性、公平性、可操作性。

一般来讲,工资制度有以下几种:固定薪水制,薪水+佣金,薪水+奖金,以及薪水+奖金+佣金制。这几种方法各有利弊,宝洁建议分销商可实行薪水+奖金制,这样即可以保持一定程度的稳定性,又有一定的灵活性,一般比例30%～70%较为合适。主要工资奖金结构可分为:基本工资,销售提成,分销奖金,工龄奖金,突出贡献奖金等。

(4)要有一定的福利政策。

由于目前招聘销售代表越来越多,特别是所有的销售代表并不是宝洁公司员工,或许也只是分销商的临时员工,对于这批人员管理和激励是有很大难处的。因而,宝洁公司遵守《劳动法》的规定,要求分销商为新招聘新员工购买的各种保险就显得尤其重要。特别是人身意外伤害保险、养老保险等,这些必须要单独购买,而不要纳入工资里面。

关于招聘活动的各种费用,本着精简节约的原则,招聘费用预算一定要事先计划好,确保整个过程都在控制范围内，主要费用有广告费、面试场地租金等。

2. 人员招聘途径

宝洁招聘销售代表的途径很多，主要有：

(1)通过报纸、电视台、电台刊登招聘广告。它的特点是传播覆盖面较广，可吸引众多的应征者。其中报纸招聘是最常见也较容易的一种途径，它比较适合大规模招聘时(比如，当地刚建经营部，需要大店、小店等各种销售员)。

它目前存在的主要问题是：①费用较高；②位置不醒目，篇幅内容千篇一律；③招聘来源数量不稳定。为了解决以上问题，提高效率，宝洁公司选择刊登媒体时尽量选择当地发行量大的报纸。版面位置及大小：招聘广告一般刊登在分类广告版，而其他版面效果较差，所以尽量不选在其他版面，除非刊登在特殊的显著版面，那费用就要更高了。刊出日期一般在周五、周六、周日效果较好。因为国内报纸，周末版知识性、趣味性较强，而且在双休日时读者有更多闲暇时间阅读。

招聘方式和期限：对于宝洁公司来讲，一般要参与分销商招聘销售代表，这样能充分满足双方的需要。首先要安排面试，所以一般要求应聘者先寄回简历，初步筛选后再安排面谈，应聘期限一般一周到两周，而且应聘期限包括一个周末，因为有很多人是在工作同时寻找更合适的工作，他们只有周末才有时间。此外，宝洁公司还注意到准备要充分，各项工作井井有条，以免应聘者有不良印象。面试地点一般安排在公司经营部。

(2)当地定期招聘会或人才交流会。各地区每年都要组织几次大型人才交流会。因为参加单位很多，因而规模较大、针对性较强，而且时间短、见效快。参加这种招聘会，宝洁公司认为应注意以下几点：要尽量安排醒目的招聘台，同时要准备较充分的公司宣传材料，安排人员接待，解答应聘者问题。

(3)大中专院校及职高、技校。这是招应届毕业生人才的主要途径，这对于有些分销商定期补充人才有很大的帮助。分销商可以有选择地去某校物色人才，派人与学校召开招聘会，为鼓励学生到企业中工作，应向学生详细介绍企业情况及工作性质和要求。但需注意分销商没有能力解决应届毕业生当地生源的户口、档案接洽落实工作。

(4)职业介绍所。这种方法的特点是简单易行、费用较低，适于小规模招聘。但这类介绍所待业者多为能力差而不易找到工作的人。不过如果有详细工作说明，让介绍所专业顾问帮助挑选，也能找到合适人选。

(5)内部同事和朋友。内部职员既可自行申请适当位置，又可推荐其他人。比如小店中优秀者提升为批发或大店人员，这样做既可以调动员工工作积极性，又可以降低招聘费用。但是要注意有严格的标准，以免营私舞弊，将来裙带关系引起的纠纷。

(6)其他。通过业务接触，工作中接触到的顾客供应商、非竞争同行及其他各类人员都可以成为销售人员的可能来源。

3. 人员挑选过程和录用

分销商销售人员的素质高低，稳定性直接关系到宝洁公司分销覆盖任务。好的开始是成功的一半，因此分销商分销人员的挑选，是宝洁公司业务在当地发展好坏的非常重要的一环。

宝洁公司先阅读简历，通过年龄、性别、体格、教育状况淘汰一批。接着是面试，是整个挑选过程的核心部分。其目的是进一步相互了解情况。首先可以从简历上所述资料询问更多相关情况。对简历的资料有不明的或可疑之处，通过面试可以证实和加以讨论。此外，透过应聘者表现，可以判断他未来实际工作情形。

宝洁的面试原则：

A：准备好问题，问题应明确和简短，并有针对性。

比如：了解应聘者动机，可以问：

——为什么要加入宝洁公司；

——为什么要更换工作；

——你最喜欢的工作是什么？

了解应聘者一般能力可以问：

——以前做过什么重要工作？

——你觉得自己有哪些长处？

也可以参照宝洁经理面试的问题来问。

B：让应聘者有更多时间向你表达，而不是让你滔滔不绝。

C：收集资料完整后才进行评估。

宝洁招聘合格的应聘者还有重要的一项：实地工作。耳听为虚，眼见为实，与通过面试的应聘者到商店，让他们每人做一个简单的销售访问，这样可以进一步观察他的主动精神，言语表达能力，以及发展潜力。同时，也让应聘人员对他/她即将承担的工作有一个感性的认识，让他/她在一个真实的基础上作出抉择。

一旦录用就要开始履行下列手续：由分销商发录用函，由分销商与录用者讨论工资待遇，由分销商和应聘者签订劳动合同，办好机关人事行政、工资关系，办理有关各类保险。

最后录取的工作也不可忽视。因为在这一步开始，分销商要履行对应聘人员工资、福利等各项待遇的责任。若不能准确到位，很可能造成接受率低或流失率很高。特别是要注意按照中国合同有关劳动用工政策办事，尽量劝说分销商给录用者办理相应保险，比如人身意外伤害保险、养老保险，以及挂靠关系等，否则，新招聘人员就很难踏踏实实地尽快工作。

（案例来源：商务智库）

归纳总结

人员的招聘和培训事关企业生产，目前企业的竞争实际上就是人才的竞争。医药企业想要做好销售，就必须通过招聘引进人才，通过培训提升人才，只有这样才能使企业得到更大的发展空间。

本学习情境从医药企业销售人员招聘流程和医药企业销售人员培训流程进行了简单的阐述，将销售人员所经历的每个阶段进行了讲解。

实用技术训练

一、知识训练

1. 重要概念解释

“3H1F”模式

2. 问题理解

(1)人员招聘时看中的奋斗才干有哪些？

(2)对销售人员而言什么是好的绩效？

3. 知识应用

(1)单项选择题。

①下面哪个不是发出招聘需求的途径(　　)。

A. 网络　B. 报纸　C. 人才市场　D. 黑板报

②成功率最高的简历来源是(　　)。

A. 内部推荐　B. 同行推荐　C. 客户推荐　D. 网上投来的简历

③电话面试需要确定的应聘者个人信息不包括(　　)。

A. 学历　B. 毕业院校　C. 业绩　D. 工作能力

④下面哪个不是性格测试的评估内容(　　)。

A. 说服力　B. 团队合作　C. 压力承受力　D. 个人爱好

⑤医疗卫生专业人员习惯于利用医学杂志作为其处方方法的信息专员，他们对你所提供的关于你的产品的(　　)将会非常欣赏。

A. 临床试验论文　B. 产品说明书　C. 推广资料　D. 服务

⑥PIM 指的是(　　)。

A. 发展方案　B. 科室会　C. 城市会　D. 人员管理

(2)多项选择题。

①企业招聘岗位的来源有(　　)。

A. 新增　B. 替换　C. 领导安排　D. 员工争取

②入职调查包括下面哪几种？(　　)

A. 工作职责和任务是什么　B. 你在工作中会怎么要求自己

C. 你觉得工作中有可能碰到哪些困难　D. 你的知识背景

③公司对销售人员的绩效衡量包括(　　)。

A. 销售业绩　B. 核心价值观和遵纪守法

C. 工作知识　D. 生活作风

④经常用的研究类型包括(　　)。

A. 开放性研究　B. 双盲研究

C. 单盲研究　D. 换药研究

二、技能训练

1. 案例分析

摩托罗拉的双向互动式招聘管理

对摩托罗拉公司来说，每一份求职者的简历都是一份宝贵的资源，公司会为每一位求职者保密。摩托罗拉公司的面试程序是人力资源部进行初步筛选，再由业务部门进行相关业务的考察及测试，最后由高层经理和人事招聘专员确定，如图 4-1 所示。

在面试中，摩托罗拉公司力争用适当的方法来评判求职者的综合素质，如给他们一些小题目，让他们做小组讨论，从中观察每个人的性格、对待问题的态度、反应能力等各方面的

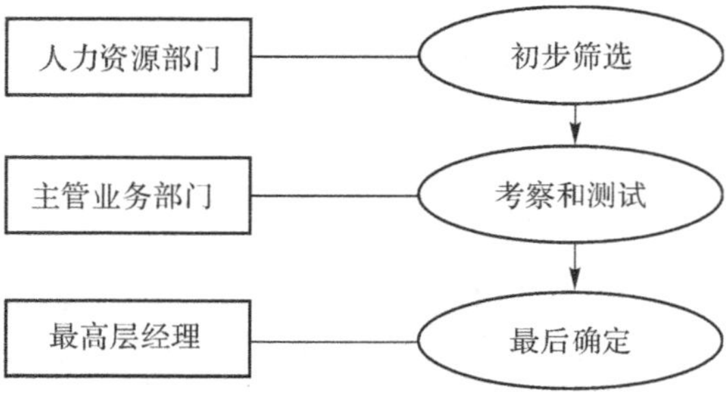

图 4-1　摩托罗拉公司的面试程序

素质。

公司认为任何面试和测评都不可能是十全十美的。在通常情况下，招聘者确实能够凭借丰富的经验帮助公司选拔出适用的人才。比如有人没有申请上，并不是他的素质、能力不合格，而是他和公司之间没有一个结合点。摩托罗拉公司不会对辞职的员工有成见，用制度欢迎离开后又回来的员工。在公司重组期间，有些自愿离开公司的人走时按政策拿到一笔补偿金，后来他们希望回到公司，宁可把经济补偿归还公司。

讨论问题：

摩托罗拉公司的面试是一种互动式双向交流过程，在这个过程中面试者和应聘者应具有哪些面试目标？

2. 操作实训

【项目】认识培训。

【目的】理论与实践相结合，通过了解企业培训实践加深对理论知识的理解。

【内容】以某一企业为个案，研究其企业培训流程、模式和特点。

【步骤】

(1)寻找医药行业在员工培训方面比较有特色的企业。

(2)熟悉该企业员工培训方面相关流程和具体内容。

(3)就实训项目撰写一份调查报告或实训报告。

（郭文博　蒋雄鹰）

学习情境五　销售人员的薪酬与激励

学习目标

通过本学习情境的学习，学生应能够了解销售人员薪酬的含义，理解薪酬的类型，掌握销售人员薪酬设计的原则、程序和目标模式；了解激励的含义及作用，理解激励的类型、过程与机制，掌握激励方式。

❖知识目标

了解销售人员薪酬和激励的含义，理解激励的类型、过程与机制，掌握销售人员薪酬设计的原则和目标模式。

❖技能目标

依据销售人员薪酬设计的程序设计适合自己企业的销售人员薪酬制度，根据激励理论选择合适的激励方式。

情境引入

销售工作的特殊性决定了销售人员流动率通常比其他人员高得多，要想留住优秀的销售人员，必须给予其公平合理的报酬待遇，让他们所付出的辛劳与所获得的报酬成正比，销售经理要通过合理的薪酬制度设计激励销售人员。

项目一　销售人员的薪酬管理

任务1　理解销售人员薪酬的含义

销售人员薪酬是指销售人员通过从事销售工作而取得的利益回报。企业销售人员的薪酬通常包括以下几个部分。

一、基础工资

这是相对稳定的薪酬部分，通常由职务、岗位及工作年限决定。它是销售薪酬的基础，是确定退休金的主要依据。

二、津贴

这是工资的政策性补充部分。如对高级销售职称的人员给予职称津贴、岗位津贴、工龄津贴、地区补贴、国家规定的价格补贴等。

三、佣金

这是根据销售人员的销售业绩给予的薪酬，有时又称销售提成。对销售人员来说，佣金一般是销售薪酬的主体。

四、福利

这通常是指销售人员均能享受，与其贡献关系不太大的利益，如企业的文化体育设施、托儿所、食堂、医疗保健、优惠住房等。福利一般是根据国家政策来给予的。

五、保险

这是指企业在销售人员受到意外损失或失去劳动能力，以及失业时为其提供的补助，包括工伤保险、医疗保险、失业保险等。

六、奖金

奖金是根据销售人员的业绩贡献或根据企业经济效益状况给予的奖励，有超额奖、节约奖、合理化建议奖、销售竞赛奖、年终综合奖、荣誉奖等。由此可见，销售人员的薪酬不仅限于薪金，而且还包括其他方面的回报。一个企业的销售薪酬的实施对其销售竞争优势有长远的影响。

任务2　销售人员薪酬设计的原则

一个企业建立了一套比较好的薪酬制度后，经过一段时间之后又会发生变化。也就是说，目前情况下令人满意的薪酬制度，一年或两年之后可能就变成无效的了。但是如果经常加以调整，不但实施起来比较困难，费用较高，而且也会令销售人员感到无所适从，因此销售人员薪酬制度的建立必须遵循一定的原则。一个理想的销售人员薪酬制度应体现以下原则：

一、公平性原则

销售人员薪酬制度应建立在比较客观现实的基础上，使销售人员感到他们所获得的薪酬公平合理，而企业的销售成本也不至于过大。也就是说既不让销售人员感觉到吝啬，又要不给企业造成浪费。只有这样，才能使销售费用保持在既现实又节省的程度上。销售人员薪酬制度要使销售人员的薪酬与其本人的能力相称，并且能够维持一种合理的生活水准。同时，销售人员的薪酬必须与企业内其他人员的薪酬相称，不可有任何歧视之嫌。

二、激励性原则

销售人员薪酬制度必须能给销售人员一种强烈的激励作用，以便促使其取得最佳销售业绩；又能引导销售人员尽可能地努力工作，对公司各项工作的开展起到积极作用。当销售表现良好时，销售人员期望获得特别的薪酬。企业除了赋予销售人员稳定的岗位收入以外，还要善于依据其贡献的大小，在总体薪酬上进行区分，并给予数额不同的额外薪酬，这是销售人员薪酬制度真正实现激励作用的关键。当然，至于额外薪酬是多少，要依据综合的因素进行评定，绝不能采取简单化的做法，认为奖励越高，激励也就越大。激励性原则还表现在销售人员的薪酬制度必须富有竞争性，给予的薪酬要高于竞争对手，这样才能吸引最佳的销售人员加入本企业的销售组织。

三、灵活性原则

销售人员薪酬制度的建立应既能满足各种销售工作的需要，又能比较灵活地加以运用。即理想的销售人员薪酬制度应该具有变通性，能够结合不同的情况进行调整。实际上，不同企业的组织文化、经营状况、期望水平、市场风险存在很大的差异，这种差异导致不同行业或企业之间薪酬要求的不同。因此，企业在具体的薪酬方式的选择上，应对各种相关因素进行综合评估，并进行科学的决策。

四、稳定性原则

优良的销售人员薪酬制度能够保证销售人员有稳定的收入，这样才不至于影响其正常的工作和生活。因为销售量常受一些外界因素的影响，销售人员通常期望自己的收入不会因这些因素的变动而下降至低于维持生计的水平，企业要尽可能解决销售人员的后顾之忧。除了正常的福利之外，还要为其提供一笔稳定的收入，而这笔收入主要与销售人员的销售岗位有关，而与其销售业绩不发生直接联系。

五、控制性原则

销售人员的薪酬制度应体现工作的倾向性，并能对销售人员的工作指引方向，能使销售人员发挥潜能，提高其工作效率。同时，薪酬制度的设立应能实现企业对销售人员的有效控制。企业所确立的销售人员薪酬制度，不能以牺牲必要的控制能力为代价，这是企业保持销售队伍稳定性并最终占有市场的关键。为了实现这一点，企业必须承担必要的投入风险，而不能把绝大部分的风险转嫁给销售人员。

任务3　销售人员薪酬设计应考虑的因素

为解决销售人员薪酬体系设计问题，我们首先要明确其影响因素。下面我们从企业、客户、市场和员工四个角度进行分析。

一、企业因素

企业因素是影响薪酬设计的主要因素，它包括企业支付能力、产品特性、培训成本、销售管理和退出机制。

1. 支付能力

一些小企业在初创期支付能力不足的情况下，受支付能力的制约，它们更加倾向于完全佣金制，将企业风险完全转嫁到销售人员身上，而随着企业的不断发展壮大，其实力和支付能力都不断发展，销售人员的薪酬体系则朝“佣金＋工资”的方向发展，去降低和规避销售人员风险，直至企业的支付能力充裕后，企业的销售人员薪酬体系就应根据自身的人事战略——以吸引和保留什么样素质的销售人员，以进行确定。

2. 产品特性

企业的产品特性决定了企业面向的客户群和企业的交易模式，从而影响了销售难度，在相当大的程度上影响着企业对销售人员素质的要求。比如，产品的技术含量较高、单位产品价值也很高，这时企业的销售模式基本上要考虑为“团队销售”，分成售前、售中和售后，这就对行使着三部分职能的人员提出了不同的素质要求，而且对销售人员的素质要求相对较高。而如果产品的单位价值很低，产品的技术含量也比较低，不需要销售人员对客户仔细地讲解技术问题，企业普遍采用广泛分销模式，基本上面向广大批发商进行销售，相对来说对销售人员的素质要求比较低。

3. 培训成本

培训成本是指一个刚刚入职的销售人员成长为一个成熟的销售人员，企业所必须花费的成本，如工资成本、差旅成本、销售损失风险等。我们知道，如果所销售的产品是一个低端产品，对销售人员的技术、技巧的要求不高，那么企业付出的培训成本就很低，销售人员的可替代性就很强。

4. 销售管理

企业销售管理规范和成熟程度在很大程度上影响着企业对外部人才的吸引，从而影响企业从外部招聘合适人员的难度。有证据表明，新毕业的大学生在选择销售作为他们的职业时，更加关注的是企业销售管理的规范程度，而不是薪酬高低、升迁机会等其他因素。

5. 退出机制

在我们的国有企业中，企业员工缺乏退出机制来约束，也成了影响销售人员薪酬设计的一个因素。如果使用了一个较差的人员，在当前稳定的大局下，企业还没有很好的办法令其退出，在这种情况下企业假如付出较高的基本工资，一方面对其他员工不公平，另一方面企业也付出了不必要的人工成本。

二、客户因素

要进行薪酬设计必须考虑客户因素，它一般包括客户爱好、交易行为、管理水平和客户期望等内容。

1. 客户爱好

要考虑客户爱好，首先要对客户进行分类，找出它们的共性，如家电生产商，可以将客户分为商场、大客户和普通经销商，商场经理喜欢与在性格上成熟、稳重的人打交道，而大客户喜欢和谈判能力、管理经验比较高的人打交道，普通经销商喜欢斤斤计较，选派耐心、仔细的销售人员与其打交道相比之下就有了很多优势。

2. 交易行为

交易行为对销售人员薪酬的影响主要体现在不同的交易行为要求不同素质、不同层次的销售人员，而不同素质、不同层次的销售人员的市场价格是不同的。

3. 管理水平

在很多情况下，客户或经销商选择厂商时，经常考虑厂商的管理能力和水平，看厂商能否在销售管理上给予相应的支持。这时，经销商的管理水平就成了衡量厂商管理水平和销售人员管理经验的标杆，经销商不愿意与在管理能力方面比自己差的厂商交易。反映到销售人员薪酬体系中，就是具备一定管理能力的销售人员的价值问题。

4. 客户期望

与管理水平类似，客户期望厂商是什么样子、销售人员是什么样子。销售人员是企业的窗口，销售人员的形象代表了企业的形象。销售人员的实际表现如何，以及通过销售人员的实际表现推断出厂商如何，这些都在影响着客户的满意度。客户的因素总体上均影响了企业对销售人员素质的选择，不同素质人员的价值不同，也就对应了企业应该支付不同水平的薪酬。

三、市场因素

市场是影响企业薪酬设计的重要因素，它具体包括以下几个方面：

1. 稀缺程度

稀缺程度表明企业在人才市场上获取同类人才的难易程度，如果企业销售人员在市场上较难招聘到，那么企业就应该提高销售人员的固定工资，相反如果企业很容易在市场上招聘到销售人员，那么就相应地提高其佣金的比例。像前文提到的一样，“招聘一个销售人员是一件十分简单的事情”，但是一定要注意你目前的销售人员是否能够达到企业要求，你是否要招聘类同于你目前销售人员水平的人员。

2. 市场薪酬水平

如同在典型的薪酬设计技术中一致，市场薪酬水平基本上决定了企业该职位的薪酬水平，这是一个外部公平的问题。如果外部不公平，将导致的直接结果就是销售人员离职率高，或他们会降低绩效来平衡他们所获得的报酬。

3. 竞争对手行为

竞争对手销售人员的薪酬体系如何？他们是如何设定各部分的比率的？竞争对手有没有采取非正常的，诸如挖墙脚之类的措施？这个时候，设计具有竞争力的薪酬对于稳定员工队伍起相当重要的作用。否则，企业将以丧失销售队伍和市场机会为代价。

四、员工因素

在进行薪酬设计时必须考虑员工的因素。

1. 员工期望

企业的销售人员对自己薪酬的期望值是多少？如果达不到自己的期望值，那么即使他在企业工作，那也仅仅是权宜之计。而且在这种状态下，销售人员的积极性肯定欠缺，不利于企业的长远发展。

2. 员工绩效

销售人员的薪酬是一定要与其业绩结合起来的，也只有这样才会体现“多劳多得”的原则。但在有的企业或行业中，员工业绩其实是很难衡量的，因为大多数商品都有一个自然销量(除非是未上市商品)，也就是说在业绩中，有多大比重是由销售人员的个人努力来实现的难以衡量。

项目二　销售人员薪酬制度的设计与执行

任务1　销售人员薪酬设计的程序

由于行业、产品、区域、企业的差异性，世界上没有完全相同的销售人员薪酬制度，更没有十全十美的、可同时满足企业管理阶层和销售人员全部需求的薪酬制度。销售人员薪酬设计，必须能尽量符合企业和销售人员双方的需求。为了使薪酬设计获得最大的效用，销售薪酬制度必须兼具收入的稳定性及促使销售人员增加销售量、利润等的诱导性。

一套优良的薪酬制度，在理论上能够顾及到企业和销售人员双方的利益，但在实务上很难完全顾及。虽然如此，只要我们在设计薪酬制度时从实际出发，遵循一定的程序，还是可以建立一套令人满意的薪酬制度的。建立销售人员薪酬体系的程序如图 5-1 所示。

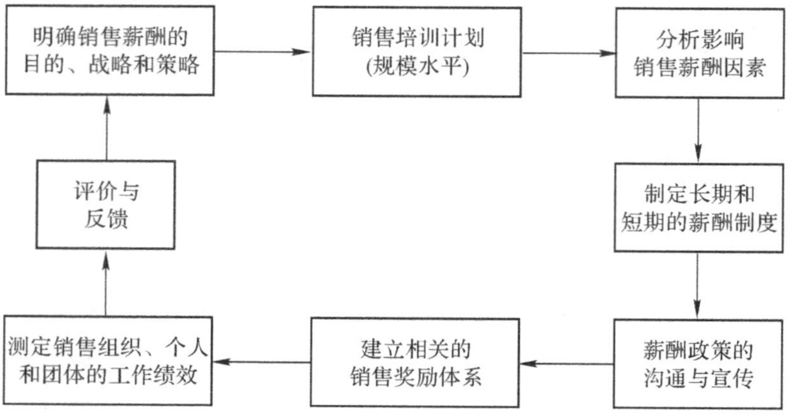

图 5-1　建立销售人员薪酬体系的程序

(1)明确销售薪酬设计的目的、战略和策略。即根据的销售目标决定需要多少销售人员，设立什么样的销售组织，完成什么样的销售任务。接着是确定销售薪酬制度要达到什么目的，采取什么战略与策略。

(2)分析影响销售薪酬的主要因素。即分析工资水平、工资结构、销售人员的要求和管理程序等主要因素对销售报酬制度的影响。

(3)制定长期和短期的薪酬制度。长期的薪酬包括工资和福利，如基本工资、退休金、养老金和医疗保险等；短期的薪酬包括红利和奖金。薪酬制度制定后，要与销售人员进行薪酬政策的沟通与宣传。

(4)建立相关的销售奖励体系。即工资的升降、相关的奖励政策等。

(5)测定销售组织、个人和团体的工作绩效。即了解这样的报酬制度是否有利于销售工作绩效的提高。

(6)评价与反馈。即通过销售工作绩效的测定评价现行薪酬制度是否有效，分析存在的问题与不足，提出改进建议。

任务 2　选择薪酬类型

根据企业的实际经验，销售人员薪酬制度的类型大体有以下几种：

一、纯粹薪金制度

纯粹薪金制度是指无论销售人员的销售额是多少，其在一定的工作时间之内都获得固定数额的薪酬。这种薪酬制度适用于销售人员从事例行销售工作，如驾驶车辆分送酒类、饮料、牛奶、面包和其他类似产品的情况。当企业生产的是大众化的产品而且容易推广时，企业也会偏向于采用没有佣金的固定薪金制度。或者当企业销售人员需为顾客提供技术或咨询，或需负担很多销售推广工作时，单纯的薪金制度也常常被企业采用。

纯粹薪金制度的优点是：第一，易于操作，且计算简单；第二，销售人员的收入有保障，易使其有安全感；第三，当有的地区进行全新的调整时，可以减少敌意；第四，适用于需要集体努力的销售工作。

纯粹薪金制度也有其不足：第一，缺乏激励作用，不能持续扩大销售业绩；第二，就薪酬多少而言，有薄待绩优者而厚待绩差者之嫌，显失公平。若不公平的情形长期存在，则销售人员流动率将增高，而工作效率最高的人将首先离去。

二、纯粹佣金制度

纯粹佣金制度是与一定期间的销售工作成果或数量直接关联的一种薪酬形式，即按一定比率给予佣金。这样做的目的是给销售人员以鼓励，其实质是奖金制度的一种。如果公司的销售重点是获得订单，而销售以外的任务不太重要时，佣金制度常被广泛地采用，如服装业、纺织业、制鞋业，以及医药品、五金材料的批发业等。有些没有实际产品的行业，如广告、保险和证券投资业，也完全采用佣金制度。

单纯佣金制度最大的优点是对业务人员提供了直接的金钱鼓励，可以促使他们努力提高销售量。采用纯粹佣金制度，销售能力高者可较纯粹薪金制获得更多的薪酬，同时能力低者也可获得与其能力对等的薪酬。虽然采用佣金制初期时，销售人员的流动率会很大，但仔细分析，离开的大都是能力低的销售人员。这种制度适应性大，可为多种类型的企业采用。

佣金的计算可根据销售额、销售量、毛利额或利润净额计算。其计算可以是基于总销量，也可以是基于超过配额的销货量或配额的若干百分比。佣金也可以根据销售人员的销售对公司利润的贡献来确定。支付佣金的比率可以是固定的，即第 1 个单位的佣金比率与第 100 个单位的佣金比率都一样；也可以是累进的，即销售量（或利润贡献等）越高，其佣金比率越高。佣金比率还应考虑到产品性质、顾客、地区特性、订单大小、毛利额、业务状况的变动等。

纯粹佣金制度的优点主要有：第一，富有激励作用；第二，销售人员能获得较高的薪酬，能力越高的人赚的钱也越多；第三，销售人员容易了解自己薪金的计算方法；第四，控制销售成本较容易，可减少公司的营销费用。

纯粹佣金制度的缺点是：第一，销售人员的收入欠稳定，在销售波动的情况下其收入不易保证，如季节性波动、循环波动等；第二，销售人员容易兼差，同时在几个企业任职，以分散风险；第三，销售人员推销自身重于销售公司的产品，因为若销售成功，下次可以向客户销售其他企业的产品，这类销售人员往往身带几种名片，代表几家公司，销售不同种类的产品；第四，公司营运状况不佳时，销售人员会纷纷离去；第五，增加了管理方面的人为困难。

企业采用纯粹佣金制的支付方式，主要有三种：

1. 保证提存或预支账户

让销售人员预支一定金额，将来由其所得佣金偿还。如果所得佣金小于预支金额，销售人员也不必归还其差额；如果所得佣金大于预支金额，超出部分归销售人员所有。

2. 非保证提存或预支账户

销售人员必须偿还全部预支金额，如果本期佣金不足偿还，可以递延至下期清算。所以预支金额实际上相当于一种借款形式。

3. 非功过暂记账户

每个月给予各销售人员一定的金额，记入该销售人员暂记账户的借方。每位销售人员每月应得的佣金，记入暂记账户的贷方。年底结算时，如果有贷方余额，应补发给该销售人员；如果借方有余额，可以注销，如同保证预支账户，也可递延至下年度结算，如同非保证预支账户。

三、薪金加佣金制度

纯粹薪金制度缺乏弹性，对销售人员的激励作用不够明显。纯粹佣金制度令销售人员的收入波动较大，销售人员缺乏安全感。而薪金加佣金制度则避免了前两种制度的不足，它是一种混合薪酬制度。薪金加佣金制度是以单位销售或总销售金额的一定百分比作佣金，每月连同薪金一起支付，或年终时累积支付。

薪金加佣金制度的优点：与奖金制定相类似，销售人员既有稳定的收入，又可获得随销售额增加而增加的佣金。

薪金加佣金制度的缺点：佣金太少，激励效果不大。

四、薪金加奖金制度

薪金加奖金制度是指销售人员除了可以按时收到一定的薪金外，如果销售业绩好还可获得奖金。奖金是按销售人员对企业作出的贡献多少发放的。

薪金加奖金制度的优点：可鼓励销售人员兼做若干涉及非销售和销售管理的工作。

薪金加奖金制度的缺点：销售人员不重视销售额的多少。

五、薪金加佣金再加奖金制度

薪金加佣金再加奖金制度兼顾了薪金、佣金、奖金的优点，是一种比较理想的薪酬制度。薪金用来稳定销售人员，而利用佣金及奖金可以加大对销售人员的激励程度，以促进工作总体成效的提高。这种方法被许多企业所采用。

薪金加佣金再加奖金制度的优点：第一，给销售人员提供了赚取更多收入的机会；第二，可以留住有能力的人员；第三，销售人员在取得佣金、奖金的同时领有固定薪金，生活较有保障；第四，奖励的范围加大，使目标容易依照计划达成。

薪金加佣金再加奖金制度的缺点：第一，计算方法过于复杂；第二，除非对渐增的销售量采用递减的佣金，否则会造成销售人员获利不成比例；第三，销售情况不好的时候，底薪太低，往往留不住有才能的人；第四，实行此制度需要较多有关的记录报告，因此提高了管理费用。

六、特别奖励制度

特别奖励制度是规定薪酬以外的奖励，即额外给予的奖励。这种特别奖励在国外是以红利的形式出现的，它可以和前面任意一种基本薪酬制度结合使用。

企业给予的额外奖励分为经济奖励和非经济奖励两种。经济奖励包括直接增加薪金、佣金，或间接的福利，如假期加薪、保险制度、退休金制等。非经济奖励的方式很多，如通过销售竞争给予销售人员一定的荣誉，像记功、颁发奖章及纪念品等。额外奖励可根据销售人员超出销售配额的程度、控制销售费用的效果或所获得新客户的数量等来决定，它一般有三种形式：

1. 全面特别奖金

全面特别奖金是指企业在特殊的时间里，如圣诞节、春节或年底，不计盈利发给所有销售人员的奖金。企业可以付给每名销售人员同样数额的奖金，也可以根据现在的工资和在本企业工作时间的长短来支付奖金。例如，美国普强公司向那些在公司工作了一到两年的销售人员发放一份相当于他们年薪的1.5%的圣诞红利，工作了两年或三年的人得到的则是年薪的2%。这种奖励是单独支付的，与雇员的业绩无关。

2. 业绩特别奖励

这是一种与业绩相关的奖励，有很多种形式，按照奖励给个人还是奖励给集体，可以把它们分为个人业绩特别奖和集体业绩特别奖两大类。奖金的发放不仅可以按销售额或销售数量，还可以按毛利率、销售业绩、开发的新客户数、公司或地区销售单位的收入或销售额，以及某种产品的销售额来计算。集体业绩特别奖的发放是为了培养团队销售精神，一般是按照销售区域来发放。发给一个销售地区的奖金数额，是把它的业绩同组织内其他销售地区的业绩相比较而确定的。然后，地区销售经理会按业绩再分给每个销售分区一定数额。分区经理则会把这份奖金平均分给全体销售人员，或是根据销售人员的个人业绩分发。

3. 销售竞争奖

第三种影响销售人员业绩的特别薪酬形式是销售竞争。这是一种特别的销售计划，通过给销售人员提供奖励，促使他们实现短期销售目标。这些奖励包括证书、现金、物品或旅游等。有时竞争时间会长达一年，这种奖励是除正常薪酬之外额外给予的。美国每年花在销售竞争上的奖金数额巨大，整个行业通常会把奖金的35%用于进行销售奖励：其中的78%用在商品奖励上，22%用在旅游奖励上。销售竞赛是一种有效的激励方式，它能够促使销售人员更加坚持不懈地去努力工作。管理部门可以指导销售人员去销售某些特殊商品（如滞销品）或从事某些有利于销售的非销售性活动，这都是在平时没有竞赛刺激的情况下他们所不愿做的事情。竞赛还可以促使销售人员为达到竞赛目标、赢得额外奖励，工作更加勤奋，工作时间更长。销售竞赛对销售人员还产生了许多间接的影响。许多销售经理认为，特别奖励和这些竞赛都能增进他们所在销售集体的团队精神及销售人员对工作的兴趣、工作的满足感，并降低缺勤率和人员流动率。

特别奖励制度的优点：鼓励作用更为广泛有效，常常可以促进滞销产品的销售。

特别奖励制度的缺点：奖励标准或基础不易确定，有时会引起销售人员的不满意，并带来管理方面的困扰。

上述几种薪酬制度可供销售经理参考选用，具体选用哪一种要视企业的现实状况而定。

任务3　明确薪酬设计目标模式

薪酬制度是影响销售人员流动率的最主要因素之一，要想留住销售人员，并使其创造良好的销售业绩，除了企业要有发展远景规划外，还要通过“薪金”与奖励的巧妙搭配建立适当的薪酬目标模式。在当前企业销售的薪酬目标模式大体有以下四种类型，适合于不同的企业或企业的不同经营时期，企业可以根据实际情况或发展进展，选择不同的销售薪酬目标模式。

一、高薪金与低奖励目标组合模式

这种模式比较适合于实力较强的企业或有明显垄断优势的企业。采用这种目标模式通常是企业已经形成了良好的企业文化氛围，并为销售人员提供了良好的福利和各项保证，从而使销售人员在社会公平的比较中获得明显的优越感、归属感和荣誉感。正因为如此，即便企业所提供的额外奖励幅度较小（通常相当于岗位工资的20%～50%），该薪酬方式也能具有较大的激励作用。

二、高薪金与高奖励目标组合模式

这种模式通常适合于快速发展的企业。这种企业发展迅速，市场扩张快，需要不断加强对销售队伍的激励力度，以扩大对市场的占有和击败竞争对手。同时，处于发展中的企业又必须加强对销售人员的行为控制，以确保企业战略的实现。实行这种薪酬模式的企业往往具有较大的凝聚力和团结作战的能力，因而要求销售人员具有较高的文化素质，能够准确理解企业的战略意图。该模式除了其岗位工资高于其他行业或企业外(甚至高于企业内其他岗位的员工)，其额外奖励的幅度通常大于岗位工资的50%，甚至数倍。

三、低薪金与高奖励目标组合模式

这种薪酬模式具有准佣金制的性质，销售人员的薪水不仅低于其他行业或企业，也可能低于公司内其他岗位的职工。这些薪金主要用于弥补正常的生活开支，甚至仅仅相当于部分促销补贴。在一些企业，其数额仅仅相当于企业平均工资的1/4～2/3，但这种模式的奖励幅度比较大，可以达到员工销售额的3%～10%。该薪酬模式通常适合于保险、汽车、房地产、广告等服务行业，也适合于处于衰退期的企业或产品，它有助于企业收回应有的收益或减少可能的损失。在市场竞争比较激烈、企业具有一定优势而管理力量薄弱的情况下，也可以采用这种模式。

四、低薪金与低奖励目标组合模式

推行这种薪酬模式的企业，其经营状况一般不是太好，或者正处于企业创业的困难时期。尽管从社会的角度来看，这种薪酬方式处于劣势，但由于该模式很可能是依据企业的实际而确定，因而如果做好宣传说明工作，也会得到销售人员的谅解。但需要说明的是，企业推行这种模式的时间不宜太久，在条件改观时，要适时进行调整，否则会使销售人员失去一定的耐心转向为其他企业效力。许多企业在创业或困难时期，销售人员没有流失，反而在企业好转或壮大时销售人员离开，其原因之一就是没有及时转变销售薪酬模式。

总之，薪酬模式要处理好薪金与奖励的关系。因为薪金的作用在于保证销售人员生活，使其无后顾之忧，因而它对销售额的增加作用不大。奖励的作用在于激励销售人员，它影响销售人员的销售业绩和销售额。所以，销售经理应处理好薪金与奖励的关系，确定合理的薪金与奖励比例。

任务4　考察薪酬设计效果

考察薪酬制度的目的是检验经过试行的制度或固有的制度是否有效。任何新制定或修正的薪酬制度经过一年或一定支付期间的试行后，该制度所产生的结果如何，必须详加分析与考察，以确定是否可以正式实施，或有无修正或调整的必要。考察的标准包括：

1. 销售人员的绩效

销售人员奖酬制度不同，销售人员的绩效自然有显著的差异。应考察一项奖酬制度实施后，销售人员的销售绩效是提高了，还是降低了。

2. 预算销售费用比率及毛利情况

将拟定奖酬制度的预算数字与实际发生值加以比较。如果实际发生值比预算的要大，说明奖酬制度有问题。要分析原因所在，提出改进建议。

3. 对顾客的影响

如果企业的奖酬制度不是很合理，则常常会出现销售人员怠慢顾客的现象。一项新的奖酬制度实施后，如果客户投诉增加，说明新制度可能存在问题，要分析导致顾客投诉增加的原因，并提出改进建议。

项目三　激励认知

任务 1　了解激励的含义及作用

一、激励的含义

激励(Motivation)是指激发、强化和引导人们为实现一定时期内的具体工作目标而付诸行动，并为实现最终目标做出坚持不懈的努力。激励是管理过程中不可或缺的环节和活动。有效的激励可以成为组织发展的动力保证，实现组织目标。激励有自己的特性，它以组织成员的需要为基点，以需求理论为指导。激励有物质激励和精神激励、外在激励和内在激励等不同类型。

二、激励的作用

对一个企业来说，科学的激励制度具有以下几个方面的作用：

1. 吸引优秀的人才到企业

在发达国家的许多企业中，特别是那些竞争力强、实力雄厚的企业，通过各种优惠政策、丰厚的福利待遇、快捷的晋升途径来吸引企业需要的人才。

2. 开发员工的潜在能力，促进在职员工充分地发挥其才能和智慧

美国哈佛大学的威廉·詹姆斯教授在对员工激励的研究中发现，按时计酬的分配制度仅能让员工发挥 20%～30%的能力，如果受到充分激励的话，员工的能力可以发挥出 80%～90%，两种情况之间 60%的差距就是有效激励的结果。管理学家的研究表明，员工的工作绩效是员工能力和受激励程度的函数，即绩效＝F(能力 * 激励)。如果把激励制度对员工创造性、革新精神和主动提高自身素质的意愿的影响考虑进去的话，激励对工作绩效的影响就更大了。

3. 帮助企业留住优秀人才

彼得·德鲁克认为，每一个组织都需要三个方面的绩效：直接的成果、价值的实现和未来的人力发展。缺少任何一方面的绩效，组织注定非垮不可。因此，每一位管理者都必须在这三个方面均有贡献。在三方面的贡献中，对“未来的人力发展”的贡献就是来自激励工作。

4. 营造良性的竞争环境

科学的激励制度包含一种竞争精神，它的运行能够创造出一种良性的竞争环境，进而形成良性的竞争机制。在具有竞争性的环境中，组织成员就会受到环境的压力，这种压力将转变为员工努力工作的动力。正如道格拉斯·麦格雷戈所说，“个人与个人之间的竞争，才是激励的主要来源之一”。在这里，员工工作的动力和积极性成了激励工作的间接结果。

【课堂互动 5-1】 试分析“小功不赏，则大功不立；小怨不赦，则大怨必生”这句话的含义。

（资料来源：黄石公．素书六章．）

任务 2　了解激励的类型

不同的激励类型对行为过程会产生程度不同的影响，所以激励类型的选择是做好激励工作的一项先决条件。一般来讲，激励可分为以下几类：

一、物质激励与精神激励

虽然两者的目标是一致的，但是它们的作用对象却是不同的。前者作用于人的生理方面，是对人物质需要的满足；后者作用于人的心理方面，是对人精神需要的满足。随着人们物质生活水平的不断提高，人们对精神与情感的需求越来越迫切，比如期望得到爱、得到尊重、得到认可、得到赞美、得到理解等。

【课堂互动 5-2】

一句话的力量

韩国某大型公司的一个清洁工，本来是一个最被人忽视、最被人看不起的角色。但就是这样一个人，却在一天晚上公司保险箱被窃时，与小偷进行了殊死搏斗。

事后，有人为他请功并问他的动机时，答案却出人意料。他说：“当公司的总经理从我身旁经过时，总会不时地赞美我‘你扫的地真干净’。”

你看，就这么一句简简单单的话，就使这个员工受到了感动，并“以身相许”。

这也正合了中国的一句老话“士为知己者死”。

美国著名女企业家玛丽凯经理曾说过：“世界上有两件东西比金钱和性命更为人们所需——认可与赞美。”

试问：案例中韩国总经理用的是什么激励方法？

（资料来源：詹承豫．从这里出发——娱乐管理的 99 个故事．北京：中国建材工业出版社、北京赛迪电子出版社，2004．）

二、正激励与负激励

所谓正激励就是当一个人的行为符合组织的需要时，通过奖赏的方式来鼓励这种行为，以达到持续和发扬这种行为的目的。所谓负激励就是当一个人的行为不符合组织的需要时，通过制裁的方式来抑制这种行为，以达到减少或消除这种行为的目的。

正激励与负激励作为激励的两种不同类型，目的都是要对人的行为进行强化，不同之处在于两者的取向相反。正激励起正强化的作用，是对行为的肯定；负激励起负强化的作用，是对行为的否定。

【课堂互动 5-3】

拿破仑智救落水者

拿破仑一次打猎的时候，看到一个落水男孩，一边拼命挣扎，一边高呼救命。这河面并不宽，拿破仑不但没有跳水救人，反而端起猎枪，对准落水者，大声喊道："你若不自己爬上来，我就把你打死在水中。"那男孩见求救无用，反而增添了一层危险，便更加拼命地奋力自救，终于游上岸。

试问：拿破仑在智救落水者过程中用的是什么激励方法？

（资料来源：詹承豫．从这里出发——娱乐管理的 99 个故事．北京：中国建材工业出版社、北京赛迪电子出版社，2004.）

三、内激励与外激励

所谓内激励是指由内酬引发的、源自于员工内心的激励；所谓外激励是指由外酬引发的、与工作任务本身无直接关系的激励。内酬是指工作任务本身的刺激，即在工作进行过程中所获得的满足感。它与工作任务是同步的。追求成长、锻炼自己、获得认可、自我实现、乐在其中等内酬所引发的内激励，会产生一种持久性的作用。外酬是指工作任务完成之后或在工作场所以外所获得的满足感，它与工作任务不是同步的。如果一项又脏又累、谁都不愿干的工作有一个人干了，那可能是因为完成这项任务，将会得到一定的外酬——奖金及其他额外补贴。一旦外酬消失，他的积极性可能就不存在了。因此，由外酬引发的外激励是难以持久的。

任务 3　了解激励的过程与机制

一、激励的过程

激励的目标是使组织中的成员充分发挥出其潜在的能力。激励是"个人需要——工作动机——工作行为——工作绩效——组织奖励——新的需要"的一个连续过程。比如当下属在个人需要（包括物质需要和精神需要）的驱使下产生工作动机，当他把这种动机转化为行为后，他希望其工作绩效得到上司或组织的赞赏、认可和肯定。这时，如果上司或组织及时而合理地奖励（即激励）了他，那么他在今后的工作中一定会更卖力。在此基础上，他会产生新的需要（如获得更多的收入，尊重的需要、成就的需要和自我实现的需要等），并进而产生努力工作的新的动机。

二、激励的机制

激励机制就是在激励中起关键性作用的一些因素相互作用的过程，这些因素包括时机、频率、程度、方向等。它的功能集中表现在对激励的效果有直接和显著的影响，因此认识和了解激励的机制，对激励工作是大有益处的。

1. 激励时机

激励时机是激励机制的一个重要因素。激励在不同时间进行，其作用与效果是有很大差别的。这就好比厨师炒菜时，不同的时间放入味料，菜的味道和质量是不一样的。超前激励可能会使下属感到无所适从，迟到的激励可能会让下属觉得索然寡味，失去了激励应有的意义。激励如同发酵剂，何时该用、何时不该用，都要根据具体情况进行具体分析。

2. 激励频率

所谓激励频率是指在一定时间里进行激励的次数，它一般是以一个工作周期为时间单位的。激励频率的高低是由一个工作周期里激励次数的多少所决定的，激励频率与激励效果之间并不完全是简单的正相关关系。

激励频率的选择受多种客观因素的制约，这些客观因素包括工作的内容和性质、任务目标的明确程度、激励对象的素质情况、劳动条件和人事环境等。一般来说有下列几种情形：

(1)对于比较复杂的工作和比较难以完成的任务，激励频率应该高；对于工作比较简单、容易完成的任务，激励频率应该低。

(2)对于任务目标不明确、较长时期才可见成果的工作，激励频率应该低；对于任务目标明确、短期可见成果的工作，激励频率应该高。

(3)对于各方面素质较差的工作人员，激励频率应该高；对于各方面素质较好的工作人员，激励频率应该低。

(4)在工作条件和环境较差的部门，激励频率应该高；在工作条件和环境较好的部门，激励频率应该低。

当然，上述几种情况，并不是绝对地划分，通常情况下应该有机地联系起来，因人、因事、因地制宜地确定恰当的激励频率。

3. 激励程度

所谓激励程度是指激励量的大小，即奖赏或惩罚标准的高低。它是激励机制的重要因素之一，与激励效果有着极为密切的联系。能否恰当地掌握激励程度，直接影响激励作用的发挥。超量激励和欠量激励不但起不到激励的真正作用，有时甚至还会起反作用。比如，过分优厚的奖赏，会使人感到得来全不费工夫，丧失了发挥潜力的积极性；过分苛刻的惩罚，可能会导致人的"摔破罐"心理，挫伤下属改善工作的信心；过于吝啬的奖赏，会使人感到得不偿失，多干不如少干；过于轻微的惩罚，可能会导致人的无所谓心理，不但不能改掉毛病，反而会变本加厉。

因此，从量上把握激励，一定要做到恰如其分，激励程度不能过高也不能过低。激励程度并不是越高越好，超出了这一限度，就无激励作用可言了，正所谓"过犹不及"。

4. 激励方向

所谓激励方向是指激励的针对性，即针对什么样的内容来实施激励，它对激励效果也有显著影响。马斯洛的需要层次理论有力地表明，激励方向的选择与激励作用的发挥有着非常密切的关系。当某一层次的优势需要基本上得到满足时，应该调整激励方向，将其转移到满足更高层次的优先需要，这样才能更有效地达到激励的目的。比如对一个具有强烈自我表现欲望的员工来说，如果要对他所取得的成绩予以奖励，奖给他奖金和实物不如为他创造一次能充分表现自己才能的机会，使他从中得到更大的鼓励。还有一点需要指出的是，激励方向的选择是以优先需要的发现为其前提条件的，所以及时发现下属的优先需要是经理人实施正确激励的关键。

项目四　销售人员的激励管理

任务1　了解有关激励的经典理论

一、马斯洛的需求层次理论

著名心理学家马斯洛把人的需要由低到高分为五个层次，即生理需要、安全需要、社交需要、尊重需要和自我实现需要。马斯洛认为，这五种需要不会同时出现，只有在较低层次的需要得到满足以后，才能产生更高一级的需要。

二、双因素理论

双因素理论是美国心理学家赫兹伯格于1959年提出来的，全名叫“激励—保健因素理论”。

通过在匹兹堡地区11个工商业机构对200多位工程师、会计师调查征询，赫兹伯格发现，受访人员举出的不满项目，大多同他们的工作环境有关，而感到满意的因素，则一般都与工作本身有关。据此，他提出了双因素理论，对后来人员管理的体系产生了深刻的影响。

传统理论认为，满意的对立面是不满意，而据双因素理论，满意的对立面是没有满意，不满意的对立面是没有不满意。因此，影响职工工作积极性的因素可分为两类：保健因素和激励因素，这两种因素是彼此独立的并且以不同的方式影响员工在工作中的状态。

所谓保健因素，就是那些造成员工不满的因素，它们的改善能够解除职工的不满，但不能使职工感到满意并激发起职工的积极性。一般来讲，保健性因素主要有：企业的政策、行政管理、工资发放、劳动保护、工作监督以及各种人事关系处理等。由于它们只带有预防性，只起维持工作现状的作用，因此也被称为“维持因素”。

所谓激励因素，就是那些使员工感到满意的因素，只有它们的改善才能让职工感到满意，给职工以较高的激励，调动积极性，提高劳动生产效率。它们主要有工作表现机会、工作本身的乐趣、工作上的成就感、对未来发展的期望、职务上的责任感等。

三、期望理论

期望理论，又称作“效价—手段—期望理论”，是由美国著名心理学家和行为科学家维克托·弗鲁姆于1964年在《工作与激励》中提出来的。期望理论认为，当人们预期某种行为能够带给个体某种特定的结果，而且何种结果对个体具有吸引力时，个体就倾向于采取这种行为。期望理论包括以下四项变量或三种联系，如图5-2所示。

图5-2　简化的期望理论模型

(1)期望或努力——绩效联系：个人感到通过一定程度的努力可以达到某种工作绩效的可能性。

(2)手段或绩效——奖赏联系：个人相信达到一定绩效水平后即可获得理想结果的

程度。

(3)效价或奖赏的吸引力：从工作中可以获得的结果或奖赏对个体的重要性程度。效价主要关心的是个人的目标与需要。

任务2 销售人员激励中常见的问题

我们常说，客户是企业的上帝，而销售人员就是将上帝请回来并要上帝掏腰包的人。对销售人员激励的目的就是激发他们为企业请来更多的上帝，回收更多的资金，从而实现企业的最终目的——利润最大化。但很多企业在销售人员的激励问题上认识不清、措施不到位，导致销售人员流失率居高不下。

一、销售人员培训不力，不能适应市场竞争的需要

有些企业对销售人员不进行产品知识、销售技巧、职业道德、企业结构、企业文化等方面的系统培训，或者只是流于形式上的培训，就急切地把他们推到工作岗位上去，这样不但造成销售人员能力的参差不齐和对职业的本能恐惧，更缺乏对企业文化等方面的认同感和归属感，不利于团队精神的形成，也不利于企业战略目标的实现。面对市场的激烈变化，企业管理人员没有意识到销售人员的知识结构、能力结构需要更新，以顺应变化，应对竞争，从而出现销售人员知识老化，不能积极有效地制定相关的市场策略和应对多变的市场竞争，企业市场销售力日渐降低。

二、管理人员与销售人员缺乏有效沟通

管理人员不进行或不注重与销售人员的日常沟通，缺乏有效的信息交流渠道，同时对销售人员的责、权、利划分不清，在其工作中不进行有效授权，形成管理人员与销售人员之间“我要求你去干什么、怎么干，取得怎样的销售业绩”的“雇佣关系”，不注重销售过程中问题的解决和指导，不注重销售人员能力的提升，销售人员就只有根据市场情况自由发挥，“摸着石头过河”，畏首畏尾，最后不但无利于销售人员销售能力的提高，甚至可能导致销售活动的失败。

三、薪酬制度设计不合理

有些企业对销售人员实行以“底薪＋提成”为主要形式的薪酬激励制度，物质回报是衡量销售人员工作业绩的标准，是激励他们的主要手段，甚至是唯一手段。对销售人员的业绩月度、年度考核，管理者不注重对销售人员在实际市场中其他因素的分析，诸如对不同市场的地理位置、市场成熟度、竞争者状况、消费者的消费文化、开拓和维护市场的难易程度等问题来展开销售竞赛，以销售业绩论英雄，这样就无形中促成了销售人员错误观念的形成，助长了销售人员不满的消极情绪、抵触情绪，甚至造成销售人员之间的恶性竞争，最终将不利于企业整个销售队伍的建设，以至于影响企业的发展。

四、“以人为本”的企业文化缺乏，销售人员成了“经济人”

虽然许多企业都在宣扬“以人为本”的企业文化，但在实际工作中，都或多或少地存在某些错误的理解，缺乏积极有效的执行。对销售人员的管理和对其他人员的管理相似，把销售人员“经济人化”、“单纯雇佣化”，不能很好地尊重、关心他们，缺乏人性的关注和信任，让销售人员认为是靠自己的知识、能力甚至血汗来与企业所有者、管理者进行单纯的金钱交换，从而导致销售人员对企业“家”的荣誉感、归属感的缺乏、淡薄、丧失，以至于最终离开企业，

造成企业人才的流失及人员转换成本的提高。

任务3　销售人员的激励方式

激励销售人员可以从不同的角度出发，采取不同的激励方式来提高销售人员的积极性。激励方式通常有环境激励、目标激励、物质激励和精神激励等。

一、环境激励

环境激励是指企业创造一种良好的工作氛围，使销售人员心情愉快地开展工作。这里，企业对销售人员的重视程度有很大差异。有些企业认为销售人员不怎么重要，有些企业则认识到他们是实现企业价值的人，给他们提供无限的机会。事实证明，如果对销售人员不重视，其工作绩效就差，离职率就高。企业可以召开定期的销售人员与公司领导座谈会，给予他们在更大群体范围内结交朋友、交流感情的机会。

二、目标激励

目标激励是指为销售人员确定一些拟达到的销售指标，以目标激励销售人员上进。企业应建立的主要目标有销售定额、毛利额、访问户数、新客户数、访问费用和货款回收等。其中，制定销售定额是企业的普遍做法，规定他们一年内应销售产品的数量，并按产品分类确定。销售定额的实践经验表明，销售代表对销售定额的反应并不完全一致，一些人受到激励，因而发挥出最大潜能；也会有一些人感到气馁，导致工作情绪低落。一般来讲，优秀的销售人员对精心制定的销售定额将会做出良好的反应，特别是当薪酬水平按工作业绩作适当调整时更是如此。

三、物质激励

物质激励是指对做出优异成绩的销售人员给予晋级、奖金、奖品和额外薪酬等实际利益的激励，以此来调动销售人员的积极性。物质刺激往往与目标激励联系起来使用。研究人员在评估各种可行激励的价值大小时发现，物质激励对销售人员的激励作用最为强烈。

四、精神激励

精神激励是指对做出优异成绩的销售人员给予表扬、颁发奖状、授予称号等，以此来激励销售人员上进。对于多数销售人员来讲，精神激励也不可缺少。精神激励是一种较高层次的激励，通常对那些接受过高等教育的年轻销售人员更为有效。销售经理应深入了解销售人员的实际需要，他们不仅有物质生活上的需要，而且还有诸如理想、成就、荣誉、尊敬等方面的精神需要。尤其当物质方面的需要得到基本满足后，销售人员对精神方面的需要就会更强烈。如有的企业每年都要评出“冠军销售员”、“销售状元”等，激励效果很好。

五、情感激励

利益支配的行动是理性的。理性只能使人产生行动，而情感则能使人拼命工作。对于销售人员的情感激励就是关注他们的感情需要，关心他们的家庭，关心他们的感受，把对销售人员的情感直接与他们的生理和心理有机地联系起来，使其情绪始终保持在稳定的愉悦中，促进销售成效的水准。

六、民主激励

实行民主化管理，让销售人员参与营销目标、顾客策略、竞争方式、销售价格等政策的制定，经常向他们传递企业的生产信息、原材料供求与价格信息、新产品开发信息等，企业高层定期下去聆听一线销售人员的意见与建议，感受市场脉搏，向销售人员介绍企业发展战略，这都是民主激励的方法。

拓展提高

薪酬管理的发展趋势

薪酬制度对于企业来说是一把“双刃剑”，使用得当能够吸引、留住和激励人才，而使用不当就可能给企业带来危机。建立全新的、科学的、系统的薪酬管理系统，对于企业在知识经济时代获得生存和竞争优势具有重要意义。而改革和完善薪酬制度，也是当前企业面临的一项紧迫任务。与传统薪酬管理相比较，现代薪酬管理有以下发展趋势：

一、全面薪酬制度

薪酬既不是单一的工资，也不是纯粹的货币形式报酬，还包括精神方面的激励，如优越的工作条件、良好的工作氛围、培训机会、晋升机会等，这方面也应该很好地融入薪酬体系中去，内在薪酬和外在薪酬应该完美结合，偏重任何一方都是跛脚走路。

物质和精神并重就是目前提倡的全面薪酬制度。

二、薪酬与绩效挂钩

单纯高薪并不能起到激励作用，只有与绩效紧密结合的薪酬，才能够充分调动员工的积极性。单一僵死的薪酬制度已经越来越少，取而代之的是与个人绩效和团队绩效紧密挂钩的灵活薪酬体系。增加薪酬中的激励部分，常用方法包括：加大绩效工资（奖金）和福利的比例，加大涨幅工资（浮动工资）的比例，灵活的弹性工资制度，把员工作为企业经营的合作者，以技能和绩效作为计酬的基础而不是工作量。

三、宽带型薪酬结构

工资等级减少，各种职位等级的工资之间可以交叉，宽带的薪酬结构可以说是为了配合组织扁平化而量身定做的，它打破了传统薪酬结构所维护的等级制度，有利于企业引导员工将注意力从职位晋升或薪酬等级的晋升转移到个人发展和能力提高方面，给予绩效优秀者比较大的薪酬上升空间。

四、雇员激励长期化，薪酬股权化

目的是为了留住关键的人才和技术，稳定员工队伍。其方式主要有员工股票选择计划、股票增值权、虚拟股票计划、股票期权等。

五、重视薪酬与团队的关系

以团队为基础开展项目，强调团队内协作的方式已越来越流行，与之相适应，应该针对团队设计专门的激励方案和薪酬计划，其激励效果比简单的单人激励效果好。团队奖励计划尤其适合人数较少，强调协作的组织。

六、薪酬的细化

首先是薪酬结构的细化，多元化、多层次、灵活的薪酬构成。专门人员薪酬设计专门化，此外，在一些指标制定过程中，也应当细化，尽量避免“一刀切”的做法。例如，职务评价、绩效考评系统，不同职位层和不同性质岗位的考评应该分别制定标准。

七、薪酬制度的透明化

薪酬支付方式公开还是保密存在很大争议。但支持透明化的呼声越来越高，保密的薪酬制度使薪酬应有的激励作用大打折扣，而且，保密制度使员工的好奇心加强，通过各种渠道打探员工工资，影响制度的实行。透明化的薪酬制传达了一个信息：公司的薪酬制度，没有必要隐瞒，薪酬高的人有其高的道理，低的人有其不足之处；欢迎所有员工监督其公正性，透明化实际是建立在公平、公正和公开的基础上的，具体包括几个做法：让员工参与薪酬制定，制定薪酬时，除各部门领导外，还有一定数量的员工代表；职务评价时，尽量采用简单方法，使之容易理解；发布文件向员工详细说明工资制定过程；评定后制定的工资制度，描述务必详细，尽可能不让员工产生误解；设立一个员工信箱，随时解答员工在薪酬方面的疑问，处理员工的投诉。

八、有弹性、可选择的福利制度

公司在福利方面的投入在总成本里所占比例是比较高的，但这部分支出往往被员工忽视，认为不如货币形式的薪酬实在。而且，员工在福利方面的偏好也是因人而异的，解决这个问题目前最常用的方法是采用选择型福利，即让员工在规定范围里选择自己喜欢的福利组合。

九、薪酬信息日益得到重视

外部信息，指相同行业、相似规模和性质的企业的薪酬水平、薪酬结构和薪酬价值取向等。外部信息能够使企业在制定和调查薪酬方案时，有可以参考的资料。内部信息，主要指员工满意度调查和员工合理化建议。满意度调查功能并不一定在于了解有多少员工对薪酬满意，而是了解员工对薪酬制度和结构的不满到底在哪里，进而为制定薪酬制度打下基础。

归纳总结

销售人员的薪酬问题，是销售管理中的一个重要课题。从管理人员的角度来看，力求销售成本的降低；从销售人员的角度来看，希望获得较高的收入；从顾客的角度来看，则希望以较低的价格获得自己所需要的商品。这三者所追求目标的矛盾性，使得管理者想建立一套完整、有效的薪酬制度成为一件比较困难的事情。

销售人员薪酬是指销售人员通过从事销售工作而取得的利益回报。企业销售人员的薪酬通常包括以下几个部分：基础工资、津贴、佣金、福利、保险、奖金。一个理想的销售人员薪酬制度应体现公平性原则、激励性原则、灵活性原则、稳定性原则和控制性原则。销售人员薪酬设计应考虑企业、客户、市场和员工等因素。

我们在设计薪酬制度时要从实际出发，遵循一定的程序，才能建立一套令人满意的薪酬制度。根据企业的实际经验，销售人员薪酬制度的类型大体有纯粹薪金制度、纯粹佣金制度、薪金加佣金制度、薪金加奖金制度、薪金加佣金再加奖金制度和特别奖励制度。当前企业销售的薪酬目标模式大体有四种类型，适合于不同的企业或企业的不同经营时期，企业可以根据实际情况或发展进展，选择不同的销售薪酬目标模式。任何新制定或修正的薪酬制度经过一定的时间就要进行考察，看其是否具有合理性和激励性。

激励的关键是要与被激励者的期望相符，否则再好的激励也是没有作用的，而每个人的期望又都是不同的，在每个阶段的期望也是不同的。所以，在实施激励措施时，特别是在销售管理中对销售人员激励时，首先要清楚销售人员的期望。销售人员的期望主要有：物质回报、工作愉快、不断进步、适当减压、提供帮助。

很多企业在销售人员的激励问题上认识不清，措施不到位，导致销售人员流失率居高不下。激励销售人员可以从不同的角度出发，采取不同的激励方式，通过环境激励、目标激励、物质激励和精神激励等方式来提高销售人员的积极性。

实用技术训练

一、知识训练

1. 重要概念解释

销售人员薪酬　纯粹佣金制度　纯粹薪金制度　环境激励　目标激励

2. 问题理解

(1)销售人员薪酬设计应考虑哪些因素？

(2)对销售人员激励的常见问题有哪些？

3. 知识应用

(1)单项选择题。

①(　　)是指对做出优异成绩的销售人员给予晋级、奖金、奖品和额外薪酬等实际利益的激励。

A. 物质激励　B. 精神激励　C. 目标激励　D. 环境激励

②(　　)是对做出优异成绩的销售人员给予表扬，颁发奖状、奖旗，授予称号等。

A. 物质激励　B. 精神激励　C. 目标激励　D. 环境激励

③(　　)是与一定期间的销售工作成果和数量直接有关的薪酬形式。

A. 纯粹薪金制度　B. 纯粹佣金制度

C. 薪金加佣金制度　D. 薪金加奖金制度

④销售人员薪酬设计的程序的第二个步骤是(　　)。

A. 明确销售薪酬设计的目的、战略和策略

B. 分析影响销售薪酬的主要因素

C. 制定长期和短期的薪酬制度和奖金

D. 建立销售的奖励体系

⑤比较适合于实力较强的企业或有明显垄断优势的企业薪酬目标的是(　　)。

A. 高薪金与低奖励目标组合模式

B. 高薪金与高奖励目标组合模式

C. 低薪金与高奖励目标组合模式

D. 低薪金与低奖励目标组合模式

(2)多项选择题。

①一个理想的销售人员薪酬制度应体现有(　　)。

A. 公平性原则　B. 激励性原则　C. 计划性原则　D. 稳定性原则

②当前企业销售的薪酬目标模式大体有(　　)。

A. 高薪金与低奖励目标组合模式

B. 高薪金与高奖励目标组合模式

C. 低薪金与高奖励目标组合模式

D. 低薪金与低奖励目标组合模式

③企业给予的额外奖励分为经济奖励和非经济奖励两种。下列属于经济奖励的是(　　)。

A. 间接的福利　　B. 假期加薪　　C. 保险制度　　D. 发奖章

④企业对销售人员可采用(　　)方式来提高他们的工作积极性。

A. 物质激励　　B. 精神激励　　C. 目标激励　　D. 环境激励

二、技能训练

1. 案例分析

Baxter 外科用品公司(BSSI)的市场营销副总经理正在查看公司 1998 年年底的薪酬方式。这家公司是医疗用品和设备的制造商和经销商,它的总销售额仅次于美国医院用品公司,在行业中名列第二,公司的总部设在弗吉尼亚州的 Richmond,工厂则设在佛罗里达、德克萨斯、加利福尼亚和密歇根等地。公司销售队伍由 600 多人组成,由 60 名销售经理来管理。BSSI 有众多的产品,需要不同的销售技巧。它们的设备包括 X 光机、铸造锯、治疗仪等,医疗用品则包括各类药品、铸造材料、绷带、固定夹板和注射器。要推销这两类产品,销售人员必须接受良好的培训。

销售人员的任务是寻找新客户,为现有客户服务,以及保持公司与其客户之间的友好关系。在普通的工作日中,销售人员早晨就开始访问医院。在那里,他们要了解急救室、材料供应室和管理办公室等的情况。之后,可能要在医院里临近医生停车场的地方设置一个展台。过些时候,销售员开始访问附近地区的医生诊所。通常,一名销售员可能访问好几家诊所,因为私人诊所一般都设在医院附近。访问可能是向医生介绍新产品,也可能只是与护士一起查点补充用品。如果是前者,就要安排好特定的时间。主要产品通常要在周末推销。少数产品价值可能会高达 60 000 美元,而其他产品或许连 1 美元也不值。一般说来,私人客户每次大约订购能够使用两个星期的用品。不过,医院由于有较大的储藏室,一般会每月订购一次。另外,医院有专人负责库存,通常会自己发出订单而不需销售员帮助。BSSI 的原则是定期同这些人一起核实情况,不管他们是否需要另外的帮助。

伍德森是市场营销副总经理,他有个改进公司的销售队伍薪酬制度的想法。他认为改进薪酬制度的目的有两个:降低销售队伍人员流动率和提高销售访问次数。销售经理偶尔也做一些推销,但他们的主要职责是监督和培训销售队伍。每位经理手下有 9～11 个销售员向其汇报工作。他们按在 BSSI 工作时间的长短获取直接薪金。此外,销售经理在年末分到一份视分区工作情况而定的红利。销售经理们的薪金从 79 000 美元到 117 000 美元不等,平均值为 90 400 美元。销售人员在头一年得到的是直接薪金。BSSI 公司的管理部门认为刚工作一年的销售员对于推销所知甚少,相对于有经验的销售人员来说,只是完成了利润中的一小部分,直接薪金对于他们来说更为有利。这些刚工作一年的销售人员,在 1998 年的收入是 43 000 美元。他们一般被分配到销售额相对较低的小辖区去。当获得经验以后,根据他们在公司工作时间的长短,付给他们的基本工资将有所增加。每年年底,按照分区的业绩,还会发放红利,红利金额最高可达销售额的 10%,销售经理和销售人员在销售中的全部开支都会得到补偿。BSSI 公司大多数的销售人员都至少有学士学位,有几个人还有 MBA 学位,BSSI 为此很是骄傲。当伍德森查看销售人员薪酬制度时,他很奇怪为何流动率如此之高。工作不足 18 个月的销售人员的流动率是 35%,之后,流动率下降到 8%。在他看来，许多销售人员在BSSI接受了培训之后，就跑到竞争对手那里去了。他还感到，由于对销售人员的监督过少，他们常常在下午早早就走掉，甚至一连几天根本不工作。伍德森知道有几个人是试图要钻这种自由的空子。不过他认为这都是因为没有足够的激励让他们去追逐那些额外的销售额，或是把工余时间用在客户身上。在他看来，目前的这种薪酬方式只对那些已经在公司工作了一段时间的人有利。他觉得没有足够的激励来留住那些真正业绩出色的人，有进取心的销售员在其他的公司不必等待就能够赚到更多。例如，美国医院和史蒂文斯医院用品公司都支付10%的佣金，即便是对新来的销售人员也是如此。

伍德森想到三种薪酬方式：直接薪金、直接佣金，以及薪金和奖励相结合的做法。然后，他打电话给BSSI公司全国销售经理琼斯，讨论其他办法。

（资料来源：熊银解．销售管理．北京：高等教育出版社，2001.）

讨论：

(1)Baxter外科用品公司实行直接薪金的优缺点是什么？

(2)该公司的薪酬方式存在问题吗？为什么？

(3)你将采取什么措施纠正这种情况？

2. 操作实训

【项目】销售竞赛激励。

【目的】理论与实践相结合，通过销售竞赛激励的设计加深对理论知识的理解。

【内容】以某一医药企业销售队伍为个案，为其设计销售竞赛激励。

【步骤】

(1)寻找一家医药企业为研究对象，企业性质不定，国企、民企或外企均可。

(2)通过文献调查、深度访谈、企业实习等方式，了解其销售队伍的情况。

(3)结合企业产品，设计一套销售竞争激励的方案。

（吴　锦）

学习情境六　销售分析与绩效考评

学习目标

通过本情境的学习，学生应能够理解销售额、销售成本分析的含义；理解销售分析的目的和方法；掌握销售分析的内容；了解销售人员考评的意义和原则；掌握销售人员业绩考评的程序。

❖知识目标

了解销售分析的重要性，理解销售考评的原则，掌握绩效考评的方法。

❖技能目标

能进行初步的销售分析，运用掌握的绩效考评方法对具体案例进行分析。

情境引入

随着经济全球化和我国加入 WTO，企业面临着越来越激烈的国内和国际市场竞争，特别是人才的竞争，这对我国企业的人力资源管理提出了巨大的挑战。谁能更重视人力资源开发，重视保持员工需求与企业目标的一致，谁就能在激烈的市场竞争中取胜。企业必须充分认识到人力资源绩效考核的内涵和作用，以及绩效考核中存在的问题和原因分析，寻找克服绩效考核误差对人力资源管理的影响，加强人力资源绩效考核，从而提升我国企业的核心竞争力。

项目一　销售额分析

任务 1　销售额分析的内涵

销售额分析，就是通过对企业全部销售数据的研究和分析，比较和评估实际销售额与计划销售额之间的差距，为未来的销售工作提供指导。

任务 2　销售额分析方法

尽管销售额分析的方法在企业的各个分公司之间有所不同，但是所有的企业都会以客户销售发票或现金收据的方式收集销售数据，这些发票或收据是进行会计核算的主要凭证。销售管理部门把自己对销售额信息的要求传达给销售分析人员，并从企业内部和外部广泛收集销售数据，并进行适当的记录。

销售管理人员可以通过销售额分析，对当前的销售业绩进行评价，找出实际销售额与计划销售额的差距，分析原因，并以此为基础制订企业未来的销售计划。

在实际工作中，销售额分析有两种：

1. 销售差异分析

企业销售差异分析，就是分析并确定不同因素对销售绩效的不同作用。例如，假设某企业年度计划要求第一季度销售 4 000 件产品，每件售价 1.0 元，即销售额 4 000 元。在第一季度结束时，只销售了 3 000 件，每件 0.8 元，即实际销售额 2 400 元。那么，销售绩效差异为 1 600 元，或者说完成了计划销售额的 60%。显然，导致销售额差异的，有价格下降的原因，也有销售量下降的原因。问题是，销售绩效的降低有多少归因于价格下降，有多少归因于销售数量的下降，可做如下分析。

因价格下降导致销售额的差异为$(1.0-0.8)\times 3\,000=600$(元)

价格下降对销售额的影响为$\frac{600}{1\,600}\times 100\%=37.5\%$

因销量下降导致销售额的差异为 $1.0\times(4\,000-3\,000)=1\,000$(元)

销售量下降对销售额的影响为$\frac{1\,000}{1\,600}\times 100\%=62.5\%$

由此可见，没有完成计划销售量是造成销售额差异的主要原因，企业需进一步分析销售量下降的原因。

2. 特定产品或地区销售差异分析

特定产品或地区销售差异分析，就是具体分析和确定未能达到计划销售额的特定产品、地区等。假设某企业在三个地区销售，其计划销售额分别为 1 500 万元、500 万元和 2 000 万元，计划销售总额 4 000 万元；而实际销售额分别是 1 400 万元、525 万元和 1 075 万元。就计划销售额而言，第一个地区有 6.7%的未完成额，第二个地区有 5%的未完成额，第三个地区有 46%的未完成额。其主要问题显然在第三个地区，要查明原因，加强对该地区销售工作的管理。

在企业的销售管理过程中，要经常地进行销售额分析，以发现销售过程中存在的问题，奖优罚劣，保证企业销售目标的实现。

任务 3 销售额分析的目的

企业进行销售额分析，目的在于以下几个方面：

1. 销售额分析是企业对销售计划执行情况的检查，是企业进行业绩考评的依据

有的企业制订了很好的销售计划，但是因为疏于管理，忽视了日常的检查与评估，有了问题也没有及时发现。到了计划期末，期初的计划指标已成为泡影，企业的各级经理及销售人员也就无可奈何了。进行销售额分析，就是要在销售管理过程中，及时发现问题，并分析和查找原因；及时采取措施，解决问题。销售额分析与评价的结果，也是对各级销售经理和销售人员进行绩效评估的基本依据。

2. 分析企业各产品对企业的贡献程度

通过对各产品销售额的分析，可以得出企业所生产产品的市场占有率。市场占有率是反映产品市场竞争力的重要指标。同时，我们也可以通过对销售额的分析得出各种产品的市场增长率，市场增长率是衡量产品发展潜力的重要指标。根据市场增长率和相对市场占有率,大致可以了解产品对企业的贡献程度,企业据此可以对相应产品采取合适的销售策略。

3. 分析本企业的经营状况

松下幸之助先生曾说:"衡量一个企业经营的好坏,主要是看其销售收入的增加和市场占有率的提高程度。"采用盈亏平衡点对本企业的销售额和经营成本进行分析,可以得出本企业的经营状况信息。若企业实际销售额高于盈亏平衡点的销售额,那么企业就有利可赚;若等于或低于盈亏平衡点的销售额,则企业处于保本或亏损状态。

4. 对企业的客户进行分类

企业经营的目的是赢利,因此,它不会以同一标准对待所有客户。企业要将客户按客户价值分成不同的等级和层次,这样企业就能将有限的时间、精力、财力放在高价值的客户身上。根据 80/20 原则,20%的高价值客户创造的价值往往占企业利润的 80%。只有找到这些最有价值的客户,提高他们的满意度,同时剔除负价值客户,企业才会永远充满生机和活力。

任务4 销售额分析的内容

1. 市场占有率分析

市场占有率又称市场份额,是指在一定时期内,企业产品在市场上的销售量或销售额占同类产品销售总量或销售总额的比重。市场占有率高,说明企业在市场所处优势明显,适应市场能力强;市场占有率低,说明企业在市场所处劣势,适应市场能力弱。然而,这一指标却不能反映与竞争对手的比较情况,因此,我们可运用相对市场占有率表明企业市场竞争地位的高低和竞争力的强弱。

2. 总销售额分析

总销售额是企业所有客户、所有地区、所有产品销售额的总和。这一数据可以给我们展现一家企业的整体运营状况。然而,对于管理者而言,销售趋势比某一年的销售额更重要,主要包括:

(1)企业近几年的销售趋势。

(2)企业在整个行业的市场占有率的变动趋势。

(3)地区销售额分析。

只有总销售额的分析是不够的,它几乎不能为企业管理层提供销售进程中的详尽资料,对管理层的价值有限,所以还需要按地区对销售额进行进一步的分析。

(4)产品销售额分析。

与按地区分析销售额一样,按产品系列分析企业销售额对企业管理层的决策也很有帮助。方法如下:

首先,将企业过去和现在的总销售额具体分解到单个产品或产品系列上。

其次,如果可以获得每种产品系列的行业数据,就可以为企业提供一个标尺来衡量各种产品的销售业绩。如果产品 A 的销售下降了,而同期行业同类产品的销售也下降了相同的比例,销售经理就不必过分忧虑了。

再次,进一步考察每一地区的每一产品系列的销售状况。销售经理据此确定各种产品在不同地区市场的强弱形势。产品 A 的销售可能下降了 10%,但其所在地区的销售却下降了 14%,销售经理要进一步找出出现偏差的原因,并与地区分析相对应,做出相应的改进。

项目二　销售成本分析

任务 1　销售成本概述

销售成本是指已销售产品的生产成本或已提供劳务的劳务成本以及其他销售的业务成本。销售成本包括主营业务成本和其他业务支出两部分。其中，主营业务成本是企业销售商品产品、半成品以及提供工业性劳务等业务所形成的成本；其他业务支出是企业销售材料、出租包装物、出租固定资产等业务所形成的成本。

简单地说，本文所谓的销售成本，是指在销售过程中发生的、为实现销售收入而支付的各项费用，包括销售人员报酬、广告费用、公关费用、业务费用、售后服务费用和销售物流费用等。其中，销售人员报酬是销售费用的重要组成部分，报酬的高低及报酬形式或构成的不同直接影响着销售活动的最终效果。广告费用是企业用于广告活动中的各项费用，包括广告策划费、媒体费、制作费、管理费等。公关费用是指企业或个人为达到某种目的，而采取的各种和达成目的之间所产生的各项总体费用。一般而言，企业在碰到危机或要解决问题时，通常采用和行业之外的监督机构或上级主管部门交际的费用泛指公关费用。业务费用是指销售人员从事具体业务工作所需的费用，一般包括培训费、差旅费、会议费、业务招待费、销售折扣与折让、坏账损失、印刷费等。

任务 2　销售成本分析的目的

企业进行销售额分析的目的在于以下几个方面。

1. 销售成本分析是拟定企业销售政策的基础

制订销售计划对企业而言非常重要。企业在做销售计划时，销售预算是计划的基础。而做好销售预算，又必须做好销售成本预算。也就是说，企业整个计划要建立在销售成本分析的基础上。做好销售成本分析，进而规划出一套完整的销售预算，制定每个月预算费用的支出和预期的收入，从目标利润和必要费用的角度来设定销售目标，最后制订出企业的年度销售计划，以及完成销售计划而应采用的一系列销售措施。

2. 为选择销售途径提供依据

当把销售的商品分布到市场上时，还需要有一定的路径来组织商品分销，以便消费者能在最适当的地点购买到所需要的商品。商品从企业到消费者之间可以经过这样的途径：企业——销售企业、代理店、掮客——批发商——零售商——消费者。在这一途径中，也有跳过批发商，由销售企业或是代理店、掮客直达零售商的情形。企业要选择适合自己的途径，通常从两方面着手：一是消费者的购买习惯；二是经济合算。

采用不同的销售途径，会涉及配货经费、广告费、事务费、仓库费、货款回收费等费用。在选择销售途径时就要进行销售成本分析，主要是寻求销货量最高而经费最少的方法。具体操作时，可从企业自身的财务状况、产品的种类、单价、销售时期、产品的品质规格、所需服务技术的难易程度及零售店分布的情况来分析，从而定下最佳销售方案。

3. 为制定价格或计算折扣比率提供依据

一般情况下，企业在制定产品价格的时候，通常是用“价格＝成本＋利润”来定的。销售成本作为产品成本的一个组成部分，对于产品价格的制定也是一个重要的影响因素。因此，要做好销售成本分析，制定最佳的价格方案，从而获得最大利润。

企业在进行销售的时候，通常会给销售商一定的折扣，而折扣的比率应该是多少呢？这也需要根据成本分析的结果来制定。给予折扣相当于产品的价格降低了，根据上面价格制定的方法来看，折扣其实也是销售成本的一个组成部分。但如果保持原来的价格，利润就会降低，而折扣的给予会带来销售量的增加。这时，要分析销售成本的增加能否带来更多的利润，根据分析结果再确定折扣比率。

4. 用以作为销售活动的管理资料

做好销售成本分析之后，可根据分析结果做销售预算。在企业进行销售活动时，就可以把销售成本分析结果作为销售活动的管理资料。例如，企业进行销售活动时，为了获得一定的销售量而采取折扣的方法，这时就可根据销售成本分析的结果来进行管理，判断是否要采取折扣方法，从而控制费用的支出。

任务3　销售成本分析的内容

通过对企业销售成本的分析，可以知道销售成本的组成，从而加强成本控制，减少不能为企业带来利润的成本，增加企业的盈利能力。

1. 推销费用率，即推销费用占销售总额的比率

$$推销费用率=\frac{推销费用}{销售总额}\times 100\%$$

分析推销费用占销售总额的比率，以确定销售费用分配是否得当、结构是否平衡、效率是否优异，并分析其原因以求改进。各行各业推销费用率的标准不一，通常在10％～20％。

2. 管理费用率，即管理费用与销售总额的比率

$$管理费用率=\frac{管理费用}{销售总额}\times 100\%$$

分析管理费用占销售总额的比率，以测定管理费用是否过高，有无浪费。各行业管理费用率的标准不一，通常在10％～20％。

3. 推销管理费用比率，即推销管理费用占销售总额的比率

$$推销管理费用率=\frac{推销管理费用}{销售总额}\times 100\%$$

分析推销管理费用占销售总额的比率，以测定推销管理费用的效率是否合理，有无浪费。各行各业推销管理费用率的标准不一，通常在10％～20％。

4. 运费与推销费用比率

$$运费与推销费用比率=\frac{运费与推销费用额}{销售总额}\times 100\%$$

分析运费与推销费用占销售总额的比率，以测定费用是否合理、结果是否平衡。各行业没有一定的标准，比率越低越好。

5. 人工费率，即人工费与销售总额的比率

$$人工费率=\frac{人工费}{销售总额}\times 100\%$$

分析人工费占销售总额的比率，以测定单位销售额须花费多少人工费。其比率越少则销售成本中人工费所占比率越小。

6. 利息率，即利息支出与销售总额的比率

$$利息率=\frac{利息支出}{销售总额}\times 100\%$$

分析利息支出占销售总额的比率，以测定单位销售须支出多少利息，比率越低越好。

7. 广告费率，即广告费用支出占销售总额的比率

$$广告费率=\frac{广告费用}{销售总额}\times 100\%$$

分析广告费用占销售总额的比率，以测定每单位销售额须花费多少广告费、广告效果是否明显。广告费率的标准不一，但不要太低，有的企业控制在2%左右。

任务4　销售费用的控制

销售费用的控制是当今企业销售管理的一个重要问题，有的企业缺少对销售费用的计划和控制，出现了销售增长10%而销售费用也增长10%甚至更多的现象。

【小资料 6-1】

沃尔玛成本管理案例

沃尔玛公司（Wal-Mart Stores. inc.）是一家美国的世界性连锁企业，以营业额计算为全球最大的公司，其控股人为沃尔顿家族。沃尔玛主要涉足零售业，是世界上雇员最多的企业，连续三年在美国《财富》杂志全球500强企业中居首。然而沃尔玛的业务能迅速增长，并且成为现在非常著名的公司之一，是因为沃尔玛在节省成本以及物流配送系统与供应链管理方面取得了巨大的成就，采取了有效的成本管理策略。

稍了解沃尔玛的人都知道，低成本战略使物流成本始终保持低位，是沃尔玛这种廉价商品零售商的看家本领。在物流运营过程中尽可能降低成本，把节省后的成本让利于消费者，这是沃尔玛一贯的经营宗旨。

沃尔玛在整个物流过程中，尽量以其现有的配送中心为出发点，卖场一般都设有配送中心，以缩短送货时间，降低送货成本。沃尔玛拥有快速高效的物流配送中心，它可以满足100多个附近周边城市的销售网点的需求，另外运输的半径既比较短又比较均匀，基本上是以320千米为一个商圈建立一个配送中心。它们24小时不停地运转，平均每天接待的装卸货物的卡车超过200辆，因此可以保证商品从配送中心运到任何一家商店的时间不超过48小时，沃尔玛的分店货架平均一周可以补货两次，而其他同业商店平均两周才能补一次货，通过维持尽量少的存货，沃尔玛既节省了存储空间又降低了库存成本。

沃尔玛的配送中心采用的是作业成本管理的方式，它的一端是装卸的月台，另一端是卸货的月台，两项作业分开，看似与装卸一起的方式没有什么区别，但是运作效率由此提高很多，配送中心就是一个大型的仓库，但是概念上与仓库有所区别。在此运用了交叉配送CD，交叉配送的作业方式非常独特，而且效率极高，进货时直接装车出货，没有入库储存与分拣作业，降低了成本，加速了流通。

沃尔玛的配送成本占销售额的2%，是竞争对手的50%，而一般来说物流成本占整个销售额都要达到10%左右，有些食品行业甚至达到20%或者30%。沃尔玛始终如一的思想就是要把最好的东西用最低的价格卖给消费者，这也是它成功的所在。

（资料来源：百度文库）

一、加强销售费用预算管理

建立合理科学的资金审批制度和资金使用跟踪制度。销售费用预算必须以销售收入预算为基础，通过全面考虑企业自身生意发展的目标和策略、市场费用和渠道销售费用的比例关系、现代零售渠道和传统分销渠道的发展策略和平衡关系、全年主要的产品投放、市场宣传和公关活动、促销活动、必要情况下打击竞争对手的投入、各部门固定和变动的运用成本以及对过去年度销售收入、销售利润和营业费用的分析，制定行之有效的财务控制制度。对较大的、一次性的销售费用的发生，应该集体分析决策。同时，为了控制风险，投入的资金必须严格跟踪。如果销售回款与投入的比例不协调，超过预警时间，应停止供货并降低销售员的提成比例，以此来保证企业资金的安全性。

二、建立健全财务制度

建立健全财务制度，加强成本控制工作。在实践中可以看到许多中小企业的财务管理基本上没有，更谈不上成本控制。财务部门沦落为记账部门，财务部门对销售部门来说，就只是一个报销和走账的工具而已。但恶劣的竞争环境和企业发展的需要要求提升财务部门职能，不仅做账，而且要对财务数据进行分析。

三、对一些关键费用的控制

除了通过加强销售费用预算管理，建立健全财务制度来加强成本控制以外，对一些关键的费用点，企业也应该采取相应的措施进行优化和控制。

(1)供销规模控制。可以运用最佳期量控制理论，对产品生产、物资存储的周期、数量进行合理控制，通过供销成本控制，降低相关费用，提高供销效益。随着企业销售活动及其竞争的扩展，除进行一般性的供销期量研究外，还应进一步实施复杂条件下的最佳期量控制，诸如允许缺货损失情况下的最佳控制、享受折扣优惠情况下的最佳控制以及风险概率及特殊情况下的最佳控制等。

(2)适宜质量控制。可从质量控制与成本控制的基本要求出发，进行产品(或服务)质量适宜水平控制测定以及质量成本控制分析。通过认识质量与成本的关系，建立质量成本指标等，在适度提高质量的可靠性的同时，尽可能降低相应费用，实现质量与成本的最佳结合。

(3)网点布局控制。企业销售活动的成本控制可以通过网点配置与布局的合理化进一步得以实现。如商品物资调运是在企业销售活动中经常遇到的问题。合理的商品物资调运方案要将商品物资从若干产地或存储地发运到若干销售需求地，并且实现总运费(或吨公里)最少的方案。一般来说，商品物资调运应该选择最短距离，避免对流和迂回现象。最佳的商品物资调运方案构成了一种科学合理的物流系统，合理的物流系统可以使物流成本尽可能降低。特别是连锁经营、物流配送企业，对于销售过程中物流成本的构成与发生的控制显得尤为重要。

项目三　销售人员的绩效考评

为了对销售人员进行有效的管理，企业必须对销售人员的工作业绩以科学的评估，考核制度，并以此作为分配报酬的依据。销售人员的业绩考评主要包括以下几方面的内容：收集考评资料，建立绩效标准，选择考评方法和进行具体考评。

任务1　收集考评资料

考评时对销售人员的资料收集务必全面、充分，资料的主要来源有：

1. 销售人员的销售报告

销售报告最重要的资料来源，可分为销售活动计划报告和销售活动业绩报告两类。销售活动计划报告包括地区年度市场营销计划和日常工作计划等。许多企业现在已开始要求销售人员制订销售区域的年度市场营销计划，在计划中提出发展新客户和增加与现有客户交易的方案。各企业的要求也不尽相同：有些企业要求对销售区域的发展提出一般性意见；另一些企业则要求列出详细的预计销售量和利润估计。销售经理对计划进行研究，提出建议，并以此作为制定销售定额的依据。

日常工作计划由销售人员提前一周或一月提交，说明计划进行的访问和巡回路线。管理部门接到销售代表的行动计划后，有时会与他们接触，提出改进意见。行动计划可指导销售人员合理安排活动日程，为管理部门评估其制订和执行计划的能力提供依据。

销售活动业绩报告主要提供已完成的工作业绩，如销售情况报告、费用开支报告、新业务的报告、失去业务的报告、当地市场状况的报告等。

2. 企业销售记录

企业内的有关销售记录，如顾客记录、区域的销售记录、销售费用的支出等，都是开展评估的基本资料。如利用这些资料可计算出某一销售人员所接订单的毛利，或某一规模订单的毛利，对于评估绩效有很大的帮助。

3. 顾客意见

评估销售人员应该听取顾客的意见。有些销售人员业绩很好，但在顾客的服务方面做得并不理想，特别是在商品紧俏的时候更是如此。如某公司一位销售人员负责某地区的销售事务，经常以商品紧张为由对其顾客提出一些非分要求，如要求用车等，对公司形象造成很不好的影响。收集顾客意见的途径有两个：一是顾客的信件和投诉；二是定期进行顾客调查。

4. 企业内部其他职员的意见

这一资料的来源主要来自营销经理、销售经理或其他人员之间的意见，销售人员之间的意见也可以作为参考，这些资料可以提供一些有关销售人员的合作态度和领导才干方面的信息。

任务2　建立绩效标准

要评估销售人员的绩效，一定要有良好而合理的标准，绩效标准不能一概而论，管理人员应充分了解整个市场的潜力和每一位销售人员在工作环境和销售能力上的差异，绩效标准应与销售额、利润额和企业目标相一致。

建立绩效标准的方法有两种：一是为每种工作因素制定特别的标准，例如访问的次数；二是将每位销售人员的业绩与人员的平均绩效相互比较。

公平而有效的绩效标准需要管理人员根据过去的经验，结合销售人员的个人行动来制定，并在事件中不断加以调整和完善，常用的销售人员绩效标准主要有：

(1)销售量，用于衡量销售增长状况，是最常用的指标。

(2)毛利，用于衡量利润的潜量。

(3)访问率(每天的访问次数)，用于衡量销售人员的努力程度，但不能表示销售成果。

(4)访问成功率，用于衡量销售人员工作效率的指标。

(5)平均订单数目，多与每日平均订单数目一起用来衡量、说明订单的规模与销售的效率。

(6)销售费用，用于衡量每次访问的成本。

(7)销售费用率，用于衡量销售费用占销售额的比率。

(8)新客户的数目，是开辟市场的衡量标准，这可能是销售人员的特别贡献。

为了实现最佳考核，企业在判定考评标准时应注意以下问题：

(1)销售区域的销量以及区域形状的差异，地理分区的状况，交通条件等对销售效果的影响。

(2)一些非数量化标准很难求得平均值，如合作性、工作环境、责任感、判断力度等。

【课堂互动 6-1】　绩效管理与绩效考评的区别与联系是什么？

任务 3　选择业绩考评的方法

业绩考评的方法很多，在人事考核中有诸多规定，有些新的考核方法尚在不断的发展中。就销售人员的业绩考评来讲，较具代表性的方法有：

1. 横向比较法

这是一种把各位销售人员的销售业绩进行比较和排队的方法，这里不仅要求对销售人员完成的销售额进行对比，而且还应考虑到销售人员的销售成本、销售利润和顾客对其服务的满意程度等。

下面假定以销售额、订单平均批量和每周平均访问次数三个因素来分别对销售人员 A、B、C 三人进行业绩综合考评(见表 6-1)。

在表 6-1 中，由于销售额是最主要的因素，所以把权数定为 5。另外，订单平均批量和每周平均访问次数的权数分别定为 3 和 2，用三个因素分别建立目标，由于存在地区差异，所以每个因素对不同地区的销售人员建立的目标是不一样的。如销售人员 C 的销售额核定为 60 万元，高于销售人员 A 的 50 万元和销售人员 B 的 40 万元。这是考虑到他所处的地区潜在顾客较多，竞争对手较弱而决定的，由于销售人员 A 所处的地区有大批量的买主，所以其订单平均批量可相对订得高一些。每个销售人员每项因素的达成率等于他所完成的工作量除以目标数，随后将达成率与权数相乘就得出绩效水平，再把各项因素的绩效水平相加，除以总权数10，即可得到各个销售人员的综合效率。从表6-1中可看出，三人的综合效率分别为85%、84%和90.5%，其中销售人员C的综合效率最佳。

表6-1 销售人员业绩考评表

考评因素＼销售人员		A	B	C
销售额	1. 权数	5	5	5
	2. 目标(万元)	50	40	60
	3. 完成(万元)	45	32	57
	4. 达成率(%)	90	80	90
	5. 绩效水平(1×4)	4.5	4.0	4.75
订单平均水平	1. 权数	3	3	3
	2. 目标(万元)	800	700	600
	3. 完成(万元)	640	630	540
	4. 达成率(%)	80	90	90
	5. 绩效水平(1×4)	2.4	2.7	2.7
每周平均访问次数	1. 权数	2	2	2
	2. 目标(万元)	25	20	30
	3. 完成(万元)	20	17	24
	4. 达成率(%)	80	85	80
	5. 绩效水平(1×4)	1.6	1.7	1.6
绩效合计		8.5	8.4	9.05
综合效率(绩效合计/总权数)		85%	84%	90.5%

2. 纵向分析法

这是将同一销售人员现在和过去的工作实绩进行比较，包括对销售额、毛利、销售费用、新增顾客数、失去顾客数、每个顾客平均销售额、每个顾客平均毛利等数量指标进行分析的方法。这种方法有利于衡量销售人员工作的改善状况。下面举例说明(见表6-2)。

表6-2 销售人员业绩考评表

销售员：W　　　　所辖区域：上海市

考评因素＼年份	1993	1994	1995	1996
1. 产品A的销售额(元)	376 000	378 000	410 000	395 000
2. 产品B的销售额(元)	635 000	660 000	802 000	825 000
3. 销售总额(元)	1 011 000	1 038 000	1 212 000	1 220 000
4. 产品A定额的达成率(%)	96.0	92.6	88.7	85.2

续表

考评因素 \ 年份	1993	1994	1995	1996
5.产品B定额的达成率(%)	118.3	121.4	132.8	130.1
6.产品A的毛利(元)	75 200	75 600	82 000	79 000
7.产品B的毛利(元)	63 500	66 000	80 200	82 500
8.毛利总额(元)	138 700	141 600	162 200	161 500
9.销售费用(元)	16 378	18 476	18 665	21 716
10.销售费用率(%)	1.62	1.78	1.54	1.78
11.销售访问次数	1 650	1 720	1 690	1 630
12.每次访问成本(元)	9.93	10.74	11.04	13.32
13.平均客户数	161	165	169	176
14.新客户数	16	18	22	27
15.失去客户数	12	14	15	17
16.每个客户平均购买额(元)	6 280	6 291	7 172	6 932
17.每个客户平均毛利(元)	861	858	960	918

销售经理可以从表6-2中了解到有关销售员W的许多情况。W的总销售量每年都在增长(第3行),但并不一定说明W的工作很出色。对不同产品的分析表明,W销售产品B的销售量大于销售产品A的销售量(第1行和第2行),对照产品A和B的定额达成率(第4行和第5行),W在销售产品B上所取得的成绩很可能是以减少产品A的销售量为代价的,根据毛利额(第6行和第7行)可以看出销售产品A的平均利润高于产品B,W可能以牺牲毛利率较高的A产品为代价,销售毛利率较低的产品B。销售员W虽然在1996年比1995年增加了8 000元的销售量(第3行),但其总销售额所获得的毛利总额实际减少700元(第8行)。

销售费用占总销售额的百分比基本得到控制(第10行),但销售费用是不断增长的(第9行)。销售费用上升的趋势似乎无法以访问字数的增加予以说明,因为总访问次数还是下降的趋势(第11行)。这可能与取得新顾客的成果有关(第14行)。但是,该销售人员在寻找新客户时,很可能忽略了现有客户,这可从每年失去客户数的上升趋势上得到说明(第15行)。最后两行每个客户平均购买额和每个客户平均毛利要与整个企业的平均数值进行对比时才更有意义。如果W的这些数值低于企业的平均数,也许是他的客户存在地区差异性,也许是他对每个客户的访问时间不够。可用他的年访问次数与企业销售人员的平均访问次数相比较。如果他的平均访问次数比较少,而他所在销售区域的距离与其他销售人员的平均距离并无多大差别,则说明他没有在整个工作日内工作,也许是他的访问路线计划不周。

3. 尺度考评法

这是将考评的各个项目都配以考评尺度,制作出一份考核比例表加以评核的方法。在考核表中,可以将每项考评因素划分出不同的等级考核标准,然后根据每个销售人员的表现按依据评分，并可对不同的考评因素按其重要程度给予不同的权数，最后权算出总的得分（见表 6-3）。

表 6-3 销售人员业绩考评表

销售人员： 总分：

项目＼等级	90 分以上	80～89 分	70～79 分	60～69 分	59 分以下	记分	权数（%）	评分
工作实绩	超额完成工作任务，贡献比别人多得多	工作成绩超过一般人所能达到的水平	工作成果符合要求，基本能如期完成	工作成果大致符合要求，有事还需别人帮助	一般不能完成所要求的工作任务，缺点较多			
工作能力	具有高超的工作技能，开发新客户能力强，经常有创造性的意见	具有较强的工作技能，能主动开发新客户，有时有建设性的意见	具有完成分内工作的能力，开发新客户会有一定效果，偶尔有创见	工作技能一般，需多加指点，开发新客户需要支援，很少有创见	工作技能不能应付日常作业，开发新客户几乎不可能，谈不上有创造力			
工作态度	积极性很高，责任感强，能与同事同舟共济，协调性好	态度积极，总能自动负起责任，能与上司、同事协调相处	日常工作绝不拖延，对交办的工作能欣然接受，不会与同事发生无意义的摩擦	对难度大的工作积极性不高，责任感一般，表面上基本能与同事相处	缺乏积极性，责任感不强，工作需要不断监督，协调能力差			

任务 4 销售效率考评流程

在对销售人员的销售效率进行具体考评时，一般要经过如下流程：销售人员日报表——销售效率月报表——销售效率计算表。下面进行简要说明。

1. 销售人员日报表

我国许多企业还没有推行销售人员日报表管理，其实销售日报表的作用是很明显的。它能提供有关顾客、市场和竞争者等许多方面的信息，管理人员可从中了解销售人员的工作情况及目标达成情况，并发现问题和不足，为加强管理、提高销售效率提供依据。

要让销售人员填写好销售人员日报表，首先必须让销售人员认识到销售人员日报表的重要作用；其次要设计好容易填写的销售人员日报表。销售人员日报表格式应该比较固定，形式简单但内容全面。下面举例说明如何设计和填写销售人员日报表（见表 6-4）。

销售人员在每天出发前，应将计划一次访问的客户名称填写在表中，访问顺序可以事后才填写上去，因为由于交通堵塞或其他预料不到的原因，访问次序可能会发生变化。在访问目的栏中，没有开拓、估价、订货、收款、服务等项目，事后在达成目的一栏中画“√”。记事栏填列必要的信息情况。访问费用栏填写费用类别及数字。来访记录栏填列来公司访问的客户名称、来访目的及访谈结果。在时间记录栏中上方有时间标尺，销售人员只需依照例表把实际行动的时间用铅笔画线即可，然后将各项活动所费的时间合计一下。

2. 销售效率月报表

把销售人员每天提交的销售月报表上的主要内容转录到销售表上的主要内容转录到销售效率月报表上，可以得到某销售人员当月业绩的基本情况。销售效率月报表一共可设置 31 行，逐日记录，每月底对各栏进行合计（见表 6-5）。

表 6-4　销售人员日报表

<table>
<tr><td colspan="12">日期：　　　　　　　　天气：　　　　　　　　姓名：</td></tr>
<tr><td>访问顺序</td><td>访问对象</td><td colspan="5">访问目的</td><td colspan="4">记事</td><td>访问费用</td></tr>
<tr><td></td><td></td><td>开拓</td><td>估价</td><td>订货</td><td>收款</td><td>服务</td><td colspan="4"></td><td></td></tr>
<tr><td></td><td></td><td></td><td></td><td></td><td></td><td></td><td colspan="4"></td><td></td></tr>
<tr><td>合计</td><td></td><td colspan="5"></td><td colspan="4"></td><td></td></tr>
<tr><td>来访记录</td><td colspan="2">来客记录</td><td></td><td></td><td></td><td></td><td colspan="5">来访结果</td></tr>
<tr><td>时间记录</td><td colspan="2">行动类别</td><td>8～9</td><td>9～10</td><td>10～11</td><td>11～12</td><td>1～2</td><td>2～3</td><td>3～4</td><td>4～5</td><td>合计</td></tr>
<tr><td></td><td colspan="2">准备</td><td></td><td></td><td></td><td></td><td></td><td></td><td></td><td></td><td></td></tr>
<tr><td></td><td colspan="2">交通</td><td></td><td></td><td></td><td></td><td></td><td></td><td></td><td></td><td></td></tr>
<tr><td></td><td colspan="2">等待</td><td></td><td></td><td></td><td></td><td></td><td></td><td></td><td></td><td></td></tr>
<tr><td></td><td colspan="2">洽谈</td><td></td><td></td><td></td><td></td><td></td><td></td><td></td><td></td><td></td></tr>
<tr><td></td><td colspan="2">服务</td><td></td><td></td><td></td><td></td><td></td><td></td><td></td><td></td><td></td></tr>
</table>

表 6-5　销售效率月报表

<table>
<tr><td colspan="14">姓名：　　　　　　　　所辖区域：　　　　　　　　年　　月</td></tr>
<tr><td>日期</td><td>星期</td><td>销售金额</td><td>毛利</td><td>折扣额</td><td>折让额</td><td>收款金额</td><td>访问户数</td><td>洽谈时间</td><td>交通时间</td><td>等待时间</td><td>成交户数</td><td>新开发客户数</td><td>访问费用</td></tr>
<tr><td></td><td></td><td></td><td></td><td></td><td></td><td></td><td></td><td></td><td></td><td></td><td></td><td></td><td></td></tr>
<tr><td>合计</td><td></td><td>②</td><td>③</td><td>④</td><td>⑤</td><td>⑥</td><td>⑨</td><td>⑩</td><td>⑪</td><td>⑫</td><td>⑬</td><td>⑮</td><td>⑯</td></tr>
<tr><td colspan="3">①本月销售目标</td><td colspan="3">⑦本月工作日数</td><td colspan="4">⑧本月工作时数</td><td colspan="4">⑭辖区内总户数</td></tr>
</table>

3. 销售效率计算表

销售月报表共有 16 项合计栏，把 16 个数据结合起来，就可以计算出 15 个很有意义的销售效率，表 6-6 是计算销售效率的公式，其比率只要从月报表抄下这部分的数字就可计算出来。如把月报表中的①本月作为分母、②销售金额作为分子，销售目标达成率就可以计算出来。

表 6-6　销售效率计算表

<table>
<tr><td colspan="2">部门：　　　　姓名：　　　　所辖区域：　　　　年　　月</td></tr>
<tr><td>1. 本月销售金额(万元)</td><td>②</td></tr>
<tr><td>2. 销售目标达成率(%)</td><td>②本月销售金额/①本月销售目标</td></tr>
<tr><td>3. 销售折扣率(%)</td><td>④折扣金额/②本月销售金额</td></tr>
</table>

续表

部门：　　姓名：　　所辖区域：　　年　　月	
4. 销售折让率(%)	⑤折让金额②本月销售金额
5. 新开发客户数(户)	⑮
6. 毛利额(万元)	③
7. 平均每天访问户数(户)	⑨访问户数/⑦本月工作日期
8. 平均每户洽谈时间(分)	⑩洽谈时间/⑨访问户数
9. 工作时间洽谈率(%)	⑩洽谈时间/⑧本月工作时数
10. 工作时数交通率(%)	⑪交通时间/⑧本月工作时数
11. 工作时数等待率(%)	⑫等待时间/⑧本月工作时数
12. 访问成交率(%)	⑬成交户数/⑨访问户数
13. 访问率(%)	⑨访问户数/⑭辖区内总户数
14. 销售回款率(%)	⑥收款金额/②销售金额
15. 平均每户访问费用(元)	⑯访问费用⑨访问户数

拓展提高

建立KPI指标的要点在于流程性、计划性和系统性。首先明确企业的战略目标，并在企业会议上利用头脑风暴法和鱼骨分析法找出企业的业务重点，也就是企业价值评估的重点。然后，再用头脑风暴法找出这些关键业务领域的关键业绩指标(KPI)，即企业级KPI。

接下来，各部门的主管需要依据企业级KPI建立部门级KPI，并对相应部门的KPI进行分解，确定相关的要素目标，分析绩效驱动因数(技术、组织、人)，确定实现目标的工作流程，分解出各部门级的KPI，以便确定评价指标体系。

然后，各部门的主管和部门的KPI人员一起再将KPI进一步细分，分解为更细的KPI及各职位的业绩衡量指标。这些业绩衡量指标就是员工考核的要素和依据。这种对KPI体系的建立和测评过程，本身就是统一全体员工朝着企业战略目标努力的过程，也必将对各部门管理者的绩效管理工作起到很大的促进作用。

指标体系确立之后，还需要设定评价标准。一般来说，指标指的是从哪些方面衡量或评价工作，解决“评价什么”的问题；而标准指的是在各个指标上分别应该达到什么样的水平，解决“被评价者怎样做，做多少”的问题。

最后，必须对关键绩效指标进行审核。比如，审核这样的一些问题：多个评价者对同一个绩效指标进行评价，结果是否能取得一致？这些指标的总和是否可以解释被评估者80%以上的工作目标？跟踪和监控这些关键绩效指标是否可以操作？等等。审核主要是为了确保这些关键绩效指标能够全面、客观地反映被评价对象的绩效，而且易于操作。

每一个职位都影响某项业务流程的一个过程，或影响过程中的某个点。在订立目标及进行绩效考核时，应考虑职位的任职者是否能控制该指标的结果，如果任职者不能控制，则该项指标就不能作为任职者的业绩衡量指标。比如，跨部门的指标就不能作为基层员工的考核指标，而应作为部门主管或更高层主管的考核指标。

绩效管理是管理双方就目标及如何实现目标达成共识的过程，以及增强员工成功地达到目标的管理方法。管理者给下属订立工作目标的依据来自部门的 KPI，部门的 KPI 来自上级部门的 KPI，上级部门的 KPI 来自企业级 KPI。只有这样，才能保证每个职位都是按照企业要求的方向去努力。善用 KPI 考评企业，将有助于企业组织结构集成化，提高企业的效率，精简不必要的机构、不必要的流程和不必要的系统。

归纳总结

销售额分析，就是通过对企业全部销售数据的研究和分析，比较和评估实际销售额与计划销售额之间的差距，为未来的销售工作提供指导。

销售成本与销售额，一个是支出，一个是收入。对销售额分析是希望能够开源，而对销售成本的分析则希望能采取相应手段节流，从而提高企业的盈利水平。

销售成本是指已销售产品的生产成本或已提供劳务的劳务成本以及其他销售的业务成本。销售成本包括主营业务成本和其他业务支出两部分。其中，主营业务成本是企业销售商品产品、半成品以及提供工业性劳务等业务所形成的成本；其他业务支出是企业销售材料、出租包装物、出租固定资产等业务所形成的成本。

为了对销售人员进行有效的管理，企业必须对销售人员的工作业绩确立科学的评估、考核制度，并以此作为分配报酬的依据。销售人员的业绩考评主要包括以下几方面的内容：收集考评资料，建立绩效标准，选择考评方法和进行具体考评。

销售人员的绩效考评方法主要有横向比较法、纵向比较法、尺度考评法。

实用技术训练

一、知识训练

1. 重要概念解释

销售额分析　销售成本　市场占有率分析　横向比较法

2. 问题理解

(1)简述销售额分析的两个方法。

(2)简述销售成本分析的目的。

(3)简述销售费用控制的方法。

(4)简述销售人员业绩考评由哪几个方面组成。

3. 知识应用

(1)单项选择题。

①(　　)考评由于不太了解被考评者的能力、行为和实际工作的情况，其考评结果的准确性和可靠性大打折扣。

A. 同级考评　　B. 自我考评　　C. 外部人员考评　　D. 下级考评

②(　　)考评需要使用忠诚、可靠、主动等定性的形容词，所以操作性、信度、效度较差。

A. 品质主导型　　B. 行为主导型　　C. 态度主导型　　D. 效果主导型

③比较适合于从事科研教学工作的人，每天工作的内容不同，无法用固定的衡量指标进

行考量，这种考评方法称为(　　)。

A. 目标管理法　　B. 绩效标准法　　C. 直接指标法　　D. 成绩记录法

④关于关键事件法，以下说法错误的是(　　)。

A. 关键事件法对事不对人

B. 具有较大时间跨度

C. 不仅要注重对行为本身的评价，还要考虑行为的情境

D. 考评的是下属的特定行为，还有品质、个性

⑤用于员工晋升晋级的绩效考评，其考评时间可以确定在(　　)。

A. 6 个月

B. 年终

C. 员工提出申请时或发现员工绩效降低时

D. 职位空缺时

(2)多项选择题。

①关于目标管理法，下面正确的说法是(　　)。

A. 可以在不同部门、不同员工之间设立统一目标

B. 目标由管理层和员工共同制定

C. 不能修正目标

D. 是领导者与下属之间双向互动的过程

②为了保证考评的公开公正性，企业人力资源部门应建立两个系统(　　)。

A. 绩效评审系统

B. 考评结果反馈系统

C. 考评表格的检验系统

D. 员工申诉系统

③在选择具体的考评方法时，应充分考虑(　　)三个因素。

A. 考评对象的特殊性

B. 管理成本

C. 工作实用性

D. 工作适用性

④在绩效考评中的总结阶段，各个单位的主管应履行(　　)职责。

A. 召开月度或季度绩效管理总结会

B. 写出考评分析报告

C. 召开年度绩效管理总结会

D. 制订出下一期员工培训与开发计划

二、技能训练

1. 案例分析

通达公司员工的绩效管理

通达公司，成立于 20 世纪 50 年代初，目前公司有员工 1 000 人左右。总公司本身没有业务部门，只设一些职能部门；总公司下有若干子公司，分别从事不同的业务。

绩效考评工作是公司重点投入的一项工作，公司的高层领导非常重视。人事部具体负责绩效考评制度的制定和实施。人事部在原有的考评制度基础上制定了《中层干部考评办法》。在每年年底正式进行考评之前，人事部又出台当年的具体考评方案，以使考评达到可操作化程度。

公司的高层领导与相关的职能部门人员组成考评小组。考评的方式和程序通常包括被考评者填写述职报告、在自己单位内召开全体员工大会进行述职、民意测评（范围涵盖全体员工）、向科级干部甚至全体员工征求意见（访谈）、考评小组进行汇总写出评价意见并征求主管副总经理的意见后报公司总经理。

考评的内容主要包含三个方面：被考评单位的经营管理情况，包括该单位的财务情况、经营情况、管理目标的实现等方面；被考评者的德、能、勤、绩及管理工作情况；下一步工作打算，重点努力的方向。具体的考评细目侧重于经营指标的完成、政治思想品德，对于能力的定义则比较抽象。各业务部门（子公司）都在年初与总公司对于自己部门的任务指标进行了讨价还价的过程。

对中层干部的考评完成后，公司领导在年终总结会上进行说明，并将具体情况反馈给个人。尽管考评的方案中明确说考评与人事的升迁、工资的升降等方面挂钩，但最后的结果总是不了了之，没有任何下文。

对于一般员工的考评则由各部门的领导掌握。子公司的领导对于下属业务人员的考评通常是从经营指标的完成情况来进行的；对于非业务人员的考评，无论是总公司还是子公司均由各部门的领导自由进行。至于被考评人来说，很难从主管处获得对自己业绩优劣评估的反馈，只是到了年度奖金分配时，部门领导才会对自己的下属做一次简单的排序。

请回答下列问题：

(1)绩效管理在人力资源管理中有何作用？这些作用在通达公司是否有所体现？

(2)通达公司的绩效管理存在哪些问题？如何才能克服这些问题？

2. 操作实训

【项目】关键绩效指标法的设计与应用。

【目的】通过对实际案例进行关键绩效指标考核方法的设计，使学生能够加深对关键指标绩效体系的原理、构成、设计思路以及设计流程等的理解。

【内容】包括关键绩效指标体系的选取，关键绩效指标的标准设定以及关键绩效指标体系的构建。

【步骤】

(1)老师提供实际案例，各小组成员根据提供的信息结合合理的假设，根据所学内容确定整体设计思路。

(2)各小组分工，在计算机上完成绩效考核指标体系的设计，并提交最终成果。

(3)各小组派代表对本小组的工作成果进行讲解，其他成员补充。

(4)其他小组成员对讲解内容进行提问和质疑。

(5)各小组完善自己的工作成果并提交电子版。

（许奇浩　高　琳）

学习情境七　货品管理

学习目标

通过本学习情境的学习，学生应能够熟悉订单管理、发货管理、退货管理的主要内容；了解终端管理的常见问题，熟悉终端管理的主要内容，掌握终端管理的基本要求；了解窜货的原因，掌握治理窜货的方法和策略。

❖知识目标

了解终端管理的常见问题，熟悉订单管理、发货管理、退货管理的主要内容，掌握治理窜货的方法和策略。

❖技能目标

学会订单管理、发货管理、退货管理等工作，掌握终端管理的基本要求，巧妙灵活处理不同类型的窜货。

情境引入

货品管理是销售管理的重要组成部分。订货和发货流程是否顺畅，直接影响产品能否及时准确地到达目标顾客手中；退货制度是否健全，直接影响目标客户对企业的满意度和忠诚度。窜货是渠道冲突的一种具体表现。失去控制的窜货可能会导致企业失去原有的分销渠道策略，造成价格混乱，甚至使得中间商和消费者对品牌失去信心。

项目一　订单、发货与退货的管理

任务1　订单管理

一份订单，通常涉及以下内容：订单号、客户代码、订单类型、订单内容（如项目号、描述、数量、单价、金额、需求日期、交运日期及是否要交税、是否单独装运等）、日期信息（如订货日期、登记日期及最后确认日期）、交运信息（如运输地点、所有权变更地点、运输路线等）、客户信息（如客户号、采购者姓名等）等，如表7-1所示。

表 7-1　销售订单格式

订单号		订单日期			
供方		需方			
地址		地址			
法人代表		法人代表			
开户银行		开户银行			
银行账户		银行账户			
邮政编码		邮政编码			
电话		电话			
传真		传真			
电子邮件		电子邮件			
订单总额		订单期限	天	币种	RMB
订单备注					

序号	物品名称（规格/型号）	单位	数量	单价	折扣率	金额	需求日期	备注
1								
2								
3								
4								
5								
6								
7								
8								

要提高企业的供货水平，首先必须加强订单的管理。销售人员处理订单是否准确、迅速，能否保证对客户的不间断供应，都取决于订单的计划管理和控制。所谓订单管理，主要是根据客户需求和企业的生产能力，制订企业的供货计划，接受客户订单，同时协调客户与内部各部门尤其是生产和储运部门的工作，确保销售订单按时完成，并做好售后服务等各项工作。

在存货生产模式和订单生产模式下，企业的订单管理有显著不同。存货生产模式，即企业以自己库存的商品来满足客户的需求。这种生产模式有利于更快捷地为客户服务。但是，这种模式下的企业必须具备强大、准确的销售预测能力。否则，在市场需求千变万化的今天，很容易造成库存积压和资金占用。订单生产方式，即企业不是以生产出来的产品去满足客户的需求，而是根据客户的需求来生产产品。订单生产模式使生产企业直接面向市场、面向客户需求生产适销对路的产品。一方面可以提高对客户的服务质量，满足客户需求，赢得大批客户；另一方面也避免了为应付客户的各种可能的需求而形成的大量库存积压，实现零库存生产。

【小资料 7-1】

供应链

供应链是指从客户订单开始，经历原材料供给、生产、产品的配送等阶段的货物移动的整个过程。这个过程包括客户下订单、订单处理、库存、生产安排、运输、储存和客户服务等活动，而协调这些活动的必要条件就是信息服务网络。所以，供应链一般由六个部分组成：生产（Production）、供给（Supply）、库存（Inventory）、选址（Location）、运输（Transportation）、信息（Information）。

一、订单报价的管理

在实际操作过程中，订单的报价方式主要有两种：

1. 直接报价法

直接报价法即在客户对产品产生购买愿望并询问产品价格后，直接告知客户产品的成交价格。在存货生产模式下，企业都有一定的存货，而且对产品的价格范围也有明确规定，在这种情况下，报价就比较容易，可以采取直接报价法。

2. 估价报价法

在订单生产模式下，企业根据客户的具体要求为客户组织生产，那么只能对价格进行一个估计，在有了准确的定价信息后才能向客户报价，这就是估价报价法。估价，一般由销售部门与生产计划部门协调，对涉及交货应注意的问题加以严格确认，如订货的品名、规格和数量；付款的条件、日期、地点和方式；运送方式和交货条件；安装、转运及修理费用的协定。对这些问题确认无误后才能进行订单估价。

不管是哪一种报价方式，销售人员在承接订单后，必须区别所承接的客户是老客户还是新客户。对于忠诚的老客户，如果其订单金额符合其信用额度，可依照惯例认可本次交易；与新客户的交易，原则上必须交纳一定数额的保证金，并在交货的同时收取现金；对于过去曾经发生过支票不兑现或不信守契约的客户，一概不接受代理付款以外的订货方式。

在对订单进行仔细评估后，连同客户支付的订货保证金、合同文本及金额差额证明等订货的事实资料一并交所属主管审阅，在取得主管的同意后，才能对客户订单报价。

二、订单的流程管理

1. "存货生产模式"的订单流程管理

订单的流程也就是从订单的接收、确认到订单履行的过程。一个销售订单一般通过不同的业务和管理人员的参与来实现对销售订单的处理与控制，实现对销售订单的发货、收入和成本确认及收款过程。该过程通过数据的自动流转实现对业务和操作过程数据的详细记录，为财务核算和销售分析提供相应的数据。销售订单、发货单及销售发票可以通过单据流的方式相互联系，从而实现单据的相互追溯。

2. "订单生产模式"下的订单流程管理

在"订单生产模式"下，订单管理的关键是接受订单的过程，订单完成后也就进入了"销售订单管理流程"。企业接受订单的流程大体包括以下几个环节：客户调查——接受订货样品——样品分析——客户认可——商定价格——正式接单，如图 7-1 所示。

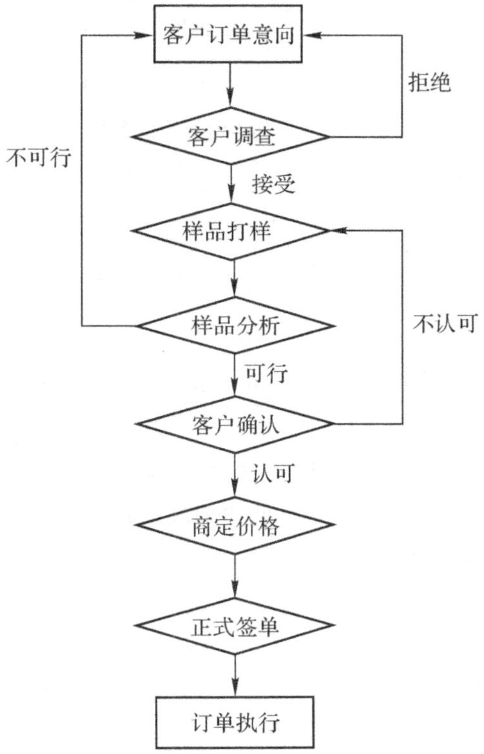

图 7-1　接受订单流程图

(1)客户调查。销售部门在接受客户的订单之前,必须做好两件事情:一是获得生产计划部门的确认,以避免产销不协调;二是确定客户是否符合企业的信用管理标准,评估其信用额度,再决定是否接受订单,以免使企业蒙受损失。

(2)接受样品及询价。销售部门接受客户的订单样品及询价,并将样品交给研发部门设计打样。

(3)样品分析。销售部门根据研发部门制作完成的产品样品,在与生产部门讨论制造流程及可能需要的生产日程后,拟出样品成本分析报告,呈报总经理核准。

(4)客户认可。销售部门将制作完成的产品样品及设计图样交给客户,由其对样品进行确认并商议产品的交货期。如果客户对样品不满意,那么研发部门依据客户意见进行重新修改。如果客户对交货日期不满意,则由销售部门与生产部门及实际生产作业单位研究后,再与客户协商。交货日期必须在认真平衡客户的需求和企业的生产能力之后确定,不能只满足一方的要求。

(5)商定价格。客户对样品和交货日期都没有任何意见后,销售部门应该根据样品成本分析报告,再加计运费、保险费等各项费用及预期利润,定出售价并列表呈报给总经理核准。

(6)正式接单。总经理同意并签字后,由销售部门负责向客户报价。如果客户接受报价,则填制正式销售订单。销售部门接到客户正式订单后,必须检查订单的各项资料是否齐全,订购内容是否清楚,若有涂改应盖章注记,然后将订单交给生产部门。如果客户对报价不满意,销售部门需与客户谈判解决。

任务2 发货管理

所谓发货，就是商品交运，是指将企业生产的产品交到客户手中的过程。产品能否及时、准确地到达客户指定的地点，将直接影响到顾客的满意度，直接决定货款能否按时全额收回。一般来说，发货管理按其流程主要包括以下内容：

一、备货

在合理控制订货的基础上，按时、按质、按量地准备好应交的货物，这是做好发货工作的前提。

1. 备货准备

根据合同规定的日期，及早向生产部门、供货部门联系，确定提货时间，或安排库存商品进行加工整理。

准备装运货物，要注意核查产品品质、规格、花色搭配等，如发现产品品质问题应及早研究解决；如发现数量短缺而合同中又不准分批装运的，应采取有力的措施补货。由于在搬运过程中可能发生意外损坏，因而备货数量应留有余地，以免因部分货物损坏，一时不能补齐而影响发货。

2. 检查货物包装

对备运货物的包装材料、包装方法、包装质量等认真进行检查，既要符合运输的包装要求，也要与合同要求相符。

3. 刷制货物的标签和标志

合同中如有规定，备货时应按规定预先刷制标签和标志；如合同未规定，应催促对方提货，并在接到客户通知后及时刷签。刷签时要注意图形和字迹清楚、位置醒目、大小适当。

二、制单

根据合同规定和汇款、回函情况，编制货物发运分析单。它是企业内部各个环节和外部各单位办理货物发运工作的联系单，它把发货各环节与各个部门的工作联系起来，使发运工作密切配合、顺利进行。发运工作各环节，如报检、储运、投保、制单、结算等，均按分析单的要求办理。发运单的内容按合同有关条款逐项复核，以防出现差错。因交易条件及各部门需要的不同，货物发运分析单一般应一式数份，分送仓库、统计、财会、报检、储运、投保、制单、结算等各部门。单据是商品交易过程中各部门联系的主要依据，也是发货、结算的主要凭证。制单工作必须做到正确、完整、及时，单证要简明、整洁，发货单样单如表7-2所示。

三、送检

凡合同中规定产品必须出具检验证明的，在货物备齐和收到对方来函后，即向有关部门申请检验。按合同要求，可以由商检机关检验，可以委托技术监督部门检验，也可以由买方或卖方自己检验。检验不合格的货物，一律不能发运。

四、联系车船

联系车船是做好发运工作的基础，没有车船计划，货物备齐也难以发走。特别是在运力紧张的情况下，车船问题是直接制约发货的关键。

(1)汽车运输的货物，企业要及时与承运部门或单位联系，经协商达成一致后，即可开具“货物发运单”，与承运部门或单位办理承运事宜。

(2)火车运输的货物，应先查明货运车皮计划、车次等，根据货物发运要求填写托运单，截至收单日期前送车站货运部门作为定车依据。车站收到托运单后，根据车皮计划、货物性质、货运数量、目的站等来安排车次。车次时间确定后，车站即签发托运单作为收货装车的凭证。

(3)船运联系手续与联系车皮基本相同。

表 7-2　发货单样单

发货单号：　　填写日期：　　发货日期：　　订货单号：　　订货日期：

供货方	需货方	合同号：
编码：	编码：	订货单执行情况：全部□　部分□
单位名称：	单位名称：	交货方式：
地址：	地址：	运输方式：
邮编：	邮编：	运费承担方式：
联系部门：　电话：	联系部门：　电话：	发货地址：
联系人：	联系人：	预计收货日期：
传真：	传真：	收货地址：

序号	商品代码	商品名称	规格型号	等级	产地	保质期	包装单位	计量单位	数量	无税单价	无税金额	税率	税额	含税金额

销售方式：	付款方式：	合计						
销售折扣：	付款折扣：	总金额大写：						
备注：								

五、装车(船)

销售部门应在托运单位规定时间前组织人力把货物运至车站站台或货舱。车站(或船运公司)凭装货单核对验收货物，收货完毕，由车站(或船运公司)签发收货收据。所装货物如有包装损坏、件数短缺等情况，应立即进行调换或补救。发货人凭收货收据及时向车站(或船运公司)换取正式提单并办理运费结算。"铁路运单"一式五联：第一联正本和第五联货物到达通知，由铁路货运部门交给收货人，第二联运行报单和第三联交给发货人，第四联由铁路部门交给到达车站。

六、投保

根据合同规定或车(船)要求,有些商品运输要办理保险。投保时,由销售部门填写投保单,送交到运输部门或与车船运输部门同时办理,一旦签发保险单,保险即按规定生效。一笔销售业务,货物从销售单位交至买方手中,都要经过距离长短不等的运输及多次装卸和储存。在此过程中,货物很可能遇到自然灾害或意外事故而受到损失。为了保障货物发生损失后企业可以得到经济上的补偿,企业通常都要投保货物运输险,以达到转移风险的目的。

七、寄送装车(船)通知

货物装车(船)完毕,并取得提单后,按惯例要把货物实际装车(船)情况用电传、电报、电子邮件或特快专递寄送单据副本的办法通知买方,便于买方了解装运情况,做好收货准备。如果货物由买方负责保险,企业应及时通知买方办理投保。

任务3 退货管理

依据买卖合同而出货的商品,由于某些因素会发生客户将商品退回企业的现象,这就是退货。发生客户退货的情况,企业应检讨销售管理工作,努力减少退货。为此,企业应该查明退货的原因,并对退货进行严格的管理。

一、退货的原因分析

客户退货会给企业经营造成影响,所以企业要了解造成退货的真正原因,以便完善今后的工作。在分析退货的原因时,企业应从两个方面着手。

1. 企业自身问题

退货的原因有时是由于企业自身工作的问题造成的,如产品的质量问题、包装问题及产品在宣传时名不副实等。这些原因需要企业认真对待并不断地进行自我完善。

2. 外部问题

当企业的产品出库后,也可能发生一些意外,如运输、装卸中发生破损,从而造成对产品的损害,这些因素虽然不是企业所能控制的,但企业应采取一定的措施来避免这些问题的发生。

二、建立退货标准

企业办理退货应建立一个标准,一般可分为良品、不良品。

1. 良品的判定标准

(1)原封箱:未过期、未破损、未受潮、未受严重挤压,且在保质期限以内的产品。

(2)零支产品:产品包装完好无缺、无刮痕磨损、无粘连异物、无挤压变形变(褪)色,产品内容物无污染、无破损、无外溢等质量问题,且在保质期限以内的产品。

良品退货,转良品库,正常销售。

2. 不良品的判定标准

(1)产品包装变形、变(褪)色、破裂,或表面刮伤、磨损严重,不能正常销售的产品。

(2)内容物容量不足,被污染或变质等出现质量问题的产品。

(3)过保质期的产品。

不良品退货,如在保质期内,可小批量作内部处理,价格=成本价×80%;如在保质期外,则提报财务部门进行报废处理。

三、退货管理中应坚持的原则

企业处理客户退货，必须坚持一定的原则，若是无条件地接受退货，就会给企业带来100%的损失。更有甚者，有的客户不认真办理订购的有关事项，不积极销售，这就更加扩大了企业本身无法控制的风险。因此，签订协议时当事人应明确规定接受何种程度的退货，或者在何种情况下接受退货，以这些作为销售条件的一部分。

(1)由区域经理或分销商经理先申请，SLT(Sales Leadership Team，意为销售领导小组，一般由总经理、销售总监、销售副总监三人组成)分管经理批准后方可退货。

(2)退货的总金额不得超过该客户年结款额的5%。

(3)退货的运费由客户支付。

(4)每个客户一年最多只能有两次退货。

四、退货管理的流程

(1)区域经理或分销商经理填写退货申请，注明退货原因和退货数量及金额。

(2)由CSR(Customer Service Representative，客户服务代表)核对单价、数量及金额，然后交SLT分管经理签名。

(3)CSR通知客户退货。

(4)仓管员收到实际退货后，填写冲减红单，并交给CSR。

(5)CSR核对冲减红单中的单价、数量和金额是否准确无误。

(6)CSR将红单传真至客户，以明确实收退货数量和金额。

(7)CSR留下冲减红单的一联备案，交一联至财务部。

(8)CSR和财务部同时冲减客户应收款。

退货管理流程，如图7-2所示。

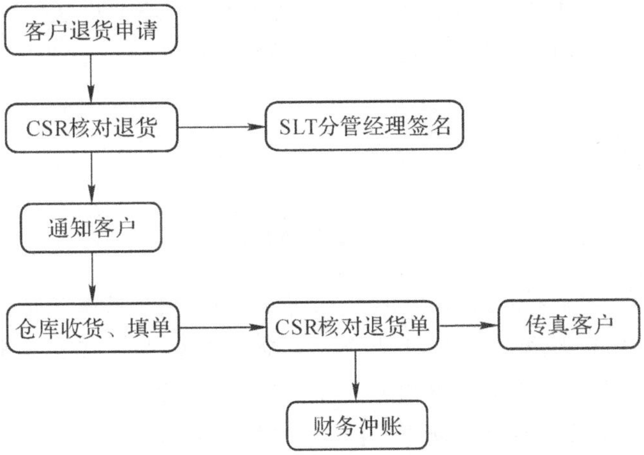

图7-2　退货管理流程图

在建立退货制度和工作流程时，应该注意以下两个问题：一是当客户欲退货时，应事先与承办退货的销售人员接洽，未事先接洽者，或销售人员不接受退货者，原则上均不接受其退货。企业销售人员应与客户交涉，并调查造成退货的原因。退货原因属于本企业者，应予受理退货；退货原因不属于本企业者，不予受理退货；退货原因是否应属于本企业尚待讨论者，则应暂时保留退货，会同有关部门进行货品检查，或送产品检验部门检查后，再决定是否受理退货。二是分销商每月(或每周)在固定时间将退货商品分类集中，打印"退货清单"，由企业送货取款时将退货商品一并带回。产品退货处理应迅速，否则影响当期应付账款。

五、退货管理中应注意的问题

企业在管理退货时，有一些问题值得注意：

(1)退货率与总体经济形势相联系。退货率，即退货额占同期销售额的比率，企业要与经济景气指数相联系，分析近期的退货率是否增加。在经济景气和不景气时，退货率大不相同。例如，退货率在经济景气时较低，可能为5%；而在经济不景气时退货率较高，可能为15%。

(2)部门间的责任要明确。不同的部门负有不同的责任，只有在责任明确的情况下企业的退货管理才能真正达到目的。具体来说，"清点退货商品"、"商品数量准确性"属于仓储部门的责任；"对退货商品确保品质无误"属于产品检验部门的责任；"调整应收账款余额"、"发票重新处理"属于会计部门的责任。

(3)销售部门要了解、分析和判断"客户为何退货"、"按规定是否接受退货"。

项目二　销售终端管理

终端市场，就是产品销售渠道的末端，是企业销售的最终目的地。终端市场担负着承上启下的重任。承上，就是上联厂家、批发商；启下，就是下联消费者，企业产品的最终顾客。当今企业销售的基本法则就是"谁掌握了销售终端，谁就是市场赢家"。在进行产品分销的过程中，真正能够产生销售的是终端，激烈竞争的最后一个环节也是终端，消费者对产品的选择与消费也在终端。如何有效地突破终端，是销售管理的一个重要课题。

【小资料7-2】

牛鞭效应

在供应链上，常常存在着预测不准确、需求不明确、供给不稳定、企业间合作性与协调性差等问题，从而造成供应缺乏、生产与运输作业不均衡、库存居高不下、成本过高等现象。导致这些问题和现象的根源有许多，但主要原因之一是牛鞭效应。牛鞭效应是供应链上的一种需求变异放大现象，是信息流从最终客户端向供应商端传递时，无法有效地实现信息的共享，使得信息扭曲而逐级放大，导致需求信息出现越来越大的波动。这种信息扭曲的放大作用在图形显示上很像一根甩起的牛鞭，因此被形象地称为"牛鞭效应"。最下游的客户端相当于鞭子的根部，而最上游的供应商端相当于鞭子的梢部，在根部的一端只要有一个轻微的抖动，传递到最末端就会出现很大的波动。在供应链上，这种效应越往上游，变化就越大；距终端客户越远，影响就越大。这种信息扭曲如果和企业制造过程中的不确定因素叠加在一起，将会导致巨大的经济损失。

任务1　终端管理的主要内容

一、商品陈列

市场调查发现，在日用消费品市场，有70%的顾客在终端会发生冲动性购买。在冲动性购买的诱因主导之下，品牌的力量在终端似乎并不能产生不可替代的作用。企业应该采取其他的策略来引起他们的兴趣及好奇心，并通过终端商品陈列的吸引力刺激他们的购买欲望，实现消费目的。

二、终端促销

随着终端抢夺战的加剧，只有好的陈列还不够，在终端运作各种促销手段，也能够加强终端分销的竞争力。终端促销主要表现在销售促进和公关促销两个方面。

1. 销售促进

所谓销售促进，是指企业运用各种短期诱因，为鼓励顾客购买或销售企业产品而进行的促销活动。近年来，在各大卖场出现的导购服务，也是比较好的销售促进方式。导购服务主要通过导购人员的讲解、推荐和演示，调动消费者的兴趣，使消费者认可产品。

【课堂互动7-1】

促销如同钓鱼

某医疗器械公司在一家药店派了自己的促销员，直接上柜台进行促销。一个星期过去了，这种理疗仪一台也没有卖出去，这个促销员跑回公司总部向经理汇报说："这家药店的顾客层次不高，恐怕难以承受理疗仪这种高档次的消费品。我们的产品在那里无人问津，还不如换个地方再试试看。"经理没有马上接受她的建议，而是第二天上午就亲自到药店进行实地观察，结果他惊奇地发现公司的促销员居然如一块木头一般呆立于柜台之内，没有微笑，没有鼓励，甚至没有表情。第三天，促销员就接到辞退通知，她找到经理质问："为什么要辞退我？"经理反问她："你会钓鱼吗？"促销员回答："会，把鱼饵挂在鱼钩上，下到水中，鱼漂只要一下沉，马上起杆。"经理启发道："促销如同钓鱼，不放诱饵，如何能吸引顾客购买呢？"在第二星期中，这家理疗仪公司的促销员变得异常活跃。她不停地在柜台内外游走，逢人就讲理疗仪的妙处，见人就说一句话："这种理疗仪是国际上最流行的产品，您也来一台吧！来、来、来，我给您开票，保证给您挑台好的。"她时不时把顾客拉过来，让他们试一试理疗仪的感觉，当顾客犹豫或离去时，她仍然紧跟不舍、喋喋不休："您要过这村可就没这店啦？"此法当天见效，出手了一台，但情况日益不妙，路过她柜台的顾客越来越少，人们明显躲着她。她又去问经理，经理反问她："给鱼钩上鱼饵时要注意些什么？""不露钩。""不错。连鱼都懂得躲避露尖的鱼钩，何况人呀！"

2. 公关促销

终端促销也表现在与终端卖场的公关及争取更好的销售机会方面，这就要求企业必须开展关系营销，与终端客户建立良好的合作关系。比如，可口可乐为了能使其产品无所不在，采取了多种销售促进策略：跟客户打招呼、检查客户内外广告、了解客户的销售情况、检查陈列情况、了解剩余库存、与客户探讨销售技巧、帮助客户寻找滞销产品的销售途径、索取订单等。

三、终端工作人员的管理

由于销售工作的特殊性，终端工作人员70%以上的工作是在办公室以外进行的，因此，企业对终端工作人员的有效管理是零售终端管理中的重要环节。企业对终端工作人员的管理表现在以下几个方面：

(1)严格报表管理。运用工作报表追踪终端人员的工作情况，是规范终端工作人员行为的一种行之有效的方法。严格的报表制度，可以使终端工作人员不仅产生动力，督促他们克服惰性，而且会使终端人员做事有目标、有计划、有规律。报表也是企业了解员工工作情况和终端市场信息的有效工具。同时，精心填制的工作报表，也是销售人员培养良好的工作习惯、避免工作杂乱无章、提高工作效率的有效方法。主要报表有工作日报表、周报表、月总结表、竞争产品调查表、终端岗位职责量化考评表、样品及礼品派送记录表、终端分级汇总表等。此外，还有主管要求定期填报或临时填报的、用于反映终端市场信息的特殊报表。终端工作人员一定要按时、准确填写报表，不得编造，以防止因信息不实而误导企业决策者，并及时通过因特网传达给企业。

(2)加强对终端人员的培训。一方面加强在线培训，增强终端工作人员的责任感和成就感，让其独立工作；另一方面，给予其理论和实践的指导，发现问题及时解决，使终端工作人员的业务水平不断提高，以适应更高的工作要求。这样可以增进主管人员对终端人员各方面工作情况的了解，对制订培训计划和增加团队稳定性有不可忽视的作用。

(3)进行终端工作监督。管理者要定期走访市场，对市场销售情况做出客观的记录、评估，并公布结果。终端市场检查的结果，直接反映了终端人员的工作情况。同时，建立健全的竞争激励机制，对于成绩一般的人员，主管一方面要帮助他们改进工作方法，另一方面要督促他们更加努力地工作。对那些完全丧失工作热情、应付的工作人员，要坚决辞退；对于成绩突出的工作人员，要充分肯定成绩，并鼓励他们向更高的目标冲击。

(4)搞好终端协调。企业对终端工作人员所反映的问题，一定要给予高度重视，摸清情况后尽力解决。这样既可体现终端人员的价值，增强其归属感、认同感，又可提高其工作的积极性，同时鼓励他们更深入、全面地思考问题，培养自信心。企业拥有一套完善的终端人员管理制度，并通过它来约束终端工作人员的行为，保证终端管理的效果。

任务2　终端管理的基本要求

终端销售绝不是一种简单的组合，往往需要企业运用各方面的资源协调完成。特别是竞争的压力使得终端销售的技术日益精进，对管理工作提出了十分严格的要求。终端销售管理必须做到以下几点：

一、选择适宜的终端类型

选择何种业态、哪种商店或消费场合，必须经过认真的考虑，同时还必须对这种业态或商店的商圈特征，如人口结构、地理环境、生活形态及竞争态势进行评估。并非选择有利的商圈位置或有名的商店就一定能促进销售，应该认真研究自己的实力和目标，从而选择合适的形式。

二、争取店方的合作

这是提高终端销售效益工作的难点之一。通常情况下，店方更愿意把机会给予知名的企业或品牌，但新品牌或新企业也并非没有自己的优势。这就要求企业必须懂得谈判的艺术，把自己的特点和优势准确地告诉对方。与此同时，强化其他促销形式的配合，并通过严格的管理和良好的沟通赢得与店方长久的合作。

三、增加人力的支持

许多终端销售活动要靠大量的人力去实现。而对于大多数企业而言，要在短时间内培训一支符合要求的队伍并非易事。为了解决这一问题，一些企业开始雇佣临时的专业人员或商业学校的学生从事这一工作。实践证明，这是一种既经济又有效率的做法。但企业必须加强监督与管理，以确保整个销售活动朝着自己确定的方向进行。

四、提高促销的整体配合

强调终端销售的价值，并非排斥其他形式的促销活动。从另一方面看，终端销售的实现，往往以企业形象的确立和品牌价值的塑造为前提，这也就是一些知名的品牌往往能在商店占据有利位置的原因。事实上，终端销售与其他促销形式存在彼此呼应的关系，运用得当会发挥意想不到的效果。

【小资料 7-3】

OTC(Over The Counter，非处方药)市场终端建设与管理

建设好 OTC 市场终端网络有利于推进市场有序地发展，有利于对终端进行有效的管理控制，有利于完善各种服务体系。那么，如何做好 OTC 市场终端呢？

1. 看户外。看户外广告有没有，若没有应及时补上，做好硬包装。

2. 勤问候。向营业员问候，经常带些小礼品便于感情沟通，同时询问本企业产品的销售情况和竞争对手的销售情况，以及营业员对本企业的意见和建议。

3. 查户内。检查户内 POP 广告的产品摆放，及时调整，以达到最佳状态。

4. 快记录。把询问的各种情况如实记录。若与营业员的关系较好，可当面做好记录，否则离店后立即补好记录。

5. 提要求。针对实际问题，提出企业的具体要求，尽量达到目的。

6. 总结分析。OTC 市场人员根据当天的走访情况进行总结分析，具体包括包装到位、产品销售情况汇总、竞争对手情况汇总、营销态势分析、提出建议，并在企业的销售总结例会上交流。

任务 3 终端管理的常见问题

对终端销售的管理，是现代市场竞争对企业销售工作的基本要求。然而，我国大多数企业的终端销售管理工作做得并不理想，一些企业甚至没有形成这方面的工作计划，也就是说，一些企业在销售工作中并没有把终端销售作为企业重要的促销领域来看待，有意或无意地忽略了这一环节。我国企业在终端销售工作中常常出现以下一些问题：

一、终端销售意识不强

这一点与国外许多先进企业形成明显差异。国外一些医药企业、保健品企业、食品企业

在进入中国市场后，非常重视对药店、商店、饭店等终端销售领域的促销工作，有的甚至把终端销售作为企业促销的"第一战略"来对待，从而使其产品很快地进入中国消费者当中。而国内一些企业却对这个环节视而不见，认为太麻烦、太费事，不愿为此做出努力。还有不少企业宁愿在广告投入上一掷千金，注重所谓的轰动效应，而不愿采用更为节约的方式在终端销售上下工夫，表明我国不少企业在销售工作上还处于粗放式的经营阶段，尚不懂得如何进行"精耕细作"。

二、终端销售范围过窄

终端销售的范围，从概念上讲，应是针对企业产品销售所经历的一切终端环节，包括批发商、零售商和其他终端消费场所，如从批发商来看，包括总经销商(或代理商)、一批、二批、三批及各级批发市场等；从零售商看，包括大中型商场、百货店、便民店、超级市场、连锁商店等。当然，每个企业所选择的终端环节可能不尽相同，在终端销售上也可以有重点、分层次地进行，但这并不等于只抓上层环节，如只关注经销商、代理商等，也不等于只抓销售大户。企业必须为此制订严密的计划，方能有所作为。

三、对终端环节服务不到位

搞好终端销售，要求企业必须遵循市场营销原则，把对终端环节的优质服务作为一项重要内容抓好，如铺货要求、信息支持、管理帮助、促销配合、营业辅导等，均应进行认真研究和规划。服务也不仅是销售部门的事情，它在很大程度上涉及企业的各个环节，因此必须在企业内部确立服务至上的理念。

四、管理水平跟不上

管理水平跟不上的主要原因是从事终端销售人员的素质适应不了管理工作的要求。终端销售工作的管理，不同于企业的内部管理。相比之下，终端销售的管理面对的情况更为复杂，要求更高。对于许多企业来说，要组织一批擅长终端管理的人员，并不是一件很容易的事。但无论如何，企业为了适应终端管理的要求，积极参与来自终端的销售竞争，必须在人才的培养上下工夫，从而确保终端销售工作的顺利进行。

五、对终端商家防范不严

一些私营性质的中小型商场、股东人数较少的商贸有限公司等，不遵守商业信用，甚至采用转移地点、改头换面、蓄意破产、故意拖欠等方式逃避债务，使企业陷入困境。这就要求企业必须树立防范意识，并积极采取措施避免各类风险的发生。

项目三　窜货管理

在销售管理实践中，很多企业都会遇到一个让销售人员头疼的问题——窜货。窜货，又称为倒货或冲货，特指产品的越区销售或者跨区销售。企业对窜货问题处理不好，可能会引起诸多市场问题的连带发生。因此，企业在对市场制定相关销售政策的同时，一定要制定防止窜货、打击窜货、惩罚窜货主体的一系列措施。

任务1 窜货的主体

构成窜货的首要因素是窜货能力，客户如果不具备窜货能力，对于窜货也无能为力。那么，市场上谁有窜货的能力呢？

一、代理商或经销商

目前许多企业的销售体系大多是采用市场总代理或总经销的模式。所谓总代理或总经销，就是企业把产品在某区域或省份的销售权交给某一个人或贸易公司去实现企业在该区域市场的销售任务。既然一个区域或省份只有一个代理商或经销商，那么也就决定了在这个区域或省份只有一家客户有资格获得企业最优惠的产品购进价格。代理商或经销商然后又按企业制定的二级价、三级价、批发价等价格再往下销售。如果各种渠道成员都能遵守这种游戏规则，则市场相安无事。一旦某区域总代理或总经销或其二级客户不按规则进行销售，这时就可能引发窜货问题。

二、分公司或办事处

在一些大型企业，尤其是从事家电和电子产品、药品、饮料等产品销售的企业，由于产品销售量大，而且市场相对稳定，一般都采用分公司或办事处为主的运作方式。分公司或办事处属企业派出机构，实际上就是一方"诸侯"，它们对市场从产品、价格、渠道到操作方法等方面有绝对控制权，企业该给总代理的政策和优惠也全都给了，有的甚至比总代理或总经销获得更多更大的支持。但是，当某一位"诸侯"头脑发热，或当月销售任务完成情况较差时，窜货问题就可能发生。

三、企业自身

一般情况下，除了总代理、总经销和分公司、办事处及区域市场的一些较有实力的二级代理客户，可能因为某种原因而主动或被动窜货外，其他主体就不会有窜货行为了。但是，当某一区域代理或分公司出现高价违规等销售问题而屡禁不止时，企业考虑到整体市场的利益，就可能通过暗示或明示周边临近市场的客户，或者干脆直接向该区域发货以平抑产品高价销售的现状，这也形成了事实上的窜货。

任务2 窜货的形式

按窜货的不同动机，可以将窜货分为三类：

一、恶意窜货

恶意窜货是指为获取非正常利润，经销商蓄意向自己辖区以外的市场倾销产品的行为。经销商向辖区以外倾销产品最常用的方法是降价销售，主要是以低于厂家规定的价格向非辖区销货。恶意窜货给企业造成的危害是巨大的，它扰乱了企业整个经销网络的价格体系，容易引发经销商之间的价格战，降低通路利润；它使得经销商对企业产品失去信心，丧失积极性并最终放弃经销企业的产品；混乱的价格将导致企业的产品和品牌失去消费者的信任与支持。

另外，市场上还有一种更为恶劣的窜货现象，即经销商销售假冒伪劣产品。假冒伪劣产品以其超低价诱惑着经销商铤而走险。经销商将假冒伪劣产品与正规渠道的产品混在一起销售，掠夺合法产品的市场份额，或者直接以低于市场价的价格进行倾销，打击了其他经销商对品牌的信心。

二、自然性窜货

自然性窜货是指经销商在获取正常利润的同时，无意中向自己辖区以外的市场倾销产品的行为。这种窜货在市场上是不可避免的，只要有市场的分割就会有此类窜货。它主要表现为相邻辖区的边界附近互相窜货，或是在流通型市场上，产品随物流走向而倾销到其他地区。这种形式的窜货，如果窜货量大，该区域的通路价格体系就会受到影响，从而使通路的利润下降，这会影响到二级批发商的积极性，严重时可引发二级批发商之间的恶性窜货。

三、良性窜货

良性窜货是指企业在市场开发初期，有意或无意地选中了流通性较强的经销商，使其产品流向非经营区域或空白市场的现象。在市场的开发初期，良性窜货对企业是有好处的：一方面，在空白市场上，企业无须投入就可以提高知名度和市场占有率；另一方面，企业不但可以增加销售量，还可以节省运输成本。不过，在具体操作中，企业应该注意，空白市场上的价格体系处于自然形态，企业在重点经营该区域市场时，应对价格体系进行重新调整。

由此可见，不是所有的窜货都具有危害性，也不是所有的窜货都应及时加以制止。市场上有一句话："没有窜货的销售是不红火的销售，大量窜货的销售是很危险的销售。"适度的窜货会形成一种热热闹闹的销售局面，有利于提高产品的市场占有率和品牌知名度。所以，企业要严加防范和坚决打击的是恶性窜货。

任务 3　窜货原因的分析

从一定程度上说，窜货具有必然性。因为商品流通的本性就是从低价区向高价区流动，从滞销区向畅销区流动。同种商品，只要价格存在地区差异，或者只要同种商品在不同地区的畅销程度不同，就必然产生地区间的流动。"天下熙熙，皆为利来；天下攘攘，皆为利往"，"利"字贯穿了窜货的全过程，窜货是渠道成员过度追逐自身利益的必然结果。

形成窜货的具体原因有很多，既有制造商的各种原因，也有经销商的各种原因，一般来说主要有以下原因：

一、管理制度有漏洞

有些企业根本没有窜货方面的管理制度，对代理商、经销商及销售人员没有严格的规定，没有奖惩措施。待事情出现时无章可依，只好就事论事，对窜货的客户处理不严，姑息纵容，警告一下，批评一下，象征性地罚款了事，甚至助纣为虐。企业的这种态度间接鼓励了经销商的窜货。许多企业、销售人员的收入始终是与销售业绩挂钩的，于是为了多拿奖金，一些销售人员或企业派驻代理商的业务代表，会鼓动代理商违规操作，向其他地区发货。

二、管理监控不力

有些企业虽有规章制度，但有法不依。一些企业在销售过程中片面追求销售量、采取短期行为，对窜货重视不够，信息反馈不及时，不能及时发现窜货现象。还有一些企业的分公司和销售人员为了完成既定的销售目标，低价向相邻市场抛售产品，或是一些企业内部管理不善，也使得一些销售人员为了自己的私利争夺市场而导致窜货。

三、激励措施不得当

企业没有将经销商的行为控制在合理的范围之内。企业在激励经销商时往往以他们完成一定额度销售量为基准,奖励规则制定的不缜密一些不道德的经销商往往为了得到高额奖励,不择手段地向其他区域市场"攻城略地",最终导致经销商之间相互窜货。还有许多企业在产品定价上分多个级别,如总经销价,总代理价,一级、二级、三级批发价等。如果总经销自己直接做终端的话,其中两级阶梯的价格折扣便成为相当丰厚的利润,这个价格体系所产生的价格空间差异非常大,形成了越区销售的基础。所以采取年终返利、价格折扣等激励措施应有前提条件。

四、代理选择不合适

代理选择不合适有以下两层意思:一是对独家代理与多家代理商的选择不当。许多企业因利益驱使而不顾市场规范,只要经销商愿拿钱来买它的货,就成为在当地的经销商。这样企业根本无法控制经销商,也就无法控制市场,企业的短期行为必然导致产品的越区销售。二是对代理商的资格审查不严。一些不合格的经销商滥竽充数,只要能赚钱,他们什么事都敢做,跨区销售也就在所难免。

五、抛售处理品和滞销品

一些生产企业为了一点蝇头小利,自食其果。比如规定对积压货不予退货,让经销商自行处理,经销商为了规避风险,置企业的信誉和消费者利益于不顾,将积压的、过期的甚至变质的产品,拿到畅销的市场上出售,或者将区域市场内的滞销产品向其他区域市场窜货。还有不少经销商往往用畅销产品降价所形成的巨大销售力来带动不畅销产品的销售,从而形成窜货。有的经销商甚至把假冒商品与正牌商品一起出售。生产企业得到的苦果不仅是市场混乱,更重要的是砸了企业的牌子。

任务4　治理窜货的对策

正所谓"一物降一物",窜货乱价并不是不治之症。企业面对窜货现象,应加大管理与控制的力度,尤其要消除恶意窜货现象的发生。

一、健全市场管理制度,严惩恶意窜货行为

(1)在制定企业市场销售政策的同时,要专门制定市场管理政策,严禁窜货、制止窜货和制裁窜货行为,形成对渠道客户的威慑力。比如钱江摩托车的销售体系是每个县找一家代理,代理商每跨区销售一台钱江摩托车罚款 1 000 元。

(2)在企业制定的对窜货的管理规定中,一定要明确多少量以上才构成窜货,以什么方法取证来确定目标窜货人。

(3)确定了取证方法和窜货数量后,还要确定处罚金额、处罚幅度和力度,对那些恶意窜货行为要加大打击力度。

(4)对恶意窜货,有意损害企业形象、破坏产品价格体系、扰乱市场秩序的个别客户要毫不手软地给予打击,直至取消其经营权,决不姑息。

二、治理被动窜货和搭配窜货

1. 企业加强对渠道的管理

如进行代理商的资格审查,设立市场总监,建立巡视员制度,防止窜货现象的发生。发

现窜货现象，要调查核实，掌握充分的证据，让恶意窜货的客户无理申辩。经调查核实属于被动窜货的客户，要区别对待，视具体情况而定，在处理和处罚时既要讲原则性，也要注意灵活性。毕竟大家是利益合作，如果处理得过于严格，搞得客户在当地“颜面全无”又得不到“心灵慰藉”时，客户也会与企业终止合作，并将库存产品全部低价倾销，令企业在当地市场遭受严重打击。而后如果客户转为代理者争者的产品，企业的损失会更大。

2. 对于搭配窜货问题

一般情况下企业可不必追究，有些边远地区需要靠一些零散客户的零星搭配销售将企业的产品销往全国各地。在一些边远地区，即使有些产品是通过非正常渠道进入的，如果不造成对当地市场的冲击和影响，企业最好是“睁一只眼闭一只眼”。

三、治理窜货，重在防范

“一个不会发生窜货的产品，不是好产品”，客户自己都卖不动了，还窜给谁？实际上，市场窜货行为的发生，除了人为因素外，更多的是市场自然调节和经济区域的自然形成而产生的一种销售行为。企业要正确认识窜货问题，真正从如何打击窜货、杜绝窜货，调整到如何防范窜货、如何引导市场少发生窜货或不发生有意或恶意窜货上来。

1. 利益驱动，合理策划

给予经销商合理的利益，并让这种利益对其窜货行为形成制约，这对杜绝窜货将会起到重要作用。如某企业对经销商实行每月返利加上季度奖金、年度奖金。月度返利仅返70%，剩余30%到年终发放，若经销商中途违规窜货，这30%的返利将被取消。这样一来，经销商不敢轻易窜货，毕竟不值得冒险。同时企业还规定，一旦发现市场窜货行为，对违规方的处罚金全额给予举报人及受害方，这样加大了经销商及销售人员对自己管控区域的市场防范能力。

2. 包装加印，产品喷号

企业在产品包装箱上打印区域标记，或者对不同区域设计专门的包装。为防止经销商擦去或割去标记，企业还可以在内外包装上都盖印，外包标记被抹去了，但内包标记没那么容易抹去。还有的企业要求所有外包装统一回收，就更加约束了经销商的窜货行为。也有的企业在每一件产品上喷注生产日期，精确到每一分钟，产品出库时，管理人员记录发给经销商的每一批货的生产时间段，经销商就没有机会窜货了。这些防范措施，对市场稽查人员在调查取证时非常有帮助，有效地防范了市场窜货行为。

3. 科学分析，完备资料

企业要建立经销商进货信息库，通过对经销商的进货数据分析，可以对窜货起到一定的防范作用。这种科学的分析，建立在企业拥有客户关系管理的完备资料库的前提之下。某区域经销商，在厂商没有任何促销的情况下，也没有能令销售迅速提升的可能性因素，与历年同期相比市场上也没有特殊情况促进销售，如果本年度同期进货量忽然猛增，这时就应该通知该区业务人员对其货源出入进行严格监控和分析，甚至控制发货，如发现窜货，及时制止。

4. 货畅其流，协助分销

窜货很多时候是经销商的一种利益驱动行为。例如，经销商因为合同销量无法完成，担心得不到返利，或者担心产品过期造成损失，这就有可能会引发经销商不求获利而低价抛售。如果能预防这种行为的发生，窜货的现象就少多了。帮助经销商货畅其流，这是最好的解决窜货的办法，只要经销商的销售货品能快速流转，经销商自然会减少"窜货谋利"的想法。当然，这需要销售人员具备管理市场的"真功夫"，要为经销商多开发有效分销商，多开发有效终端网点，多协助经销商进行送货上门，多去经销商供货的卖场巡视，发现缺货，应及时通知经销商补货。平时多与经销商沟通，在如何更有效地分销产品上下工夫。

拓展提高

终端管理七字诀

终端管理归结起来有七个字：五问、四看、三一样。

五问：问销量、问效益、问趋势、问需求、问竞争。

问销量，是为了了解产品市场表现，根据不同情况积极研究对策，通过人为调节供需平衡，达到稳定价格、疏通通路、增进效益的目的；问效益，是为了了解终端经营情况，判断产品的价格是否合理、终端有多大的利润空间、经营水平是否有待提高，从而为终端提出合理的意见和建议，提高终端经营者的管理水平和经营水平；问趋势，是为了了解产品的生命周期是否合理，未来市场有可能发生什么样的变化，主动发现机会和威胁，以便及时调整产品线，防患于未然；问需求，是为了通过与终端的沟通，体现企业对市场、渠道的重视程度，进一步加深感情，促进厂商关系的发展，同时也通过对市场需求的了解，合理规划渠道的深度和广度，积极做好新产品研发和产品结构调整；问竞争，是为了了解市场信息，及时掌握产品动态，提高决策效率和准确率，建立快速反应机制，扩大产品核心竞争能力，不断完善市场壁垒。

四看：看陈列、看库存、看客流、看记录。

四看主要是为了了解终端的实际运作情况，发现报表以外存在的问题和不足。其实际作用主要有：一是加大对市场和终端的监控力度，维护良好的市场秩序，及时发现并处理市场违规行为；二是判断终端在店面环境布置、客户服务、推广传播等方面的问题，帮助终端树立品牌意识，提高对市场的控制能力和应变能力；三是发挥业务代表的效用，保证企业政策得到落实，使每一点投入都能产生实际效果。

三一样：处理问题像警察一样，关心关怀像家人一样，扶持帮助像老师一样。

处理问题像警察一样，公正公平、不偏不向，严格按照制度办事，既不厚此薄彼，也不折中忍让；关心关怀像家人一样，企业与终端之间的关系，虽然说不是十分紧密，但也并非绝对的甲方乙方，终端也是渠道成员之一，是市场网络的基础单位，必要的关心关怀，是厂商之间建立互相信任、互相理解的和谐关系的保证，同时也是保证终端忠诚度的有效途径；扶持帮助像老师一样，终端并不拥有与企业一样的各种资源，在市场管理、产品规划、促销宣传等方面往往存在着一定的局限性，一些比较大的终端，可能设有专门的机构，负责内部的品牌管理、营销策划等基础工作，但较小的终端一般不具备这种能力，因此像老师一样循循善诱，积极主动地帮扶终端，为终端的成长做出合理的规划，尽可能地与终端共享各类资源，也是提升市场壁垒和竞争力的主要手段。

归纳总结

货品管理是销售管理的重要组成部分，货品管理的内容主要涉及订单、发货、退货的管理，以及销售终端的管理和市场窜货的管理等。

订单管理，主要是根据客户需求和企业的生产能力，制订企业的供货计划，接受客户订单，协调客户与企业内部各部门尤其是生产和储运部门的工作，确保销售订单按时完成，并做好售后相关事宜。由于企业生产模式的不同，订单管理的流程也大不相同。“存货生产模式”下的订单流程管理比较简单。“订单生产模式”下，订单的流程管理就复杂一些，包括客户调查——接受订货样品——样品分析——客户认可——商定价格——正式接单几个环节。

发货，就是商品交运，是指将企业生产的产品交到客户手中的过程。发货管理主要包括备货、编制货物发运分析单、货物检验、联系车船、装车（船）、投保、寄送装车（船）通知等内容。

由于某些因素发生客户将商品退回企业的现象，就是退货。发生客户退货，企业应该查明退货的原因，并对退货进行严格的管理。在制定退货制度的基础上，严格退货工作程序，按规定的程序退货。

“谁掌握了销售终端，谁就是市场赢家。”如何有效地突破终端，是销售管理的一个重要课题。企业销售终端管理的主要内容包括商品陈列管理、终端促销管理及终端人员的管理。

在销售管理实践中，一个让销售人员头疼的问题就是窜货。窜货，又称为倒货或冲货，特指产品的越区销售或者跨区销售。企业对窜货问题处理不好，可能会引起诸多市场问题的连带发生。因此，防止窜货、打击窜货、惩罚窜货就成为企业销售管理的一个重要任务。但在窜货管理中，要区分不同性质的窜货，加以区别对待。

实用技术训练

一、知识训练

1. 重要概念解释

订单生产模式　窜货

2. 问题理解

(1)“订单生产模式”下，企业订单流程管理的主要内容有哪些？

(2)企业的退货工作流程包括哪些内容？

(3)销售终端管理有哪些具体要求？

3. 知识应用

(1)单项选择题。

①在企业有存货，而且对产品的价格也有明确规定的情况下，可以采取（　　）。

A. 直接报价　　B. 间接报价　　C. 估价报价　　D. 客户认定价

②（　　）又被称为倒货或冲货，是指产品的越区销售或者跨区销售。

A. 订货　　B. 发货　　C. 退货　　D. 窜货

③经销商无意中向自己辖区以外的市场销售产品的行为，属于（　　）。

A. 恶意窜货　　B. 自然性窜货　　C. 良性窜货　　D. 被动窜货

④以下没有窜货能力的经销商是（　　）。

A. 总经销商　　B. 总代理商　　C. 二级批发商　　D. 零售商

(2)多项选择题。

①以下属于发货管理的内容的是(　　)。

A. 备货　　B. 检验货物　　C. 联系车船　　D. 投保

②企业处理退货的原则有(　　)。

A. 建立规则　　B. 建立工作程序　　C. 落实责任　　D. 无因退货

③销售终端管理的内容主要有(　　)。

A. 商品陈列　　B. 销售促进　　C. 人员管理　　D. 激励管理

④按窜货的动机和窜货对市场的影响,可以将窜货分为(　　)。

A. 恶意窜货　　B. 良性窜货　　C. 自然窜货　　D. 搭配窜货

二、技能训练

1. 案例分析

×啤酒在龙岩的遭遇

龙岩,是福建省的一个地级城市,地处福建省西部,也称"闽西",它是闽粤赣三省的交通要冲和物质集散地,城市总面积1.91万平方公里,人口285万人,有近百万海外侨胞和港澳台同胞居住。就是这么一个小城市,2000年却成为国内许多啤酒品牌互相交锋的战场,这个不起眼的小城市,其啤酒的年销量竟然可以超过比它大得多的漳州,从而不但吸引了惠泉、贝德等本地品牌的竞争,深圳的金威、广州的珠江及青岛啤酒等国内强势品牌几乎都以各自的渠道进入该市场参与竞争。

事情的起因是这样的,王某是×啤酒龙岩区域经理,该品牌虽然没有惠泉的名声响,但在龙岩的实际啤酒销量却要超过惠泉,王某因此成了公司的红人。

×啤酒经销商张老板,由于其具有在当地独一无二的销售网络,在龙岩的啤酒行业是举足轻重的人物,被当地工商税务和政府部门列重点标兵。王某以搞好客户关系为由,跟张老板的关系非常密切,两人除了正常的工作,业余时间也是经常在一起吃喝玩乐,几乎形影不离。关系好了,王某说话也无所顾忌了,一次在酒过三巡之后对张老板说,如果张老板今年的销量突破500万(虚拟数字)的话,公司将额外奖励他一辆别克轿车。王某的许诺,其实也是事出有因,年初公司的营销副总赵某曾在一次销售会议上说过这样的话,尽管后来没有专门出过文件,但大部分区域经理都知道有这个奖励。而张老板,也对王某的话深信不疑。经过他的努力,2000年的实际销量做到了550万元。

年终开经销商大会的时候,张老板就跟王某要奖励,王某也向新任的营销副总黄某提出,但黄总以没有这个奖励政策为由拒绝给张老板奖励。三天经销商会议结束,张老板非但没有拿到该得的别克轿车,原先说好的返利指标也没有达到,遂直接找到黄总,在未果的情况下与黄总直接发生冲突。在与众经销商签订第二年经销合同时,张老板拒绝签字,并当着众多经销商之面,公开提出退出×啤酒。

事后王某被黄总以随意许诺经销商奖励政策为由而被调离龙岩,王某一气之下干脆辞职转而进入竞争对手的企业。一个刚进入啤酒行业不久的新业务员许某接手龙岩市场。许某在一个月遍访全市而找不到合作对象的情况下,通过同学关系,找到原张老板下游的一个二级经销商,极力怂恿他承担起整个龙岩的总经销商。

张老板怨气难消，在经过周密的计划和安排下，使出了一个报复×啤酒的计划。首先他自己出资，以另一家企业要给职工发福利为由，买下漳州经销商的2/3的啤酒，并将这些啤酒运到龙岩，通过自己的强大销售网络，以低于原价20%的价格进行倾销；同时又如法炮制，将龙岩的×啤酒运到漳州及临近的三个地区大肆倾销。其次，故意将大批×啤酒囤积在露天仓库，雨淋曝晒了两个月，然后再将这些过期的啤酒倾销到指定地区。

一时间，×啤酒总部就接连接到各地经销商和区域经理告急电话，这里的经销商埋怨遭到其他地区的冲货，那边的经销商哭诉企业产品质量有问题，遭到工商部门查封，零售商要求退货……整个窜货事件波及龙岩和漳州相近的5个城市和地区，影响之大，范围之广，业内少见！该事件造成经销商怨气冲天，区域经理暗暗叫苦，公司总部也是急得团团转。

后来尽管总部派出了专门的调查小组，查清了事实真相，但由于始作俑者张老板已经不是该公司经销商，×啤酒根本无法处罚他，在与总部的谈判中，张老板嚣张地说，“我的历史问题不解决，×啤酒休想进入龙岩地区，在龙岩，我说了算”。

由于×啤酒拒绝与张老板妥协，张老板在该市的啤酒行业内放出风声，谁要是敢经销×啤酒，我就要他彻底破产！后来一个不知天高地厚的小经销商，在×啤酒的利诱下，开始做×啤酒，张老板就利用他在工商税务部门的关系，以工商突击检查为名，对一些销售×啤酒的零售终端进行检查，并处罚了几个零售商，理由是×啤酒瓶盖生锈、啤酒内有异物、时效过期等，迫于压力，零售商纷纷拒绝销售×啤酒，经销商也感觉事态严重，适时退出×啤酒，转而经销惠泉啤酒。

在经过两个多月的折腾，×啤酒在龙岩、漳州和其他3个地区的经销网络全部瘫痪，企业遭受史无前例的重创。

从这一特殊的窜货案例中不难发现，企业在选择经销商、制定销售政策及对销售人员的管理上存在太多的漏洞：首先是销售政策的随意性，区域经理代表企业负责某区域的产品销售和市场管理，但竟然可以随意承诺难以实现的奖励政策，而公司提出的返利政策最终竟然随意更改，不能完全兑现，同时前后两任营销副总在移交工作时，没有交代清楚具体的销售政策；其次，在前面问题没有处理好的情况，就盲目发展经销商，而且还是原来经销商的下游商家，造成原经销商心理失衡，从而埋下报复种子。

就是这些简单甚至低级的问题没有处理好，造成企业最终的销售网络全盘崩溃，这所有问题归结成一句话就是，企业缺乏健康的营销网络思路。单纯地追求产品销量，根本没有把经销商当成是企业可以长期合作的战略伙伴，而把他们当成可以利用的对象，一旦不和就鲁莽开除，这就直接导致了经销商对企业的强烈不满，遂爆发渠道争端。

（资料来源：www.dearbook.com.cn，2008-05-03）

讨论：

(1)在本案例中你得到了什么启示？

(2)结合案例谈谈企业针对窜货应采取什么措施进行治理？

2. 操作实训

【项目】设计分销渠道。

【目的】理论与实践相结合，通过了解销售管理实践加深对理论知识的理解。

【内容】以某一医药企业为个案，为其设计分销渠道。

【步骤】

(1)了解分销渠道的类型。

(2)通过文献调查、深度访谈、企业实习等方式,了解医药市场现状、企业实力、产品类型。

(3)为该医药企业设计一条直接和间接销售渠道,并说明原因。

(4)就实训项目撰写一份实训报告。

(吴　锦)

学习情境八　信用管理

学习目标

通过本学习情境的学习，学生应能够了解信用管理的内容，理解信用、赊销的含义，掌握信用管理的步骤；了解识别客户资信的重要性，掌握识别客户资信的方法；了解应收账款管理的意义，掌握应收账款管理的策略和方法。

❖知识目标

了解信用管理内涵，熟悉信用管理流程，熟悉识别客户资信的方法，掌握应收账款管理方法。

❖技能目标

有很强的风险意识、信用管理意识，能够按照信用管理操作步骤开展信用管理组织设计、信用管理流程设计、整体开展信用管理，能够识别客户资信，做好应收账款管理工作。

情境引入

医药企业在运营过程中，由于结账周期和盘活资金的原因而大量存在相互赊销的现象。为了在激烈的市场竞争中合理利用各种有利资源并最大限度降低商业风险，企业必须足够重视信用管理，在采用信用政策所增加的盈利和由此所付出的代价之间进行权衡。以资信、产品质量、服务为主体的企业信用体系，越来越成为现代企业生存和发展的必要条件。

项目一　企业信用管理认知

任务1　理解信用、信用管理的含义

信用是一种建立在信任基础上的不用立即付款就可获取资金、物资、服务等的能力，是以偿还为条件的价值运动的特殊形式。在商品交换和货币流通存在的条件下，债权人以有条件让渡形式贷出货币或赊销商品，债务人则按约定的日期偿还借贷或偿还货款，有的要支付利息或以更高的价格偿还货款。

信用管理是指对在信用交易中的风险进行管理，即对信用风险进行识别、分析和评估。通过制定信用管理政策，指导和协调内部各部门的业务活动，以保障应收账款安全和及时的回收，有效地控制风险和用最经济合理的方法综合处理风险，使风险降低到最低程度。

信用管理对企业发展具有重要意义。从短期来看，信用管理有助于随时监控客户应收账款的回收，对出现的问题及时处理；从长期来看，信用管理能够有效提升客户的质量。信用管理规范的企业通过对资信状况良好的企业给予超过市场平均水平的信用额度和信用期。而对于资信状况较差的客户，则进行现款交易或给予较小的信用额度和较短的信用期。通过政策引导使企业拥有一个稳定守信的客户群。

信用管理的主要作用包括：赊账风险管理，竞争对手分析，商业决策顾问。

【小资料 8-1】

信用管理得到了重视

某大型企业拥有 2 000 多名员工，账目上逾期一年以上的应收账款高达 2 300 多万元。沉重的清欠负担以及由此而带来的费用开支、资金占用、坏账损失等，大大增加了企业的管理成本、机会成本和坏账成本，使企业巨额效益白白流失。是继续在“不赊销等死、赊销等于找死”怪圈中徘徊，还是跳出怪圈理智地分析和另辟蹊径，公司选择了后者。在深刻总结以往盲目赊销的教训后，公司认识到：现代市场经济本质上是一种信用经济。赊销已成为所有供应型企业扩大市场份额的现实选择。在这种选择中，企业必须不断地扩展信用销售即“理性赊销”。同时，企业防范信用交易风险不能只寄希望于客户，而更应该引入“信用管理”理念，控制交易环节的信用风险；建立规范化、制度化的赊销程序，以增强企业防御风险能力；加强应收账款管理，减少企业呆坏账损失，在扩大销售与控制风险之间求得最佳平衡和实现盈利最大化。基于上述认识，公司建立了完整的信用管理与控制体系；制定了准确而细致的客户信息管理措施。通过加强信用管理使公司避免了上千万元的损失，风险控制明显好转，理性、有效的信用销售呈现良性循环。

这是我国某公司开展信用管理始末的真实案例。该公司通过一系列信用管理举措，既较好地规避了不断扩大的赊销带来的经营风险，又实现了有效销售，从而保证了利润最大化。

任务 2　理解企业信用管理的目标与内容

一、企业信用管理的目标

企业信用管理的目标用一句话概括，就是力求在实现销售最大化的同时，将信用风险降低至最低，使企业的效益和价值得到最大程度的提高。通过信用销售，企业可以扩大销售，提高盈利水平，但与此同时，信用销售产生的应收账款每天都在增加着企业的财务风险。代表企业血液的现金流因应收账款过多而大幅减少，企业预期利润损失是巨大的。由此可知，企业应收账款的最终管理目标是实现销售最大化，同时保持信用风险特别是坏账损失最低。

二、企业信用管理的内容

企业信用管理是企业对于可能产生的风险进行科学管理的专业技术，主要目的在于规避因赊销产生的风险，增加赊销的成功率。它包括以下主要内容：

1. 收集客户资料

现代商业社会绝大部分产品买方市场特征明显，由于客户资源有限，企业销售已经转变为一种竞争性的销售，赊销方式普遍流行。在这样的情况下，了解客户、合作伙伴和竞争对手的信用状况对于企业防范风险、扩大交易、提高利润、减少损失尤为重要。信息收集已经成为信用社会经济繁荣与稳定的重要基础。

2. 对客户评估和授信

评估客户的信用，决定给予客户怎么样的信用额度和结算方式，是企业控制信用风险的重要手段。传统的信用评估是建立在经验基础上的，很难保证评估的准确性和科学性。科学的信用评估应该建立在经验和对信用要素进行科学分析的基础上。首先要求对信用要素进行详细分析，然后综合本企业的经验以及不同行业、不同企业的经验，经过比较权重、量化指标，最终达到一个统一的评价标准。

3. 保障企业债权

债权保障的工作主要有：信用管理人员和法律人员审核合同条款，排除可能造成损失的漏洞；严格审查单证票据，防止各种结算方式的欺诈；提出债权保障建议，包括保理、信用保险、福费廷、银行担保、商业担保、个人担保等手段转嫁信用风险，减少信用损失。

4. 应收账款管理

只要从事商业活动的企业，就有可能出现逾期应收账款。企业必须认真分析每笔应收账款逾期的原因，找到最佳处理对策，并马上实施追收。处理逾期应收账款最忌讳的就是拖延，很多本来能够收回的账款，随着时间的流逝变为坏账。

5. 制定信用政策

信用政策又称应收账款政策，是指企业为对应收账款进行规划与控制而确立的基本原则性行为规范，是企业财务政策的一个重要组成部分。信用政策主要包括信用标准、信用条件、收账政策三部分内容，主要作用是调节企业应收账款的水平和质量。信用政策和经济环境是影响企业应收账款水平的主要因素。其中经济环境是企业难以控制和预测的，但企业可以通过调整信用政策来控制应收账款的水平和质量。最佳信用政策及应收账款的最佳水平取决于企业本身的经营状况。

制定信用政策、应收账款管理和对客户评估授信是企业信用管理的三个主要内容。

【课堂互动 8-1】 讨论医药行业的赊销现象。

任务 3 掌握企业信用管理的一般操作步骤

企业信用管理的第一步是成立信用管理部门、设立信用管理岗位或在岗位说明书中明确信用管理职责。然后，信用管理人员再遵循切合企业实际的信用管理流程来实施信用管理。

一、设计信用管理部门和岗位

信用管理部门的设计有以下三种：

1. 财务部门下设信用管理部门

由财务部门负责企业信用管理工作，并且拥有相关的决策权力。采用该模式可以较快地作出授信决策，在信用分析和信用管理的专业性方面有优势，对于销售部门的赊销风险可以起到一定的控制作用。但也会因强调账款回收而出现矫枉过正的情况，那样将难以充分利用销售部门掌握的客户信息服务于信用管理。

2. 销售部门下设信用管理部门

由销售部门负责信用管理工作。这种组织模式下的信用管理部是设置在销售部下面，所执行的功能主要是事前的评估判断，把原来由销售代表做的判断独立出来交由专门的信用部门去处理；信用管理人员的直接领导是销售经理，只对销售经理负责；这种组织模式仍然需要协调小组的参与，以协调销售和财务部门的关系和矛盾。这种组织模式的优点是：对于销售业绩影响的程度不大，往往执行比较宽松的信用政策；销售代表与销售经理与财务部门的矛盾不会特别激化；信用管理人员比较容易和销售业务人员沟通。但是这种模式也有其缺点：对于客户的回款监控往往比较薄弱；与财务部门沟通的减少容易造成信息掌握不完全。

3. 独立的信用管理部门

这种组织模式下，企业将信用管理部门直接设在董事会或总经理之下，信用管理部门开始和销售部门、财务部门并驾齐驱。这种模式下的组织体系中产生了信用风险管理委员会这个非常设机构负责最高权限的信用审批工作和企业信用政策的制定等。这种模式实现了信用管理的真正协调作用，不再向以前的模式有所侧重，而是从公司的利益最大化角度去处理销售与财务的关系，统一财务与销售的目标。这种组织模式的缺点是：信用管理部从其他部门中独立出来，同时也就造成了各部门信用管理的功能分割；信用管理部门往往成为众矢之的，其他部门容易把自身的责任向信用管理部门推托；要求信用管理部门的工作人员沟通能力比较强，不断和其他部门的员工进行沟通，随时掌握最新的信息，否则很容易出现信息失真和滞后的情况。

企业究竟采用哪种信用部门设计方式主要是由企业的实际情况决定的。在销售部门负责信用管理的模式下存在着重视销售利润、忽视风险控制的现象；在财务部门负责信用管理的模式下，主要侧重点在于制定企业的信用政策、控制应收账款的资金占用、抓好应收账款的催收和坏账准备金的提取。设立独立的信用管理部门，实现了信用管理的真正协调作用，能够从公司的利益最大化角度去处理销售与财务的关系，统一财务与销售的目标，在企业内部形成科学的风险制约机制。

二、信用管理部门的岗位职责设置

信用管理部门一般下设信用管理经理、客户调查岗位、信用分析岗位、账款管理岗位和账款追收岗位等五种岗位，每个岗位由一个或多个专门或兼职的工作人员组成。信用管理经理负责整个企业的信用管理工作，负责同财务部门和销售部门协调关系，负责管理本部门各岗位人员。客户调查岗位主要负责档案建立、报告解读、档案保管、数据库维护和外联工作。信用分析岗位主要负责审批申请、财务分析评估、信用评级、授信通知、债权保障建议和内部信用报告。账款管理岗位主要负责动态跟踪、信息反馈、应收账款分析和逾期账款报告。账款追收岗位主要负责收账内勤、收账外勤、库存控制和系统维护等。

【课堂互动 8-2】 讨论企业信用部门与其他部门的关系。

三、企业信用管理流程

企业信用管理应当贯穿企业经营活动的始终。企业全程开展信用管理，就是将企业的销售、财务和信息管理工作有机地结合起来，从而实现企业整体的经营管理战略目标。全程开展信用管理包括：事前管理即收集客户信息、信息的核实和整理以及客户档案的建立；事中管理主要是为了确定企业授信的对象以及具体的授信额度；事后管理则是对由企业的授信行为形成的应收账款的管理。企业信用管理流程可以参照“表 8-1 企业信用管理流程”来开展。

【小资料 8-2】

信用管理需要整体运筹

21 世纪我国许多企业解决赊账问题依然采取的是“事后”控制的方法，即只有在账款拖欠了相当长的一段时间后才开始催收，结果出现“前清后欠”的现象，使企业顾此失彼包袱越来越重。

科学的方法应当是对企业经营管理的全过程以及每一个关键的业务环节和部门进行综合性的风险控制，包括以客户资信调查评估为核心的事前控制，以交易决策的信用审核为核心的事中控制，以及以应收账款的专业化监控为核心的事后控制。企业信用管理的重点是，从企业整体需要入手，建立健全一套完整的内部信用风险管理制度，制定科学的信用管理流程，为企业整体的经营活动服务。

（资料来源：安贺新. 加强企业信用管理，提高企业竞争力. 经济研究参考，2004.）

表 8-1　企业信用管理流程

工作目标	知识准备	关键点控制	细化执行	流程图
1. 通过对企业信用进行规范化管理，有效支持销售活动 2. 确保高水平的企业服务	1. 熟悉企业信用风险等级的内容 2. 掌握企业信用分析的步骤	1. 建立《公司信用管理制度》 企业服务部组织财务部、销售部等部门共同研究制定《企业信用管理制度》	《企业信用管理制度》	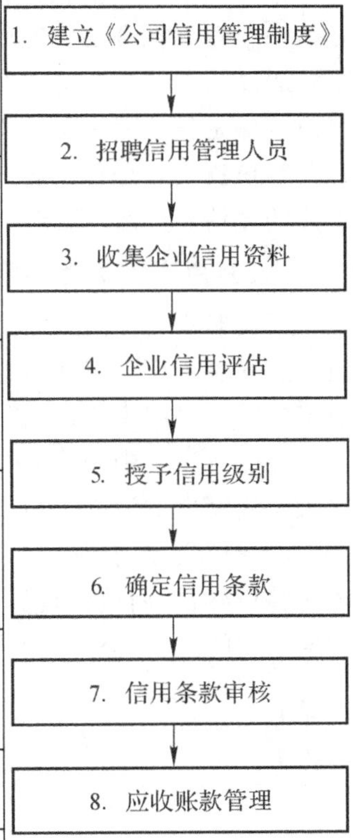
		2. 招聘信用管理人员 可以由主管财务的副总负责信用管理人员的招聘，即可内聘也可外聘。信用管理人员须对财务部、市场部及客服部相关工作有所了解，协调能力较强		
		3. 收集企业信用资料 销售人员与企业服务人员在与企业接触的过程中，了解企业需求，获取相关企业信用资料，包括营业执照信息、相关资质证明、信用等级证明等	《企业信用调查表》	
		4. 企业信用评估 信用管理人员按照《企业信用管理制度》的规定负责对企业信用进行评估，内容包括公司基本情况、公司信用状况、盈利能力、资产运营能力和偿债能力等	《企业信用评估表》	
		5. 授予信用级别 信用管理人员根据企业信用评定结果，授予企业相应的信用级别，并报总经理审批	《企业信用等级评定表》	
		6. 确定信用条款 信用管理人员根据授予企业的信用级别，确定信用条款，内容包括优惠折扣百分数、优惠时间期限和信用期等	《企业信用限度核定表》	
		7. 信用条款审核 财务部在收到由销售部转来的企业订单后，审核企业的信用条款	《企业订单》	
		7.1　如果符合信用条款，则通知相关部门为企业发货		
		7.2　如果不符合企业信用条款，欠款金额已超过规定额度，由财务部核实相关数据包括欠款金额、逾期金额、逾期天数等，报送总经理审核并决定是否继续交易		
		8. 应收账款管理 账款到期时，企业服务部配合财务部、销售部等部门对应收账款进行监控和管理以及对拖欠案件，采取一系列的挽回措施，并对企业的信用额度进行修订	《企业信用额度变更表》	

项目二　客户资信管理

任务1　了解客户资信管理

一、客户资信管理的含义

客户是企业的重要资源，而客户的资信状况则直接关系到这一重要资源的质量。客户资信，是指构成客户偿付能力的要素总和，它反映的是客户的一种客观状况，是通过客户自身经营管理的相关信息资料表现出来的，如财务状况、经营状况等。凡是经营成功的企业，必是一个建立在资信状况优良的客户基础上的企业，否则将遭受巨大的信用风险损失：应收账款居高不下。实行客户资信管理的直接目标，是努力开发有足够偿付能力的客户。因此，客户资信是任何一个企业都不应忽视的核心管理问题之一。

客户资信管理包括客户信用信息的搜集和核实、客户资信数据库的建立和维护、对客户资信的评估和定级、信用决策和客户风险控制等。

二、客户资信管理的意义

了解客户资信，密切注意客户的支付能力进而控制客户风险，并不会妨碍销售的增长。因为这样做不仅可以通过避免一些不必要的成本而增加利润，而且可以通过把销售努力集中于前景良好的客户而增加销售机会。

在企业实践中，有些信用经理发现，通过信用控制销售反而增长了，因为信用评估使客户风险程度更加清晰了，从而使销售努力集中到更好的客户上。

加强信用控制至少有以下两个方面的好处：市场优势，通过风险评估和信用控制，可以优化客户群，从而使销售努力更为有效；财务优势，通过坏账的减少和因等待付款而造成的利息费用的减少，公司的利润自然得到增加。

【小资料 8-3】

客户交易信用缺失危害多

据专家测算分析，我国市场交易中的无效成本占国内生产总值的比重至少为10%～20%。我国企业经营中的无效成本更是居高不下。据国家统计局统计资料分析，如剔除制度性变化和利率调整等因素，近十年来企业的管理费用、财务费用和销售费用三项合计占销售收入的比重达14%，大大高于外商投资企业的同期水平。

中国人民银行公布的数据显示，我国每年因为逃废债务造成的直接损失约1 800亿元；国家工商总局统计，由于合同欺诈造成的直接损失约55亿元，还有产品质量低劣和制假售假造成的各种损失至少有2 000亿元，由于三角债和现款交易增加的财务费用约有2 000亿元。

任务2 客户信用信息的搜集和核实

一、客户信用信息搜集的原则

1. 客观性

收集客户信息的情报渠道以公开正规的渠道为主(如行业协会、公开媒体等),不以信息收集人的个人主观评判为记录内容。

2. 系统性

全面、细致地收集客户信息,使其能够全面反映客户的各种信用特征。

3. 实时性

客户信息依据客户状况变化而随时更新,及时反映客户的最新情况。

二、客户信用信息搜集的内容

1. 客户的基本情况

客户名称、成立时间、地址、法人代表、注册记录、行业类型、经营范围等信息。

2. 客户的发展历史

成立时间、发展过程、重大事件和企业大事录。

3. 客户的组织管理

股东结构、组织管理结构、主要管理人员背景、人员构成情况和各类人员比例。

4. 企业领导人背景资料

5. 客户的经营状况

主营业务及业绩、材料采购及付款情况、主要供应商及关系、销售地域及收款情况、主要客户及关系、经营场所、主要产品的生产能力、企业品牌和各产品、产品线的相互关系。

6. 客户的财务状况

资产负债表、损益表和现金流量表,以及重要的财务比率分析。

7. 客户的信用记录

客户在银行、法院的公共记录,以及同行的评价。

8. 客户企业的人力资源管理

有激发员工主人公责任感、敬业精神和营造积极奋发的工作氛围。

9. 到客户企业实地考察

考察员工的精神面貌、工作管理秩序和一些经营状况。

10. 客户的企业文化

客户企业的经营方针和宗旨、员工的共同价值观、行为习惯、规章制度,以及企业形象。

11. 客户所在的行业分析

行业产品概况,行业产品的需求,行业竞争环境,行业构成,行业经营管理,行业利润率,行业坏账情况,行业的资本结构,客户企业在行业中的地位和作用以及未来的发展。

三、搜集客户资信信息的渠道

1. 客户企业内部的搜集渠道

客户企业内部的搜集渠道包括直接和间接交往渠道。直接交往获得的资料包括办公、厂房设备的状况,与领导人接触的感觉,个人品行,经营理念,以及企业经营的变化、可靠度。

间接交往获得的资料有信封、信笺的规整，是否及时回复，专业知识是否完备等。

2. 公共信息渠道

公共信息渠道包括从四大传统媒介和网络媒介上了解的情况，以及从证券信息公示、银行企业信用公示等方面了解的信息。

3. 订购企业信用调查报告渠道

聘请信用调查服务机构对目标企业进行专业信用调查。

4. 企业来往过程中相关证照、资质审查渠道

请客户出示商业或银行信用证明，文件资料和证明，工商、税收注册资料，信用机构的评估，制造许可证，行业管理认证，质量管理认证，以及 GSP 认证证明等。

【小资料 8-4】

商业欺诈和陷阱的一般手法

利用企业急于摆脱经营困境和业务员急于销售的心理。

私刻公章，窃取或伪造营业执照、介绍信、批文、结算凭证、各种单证和合同书等。

打着“名人”、“国家某某机构”、“国家或省市领导人”的旗号，冒充领导干部的“亲属”或“密友”。

通过吹嘘、包装和对自我的夸大性介绍，骗取对方信任。比如：开高级轿车、住高级宾馆和写字楼。

向对方企业领导和业务人员行贿，使受贿者大开方便之门。

利用假广告、假承诺、在网络上发布信息、返本销售、返本租赁和委托加工包销产品等方式欺诈。

各种身份证件特别全，全部都预先准备在提包里；对你的招待特别周全；给你决策的时间较短，并以利益为诱饵，强调“时机不再来”；拖延时间。

任务 3　对客户资信数据库的建立和维护

信息搜集过程中一般应依据企业的实际情况设计切合企业实际的信息调查表，如表 8-2所示。填写好大量企业的信息调查表后，需要对信息分析归纳，建立客户资信数据库。建立客户资信数据库是进行客户资信信息管理的一种十分有效的方式。通过这种方式，企业将搜集到的大量重要的客户信用信息加以整理、保存，以利于实际应用。

客户数据库建立过程中应注意数据的量化、可比性。一般横向比较为评价客户资信水平的指标集，如流动比率、赢利率、权益规模等，以对各客户现状依据评分标准量度每项指标的分值，进行统计分析；纵向比较为评价对象即各个客户，这样就可以了解客户应收账款的历史表现，作为相关性分析和结果检验的主要标准。

客户数据库的工具包括简单的管理系统、财务软件集成的信用管理软件、大型 ERP 管理软件、自主开发的管理信息系统等。客户是企业的宝贵资源，客户信息要不断地选择和维护。

对客户资信数据库的建立和维护应注意做到以下三点：第一，高效率地处理客户信息；第二，统一集中管理客户信息；第三，注意对客户资信数据库开发使用。

表 8-2　客户资信调查表

客户名称：　　　　　　　　填表日期：　　　　　　　　编号：

法定代表人 基本情况		注册资本金 注册时间 经营年限	
企业素质	包括人员素质、管理素质等	注册地址 及经营地址	
企业经营 范围		客户总资产 净资产	
负债情况 偿债能力	包括银行贷款额、其他欠款额、年偿还欠款额等	盈利能力	包括过去三年、现在月均盈利等
企业 知名度	包括决策人声誉、企业信誉等	企业过去 信誉程度	包括应付款支付情况、过去履行合同情况等
固定资产 总　额		流动资 金情况	
公司联系 电话号码		公司传真	
其他客户对该 客户评价情况		其他情况	

初步意见：

主管领导：　　　　　　　　部门经理：　　　　　　　　制表人：

任务 4　对客户资信的评估和定级

评估客户的信用，决定给予客户怎样的信用额度和结算方式，是企业控制信用风险的重要手段。传统的信用评估是建立在经验基础上的，很难保证评估的准确性和科学性。科学的信用评估应该建立在经验和对信用要素进行科学分析的基础上。它首先要求对信用要素进行详细分析，然后综合本企业的经验以及不同行业、不同企业的经验，经过比较权重、量化指标，最终达到一个统一的评价标准。

客户资信评估和定级主要利用三种工具来进行：商业资信报告、信用申请表、账龄表。

商业资信报告主要从以下几方面着手拟定：一是客户的品质、信誉，即履行偿还义务的可能性。二是客户变现能力，主要查看客户流动资产的数量和质量以及流动负债比例，考察客户偿还欠款的能力。三是查看客户资本实力、客户的财务实力和财务状况，这些方面是客户可能偿还债务的重要背景。四是看客户抵押情况，查看客户能被用作抵押的资产，以便在交易中将抵押物纳入合同，作为客户兑现的一种保障。五是客户的经济环境，即考察影响客户付款能力的经济环境，以对客户的违约风险做出预估。

信用申请表是客户在进行信用交易时提出的申请。它的意义在于：它是客户正式提出的申请；企业通过此表可以直接获得客户基本的信息。表 8-3 是一个信用申请表，可以从此表中看到申请表一般应包括的内容。

表 8-3 信用申请表

销售人员		银行名称、银行账号	
客户详细名称		雇员人数	
客户地址		年销售额（近 3 年）	
电话、传真、Email		财务报表	
联系人		客户类型	
经营范围		公司是否被承包	
企业登记号、公司类型		是否有资产抵押	
成立时间、注册资金		销售人员评价	
母公司（如果有）		其他	

表中销售人员是指负责该项业务的人员，这样一方面可以方便联系业务人员共同服务于客户，另一方面可以将销售人员的业绩与其开发的客户质量联系在一起并成为考核业务人员的指标之一。另外，信用申请表中还可以加入其他一些内容，比如让申请的客户提供现有交易的客户名单，以便了解客户的信用情况。

账龄表是将公司的应收账款组合按不同的账期进行分类，并列出其所占的金额和比例的表格，反映了客户在实际交易中的资信情况，如表 8-4 所示。

表 8-4 账龄表

客户名称：　　　　账号：　　　　日期：

账　龄	应收账款（元）	百分比	备　注
信用期内			
逾期 1～30 天			
逾期 31～60 天			
逾期 61～90 天			
逾期 91～180 天			
逾期 180 天～1 年			
逾期 1 年以上			
合　计			
情况说明和处理意见			

信用申请表体现的是企业的静态信息。利用账龄表则可以看出客户与本企业交易的表现，也就是动态信息。综合静态和动态信息对于评价客户非常关键。很多情况下，通过静态

信息可以得知客户的财务实力很强，但这并不能说明客户的信用一定好。恰恰相反，很多这样的企业在信用交易中总是会迟付和拖欠。企业要结合这些动态信息来判断客户的信用程度并依此进行信用决策。

【课堂互动 8-3】　与客户合作开展医药项目应如何防范风险？

任务 5　客户风险控制

客户风险控制应当贯彻于和客户交易过程的全程，并注重从内外结合做好风险控制，称为全过程、双链条控制客户风险。

所谓全过程控制，就是指用流程控制的方法，对交易风险可能出现的各个环节加以全面控制。也即把信用风险分为签约前风险、签约风险和履约风险，用流程控制的方法，全过程地、全面地控制交易风险。风险控制和管理工作应尽量向前移，因为事前防范始终优于事后补救。双链条控制，既要控制客户风险，又要控制内部管理风险，而且对客户风险的控制往往是通过完善的内部管理实现的，如图 8-1 所示。

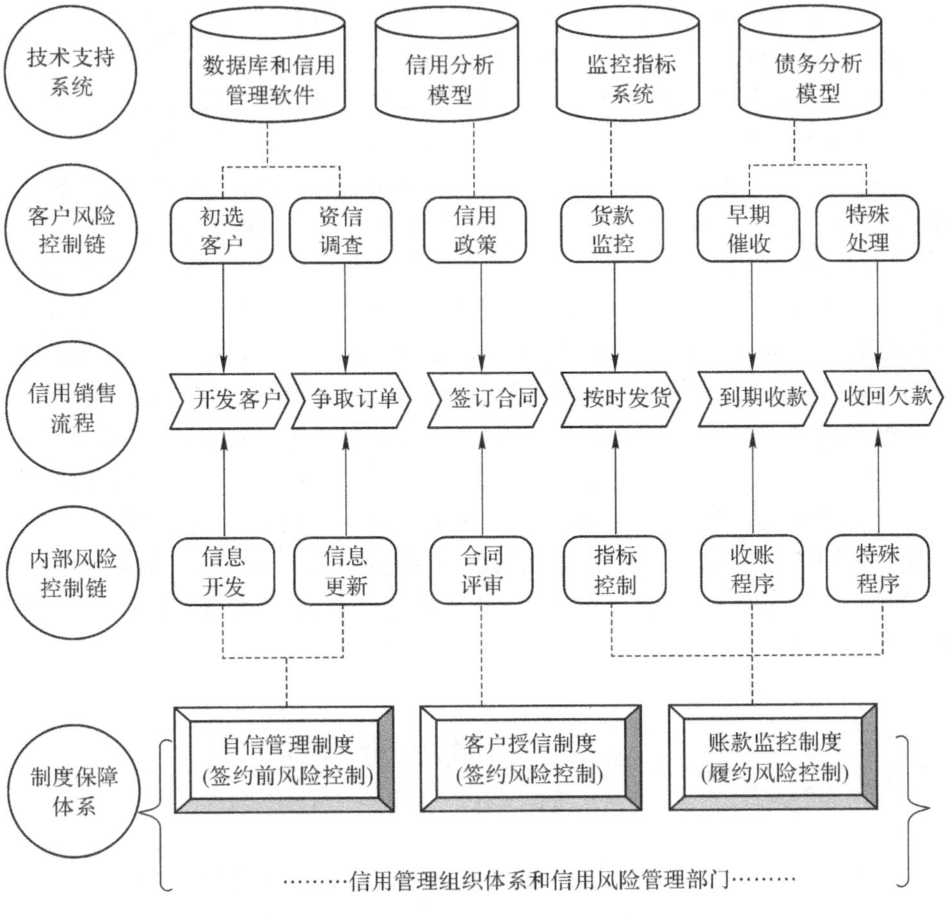

图 8-1　双链条全过程控制方案

签约前风险的控制应侧重于客户选择。业务人员在开发客户和争取订单的过程中，往往基于开发业务的考虑，忽视对客户的全面考察，在缺乏对客户信用了解的情况下贸然签约，或迫于竞争压力和开拓市场的急切心情，与信用不良客户签约。这种由于客户选择不当造成的不良应收账款占了企业逾期应收账款的绝大部分，因此，签约前的风险控制是多数企业的控制重点。企业应做的具体工作包括：通过对客户的初步筛选，排除交易价值不大和风险明显较大的客户，选择有潜力客户和风险不确定客户进行资信调查，调查时广泛利用企业内外部渠道，以确保客户信息的完整和准确；有关客户信用信息的收集、使用和维护，应有统一的管理规定和制度，这些规定和制度要明确到具体业务流程中，并有考核和激励措施；有条件的企业客户信息管理要实现信息化，即建立客户数据库，并配备信用管理软件或客户关系管理软件。

签约风险的控制应侧重于科学决策。现在，许多企业的信用销售决策往往是凭感觉或经验做出的，没有一个科学的决策程序和充分的决策依据，重要交易决策通常凭借高层决策者的一支笔。这样既没有发挥各级员工和经理人员的积极性和责任感，又使决策难度和风险加大，高层领导陷入到具体的交易决策时间过多。或者，有的企业让业务人员完全承担交易风险，这样往往会出现失控的应收账款或业务人员无力承担风险。正确的方法是：基于业务人员收集到的信息和销售建议，基于外部渠道对客户的资信调查结论，由专门的部门或人员对客户信用进行分析，得出结论和信用销售决策意见，交给主管部门或经理审批。企业应有明确的客户信用审批程序，针对不同类型客户和不同情况的信用政策，外挂于计算机系统上的自动的信用评估模型，使评估分析和信用决策能够较快做出，并实现与客户信息库和日常监控工作的集成。另外，企业应不断完善自己的标准合同文本，使其漏洞和条款风险尽量减少，非标准合同文本要经过严格的评审，避免合同条款风险和履约风险。

履约风险的控制应侧重于加强监控力度。好多企业的拖欠账款是由于履约纠纷造成的，有的是由于签约前对本企业履约能力认识不足或部门间信息沟通不畅，有的确实是未能履约，有的则是客户提出的借口或利用合同中的漏洞。再一方面，客户拖欠账款是由于我们企业对客户的监控和提醒付款工作做得不够好，因为客户总是先把账款付给管理严格的公司，你不提醒和催收，客户当然是能拖一天算一天。因此，要控制履约风险应从两方面入手：一方面，加强对客户账款的监控，提醒客户付款的时间越早，提醒的方式越高明，越能及早收回账款，对于拖欠账款则要尽早采取恰当的催收方式；另一方面，企业内部要协调好各部门的关系，做好合同履行工作，对于经常出现的履约问题应反馈到签约前，做到签约前就注意不再出现类似问题。对账款回收工作要制定考核指标体系，方便考核和改进工作，发现问题所在，及时纠正。

项目三　应收账款管理

任务1　应收账款和应收账款成本的含义

应收账款是指企业在生产经营过程中因销售商品或提供劳务而应向购货单位或接受劳务单位收取的款项。在资产负债表上，应收账款列为流动资产，其范围是指那些预计在一年或超过一年的一个营业周期内收回的应收款项。“应收账款”主要是指在生产经营活动中债权人因提供商品或者服务获得的要求债务人付款的权利。比如,医药批发企业对医药生产企业的欠款,就属于医药生产企业的应收账款。医药批发企业应收账款的对象在客户层面主要是医院、药店等。在本书中,主要研究因赊销而形成的应收账款。

应收账款是由于企业赊销而形成的,其核算范围包括:

(1)应向购货单位收取的购买商品、材料等账款;

(2)代垫的包装物、运杂费;

(3)已冲减坏账准备而又收回的坏账损失;

(4)已贴现的承兑汇票,因承兑企业无力支付的票款;

(5)预收工程价款的结算;

(6)其他预收货款的结算;

(7)收取购买商品、材料等账款;

(8)收回代垫的包装费、运杂费;

(9)退回的预收账款;

(10)企业的应收账款改用商业承兑汇票结算时;

(11)收到承兑的商业汇票;

(12)已转销而又收回的坏账损失;

(13)借方余额:尚未收回的账款;贷方余额:向有关单位预收款项。

应收账款的信用成本是指企业为实现利润的增长与扩大,采取相关的赊销措施,降低信用标准及条件,给予客户更多优惠,最终加大企业的应收账款总规模所产生的相关成本之和。它主要包括五种成本:机会成本、管理成本、坏账成本、短缺成本和折扣成本。

应收账款的机会成本是指由于没有收回应收账款而使企业的资金被占用所丧失的潜在收益,可以机会成本率来表示;企业的应收账款金额越多、时间越长,被客户无偿占用的资金越大,企业的机会成本就越高。

管理成本是企业对应收账款进行各项管理活动所产生有关费用的总和。主要由相关管理人员的工资、办公费用等组成。在一定的规模之内,应收账款的管理成本保持基本稳定,同赊销管理决策无关。但超过这个规模,管理成本将会增加,管理成本将由无关成本变为相关成本。

应收账款的坏账成本是指企业的应收账款由于各种原因没能收回而发生的损失。只要存在应收账款,坏账损失就难以避免。坏账成本的大小与应收账款的金额大小及拖欠时间有关。可以用坏账成本率来表示坏账成本的大小。值得一提的是,此处所指的坏账成本与企业财务通则及相关会计制度所规定的比率有所不同,这是根据企业具体的应收账款业务实际情况预计的。

短缺成本是指企业如果少做或不做赊销交易,从而减少了应收账款,最终使企业蒙受的利润损失。在现代市场经济中,信用交易已经成为市场交易形式的主要形式。如果企业没有一定的赊销管理政策,没有应收账款的存在,势必要影响企业销售额的增长,从而使企业利润受损,这种损失即短缺成本。

折扣成本是企业为扩大销售额,鼓励顾客及早付清货款、大量购买、在淡季购买等,给予客户在规定时期内提前付款能按销售额的一定比率享受折扣的优惠政策,从而减少应收账款金额所形成的企业成本。

应收账款的管理主要是做好应收账款控制、加速应收账款回收，使以上各种成本综合降低到较低水平。

【课堂互动 8-4】 应收账款有何特点？

任务 2 应收账款控制

应收账款的发生同企业的营销策略有密切关系，在市场竞争中，经营者在制定营销方针时，若赊销额过小，信用期过短，不足以吸引客户，若赊销期过长，赊销额过大，企业的资金周转速度减慢，坏账风险增加。针对上述矛盾，企业对应收账款应采取事前调查客户资信，事中合理确定赊销额度、交易条件、赊销期限及结账方式，事后加快账款回收等举措，全面控制交易过程的每个环节。

一、重视正式签订合同之前对客户的资信调查，即"事前控制"减少应收账款的风险

随着市场经济的发展，企业对客户资信状况的了解显得日益重要，它是企业防止不合理拖欠的一个重要措施，根据客户的资信状况，确定信用程度，划分信用等级，确定赊销额度，其评价标准为：①品质：客户的商业信誉是否按协议归还欠款。②能力：客户是否有偿还债务的能力。③资本：客户的资金财力是否雄厚。④担保或抵押：客户的担保抵押是否可靠可信。⑤条件：客户所处的经济环境及所属行业的前景，通过分析，评判确定哪些客户风险大，应加以控制，哪些客户风险小或无风险，可以长期合作。

二、合理确定赊销额度、交易条件、赊销期限及结账方式，即"事中控制"确保应收账款的安全

1. 建立赊销管理权限

企业内部应规定业务员、业务主管人员可以批准赊销的限额，在限额以上的赊销由总经理审批。根据不同产品的市场需求情况，采取不同的赊销策略。对供不应求的热销产品（商品）采取现金销售，以便及时回收资金，投入再生产，对供大于求或长期滞销的产品（商品），可适当采取优惠的信用条件。

2. 明确交易条件

在业务人员与客户交易过程中，业务人员应向客户告知交易条件（主要包括商品规格及价格，运送条件，收付款最长时间及折让办法），只有在获得客户确认后，才能进行交易，明确的交易条件使交易双方关系明确，减少了交易中的不合规行为，可以使应收账款问题在交易时得到有效保障。

3. 采取销售折扣

销售折扣包括商品折扣和现金折扣方式，刺激客户多购买商品或早日付款，企业可以规定 10 天之内付款可享受 2%的折扣，10～30 天之内不付款，不给折扣或再划分折扣比例档次，目的是通过一部分毛利的让度，减少坏账风险损失，但由于提前 20 天收回货款，需要承担 2%的资金成本，折合成年息，远远高于银行利息，经营者需比较如速收款所得，能否弥补折扣损失来决定取舍。

4. 赊销期限较长的应收账款，合同或协议条款要严密

赊销期长的应收账款，发生坏账风险比一般赊销业务要大得多。因此，企业与客户签订合同或协议时，要求客户按合同分期付款，同时在条件中写明只有在全部款项结清后，客户才能取得商品的所有权。另外，企业也可在合同中规定客户预交定金作为第一批货款，但支付的定金必须与实际销售量保持合理比例。赊销期中提供担保，应尽可能取得明显的素质凭证，以减少风险。

三、制定完善的应收账款监控制度，即“事后控制”确保应收账款的回笼

1. 成立专门机构，明确相关人员职责

对于存在的逾期应收账款，企业应成立专门机构进行催讨，并积极寻找债务重组、出售债权的可能，争取及时收回债权。财务部门对应收账款、账簿应实行专人管理，并及时对账，应收账款账户的对账包括平时内部明细账与总账和报表之间的核对，还包括与购货单位之间进行核对两部分，对于企业与客户之间往来有疑问或账款不符的情况，应派人核对及时调整。

2. 制定严格的逾期账款催收制度和奖惩办法

财务部门应定期编制应收账款期末余额明细表，提出报告，报有关领导和销售部门，把参与该笔销售的业务人员作为应收账款的第一责任人并要求其负责到底。在对业务人员分解销售指标的同时，也核定应收账款的回收率，完成和超额完成指标给予奖励，完不成任务扣发奖金或工资，对讨回陈账，按回收金额的一定比例给予奖励，保证资金及时回笼。

3. 根据账龄对应收账款进行分析

通过账龄分析，把企业逾期欠款按风险程度划分为三类：即把属于客户恶意欠款的定为一类；把因客户经营不善或资金被挪作他用等临时性资金困难而不能及时偿还的定为二类；把因自然灾害或国家政策调整等不可抗力因素引起经营困难且扭转无望的定为三类。

4. 进行积极的收款政策和风险转移机制

一是可以采取资产流动性上的转移；二是不能及时回收账款时，可以考虑将其转化为应收票据；三是对象上的转移，以其应收款的部分或全部为担保品在定期限内向金融机构借款，也可以将应收款全部出售给金融机构，这样企业就将应收款中存在的风险部分或全部转嫁给了金融机构；四是实行方向上的转移，当发现应收账款很难收回时企业可以灵活处理，从客户手中购回自己需要的资产实现了应收款项方向上的转移。

总之，各企业要充分认识应收账款的控制与管理，对提高经济效益的影响，增强企业的风险防范意识，切实加强管理力度，将企业的应收账款控制在较合理的水平。

【课堂互动 8-5】　应收账款控制的内容有哪些？

任务 3　掌握应收账款回收及讨债的技巧

应收账款回收及讨债应注意从创造好回款条件和应用好追债策略上着手。

一、创造回款实现的良好条件

企业可以通过提高销货与服务质量，成立专门的清欠办公室，对员工加强回款技能培训，通过回款工作制度化等措施创造回款实现的良好条件。

二、制定合理的追债策略

针对不同的欠债客户类型采取不同的追债策略，对一类欠款要采取法律强制手段催收。同时考虑成本效率的原则，即当客户抵押品变现可冲销债务额的没有必要起诉。当债务额不大，客户拥有广泛的社会地位，起诉对债权方的运行受影响，没有必要起诉。对二类欠款可做一定程度的让步，重新签订还款协议，分期归还本息，以保证债权的诉讼时效，同时不断催收，另外也可将一定数额的债权转为股本，作为对客户的一项长期投资，协助客户扭转局面。对三类拖欠，应当报告管理部门，由其进行审查，确定是否确认为坏账，并在履行规定的审批程序后，再做出会计处理。单位注销的坏账应当记录于备查登记簿，做到账销案存，已注销的坏账收回时要及时入账，避免形成账外账。

三、医药销售人员的讨债技巧

销售部业务经办人员对其经办的应收账款全程负责，并对客户的经营情况、催付能力进行追踪分析，及时了解客户资金持有量与调剂程度，保证应收账款的回收。

销售业务人员应对应收账款客户分类管理，信用期限内的应收账款应及时提醒客户按约付款，不能放松监督以防发生新的拖欠。超过信用期的应收账款，销售业务人员提交分析说明及清收措施交销售部门领导审阅。对于恶意拖欠、信用品质不良的客户应当从信用清单中除名，并加紧催收。催收无果而金额较大的应通过诉讼方式解决。对于超过信用期但信用记录良好的客户，争取在延续、增进相互业务关系中妥善地解决应收账款拖欠问题，如果逾期的应收账款金额较大，应在诉讼时效内及时通过诉讼方式解决。

销售业务人员工作调动，该销售业务人员经办或接管的应收账款应作为主要内容逐笔进行交接，后任业务人员必须接任应收账款清欠责任，发生逾期呆账、坏账的，应根据具体情况同时追究前任、后任销售人员的责任。

【课堂互动 8-6】 从企业角度，讨债的基本途径有哪些？

拓展提高

信用管理师考试简介

信用管理师是指运用现代信用经济、信用管理及其相关学科的专业知识，遵循市场经济的基本原则，使用信用管理技术与方法，从事企业和消费者信用风险管理工作的专业人员，也是在企业中从事信用风险管理和征信技术工作的专业人员。

职业设置分为三个级别：助理信用管理师（国家职业资格三级）；信用管理师（国家职业资格二级）；高级信用管理师（国家职业资格一级）。

信用管理师职业资格鉴定由国家职业技能鉴定中心组织管理。鉴定考试合格者颁发国家职业资格证书。鉴定方式：分为理论知识考试和专业能力考核，理论知识与专业能力考核均采用闭卷笔试或计算机考试等方式。理论知识考试和专业能力考核均采用百分制。成绩均达到60分及以上者为合格。信用管理师和高级信用管理师鉴定还需进行综合评审。

归纳总结

信用是一种建立在信任基础上的不用立即付款就可获取资金、物资、服务等的能力，是以偿还为条件的价值运动的特殊形式。

企业信用管理的目标是力求在实现销售最大化的同时，将信用风险降低至最低。

企业信用管理的内容主要有：收集客户资料，对客户评估和授信，保障企业债权，应收账款管理，制定信用政策。

企业信用管理的一般操作步骤：设计信用管理部门和岗位，设置信用管理部门的岗位职责，确定企业信用管理流程。

客户资信管理中应注意：搜集客户资信，建立和维护客户资信数据库，对客户资信的评估和定级，做好客户风险控制。

应收账款是指企业在生产经营过程中因销售商品或提供劳务而应向购货单位或接受劳务单位收取的款项。应收账款的管理主要是做好应收账款控制、加速应收账款回收。

实用技术训练

一、知识训练

1.重要概念解释

信用　信用管理

2.问题理解

(1)简述信用管理的目标和内容。

(2)对不同类型客户应采用什么讨债技巧？

3.知识应用

(1)单项选择题。

①提醒付款的首选方式是(　　)。

A.电话提示　B.电子邮件提示　C.上门拜访　D.信函提示

②客户的非常规交易出现时信用经理需要(　　)。

A.查看信用档案　B.查看客户编号

C.查看客户案卷号　D.查看客户所处行业

③什么类型的人适合从事追收应收账款的工作？(　　)

A.头脑冷静的人　B.不善言辞的人　C.性格内向的人　D.不善沟通的人

(2)多项选择题。

①应收账款的信用成本包括(　　)。

A.机会成本　B.管理成本

C.坏账成本　D.短缺成本

E.折扣成本

②提醒付款函的内容不包括(　　)。

A.客户负责人姓名　B.货物名称　C.货物种类　D.货物型号

③资信调研时采集的个人信用信息包括(　　)。

A. 据以识别个人身份以及反映个人家庭、职业等情况的个人基本信息

B. 个人与金融机构、住房公积金管理机构发生信贷关系而形成的个人信贷信息

C. 血型、疾病和病史等信息

D. 行政机关、司法机关、行使公共管理职能的组织等在行使职权过程中形成的与个人信用相关的信息

二、技能训练

1. 案例分析

下表是某企业2011年应收账款的数量，以及所有客户的账款构成情况，现就以下应收账款的构成情况，计算各期间的逾期账款率，并就计算结果说明该企业的应收款管理情况，并对B、C、D的催收方式提出意见。

表8-5 某企业2011年应收账款的数量，以及所有客户的账款构成情况

客　户	应收账款余额	信用期以内	31～60天 超1月内	60～90天 超2月内	90天以上 超3个月以上
A	20 000	20 000			
B	12 000	10 000	2 000		
C	16 000	8 000		8 000	
D	8 000				8 000
E	6 000	2 000	4 000		
比例	100%	(1)	(2)	(3)	(4)

2. 操作实训

【项目】医药企业信用管理现状调查。

【目的】加强对医药销售信用管理重要性的认知，把握医药销售信用管理的特点，学习医药企业信用管理的经验。

【内容】以某一企业为个案，研究其信用管理流程、模式和特点。

【步骤】

(1)确定调查范围。

(2)确定调查内容。

(3)设计调查方法，以访谈法为主。

(4)开展实地调研。

(5)就实训项目撰写一份调查报告。

(卫军锋)

学习情境九　客户关系管理

学习目标

通过本学习情境的学习，学生应能够理解客户关系管理的含义，掌握客户关系管理的核心内容；了解客户分析的相关理论，掌握销售工作中客户分析与筛选；理解客户忠诚度的含义，掌握客户忠诚度的评价方法，掌握提高客户忠诚度的方法。

❖知识目标

理解客户管理的核心思想，掌握客户分析和筛选的方法，掌握提高客户忠诚度的方法。

❖技能目标

培养以客户为中心的理念，能够运用客户关系的知识和技能，管理好企业和客户的关系，最终促进企业产品或服务的销售。

情境引入

对于一个企业而言，销售是至关重要的，如果企业的产品卖不出去，那么这个企业也就无法生存了。而在企业的销售管理中最重要的是客户，没有了客户，销售也就无从谈起，因此，如何充分利用和发挥客户管理的作用也显得尤为重要。客户关系管理能帮助企业获得客户的真实信息，在客户需求的拉动下，重组企业内部资源以及供应链上其他企业的优势资源，通过个性化的客户服务，提高客户价值和企业价值。

项目一　客户关系管理认知

任务1　理解客户关系管理的含义

生产力的不断发展，导致了商品的极大丰富并出现过剩，使客户选择空间和余地显著增大。同时，客户的需要开始呈现出个性化特征。在这种社会环境下，企业需要花费更多的时间去研究顾客，准确把握客户需求，响应其个性化需要，进行良好的售后服务和经常性的客户关怀等。企业还需要衡量每一个客户可能带来的盈利能力，派专门的客户代表管理客户，及时为客户送去他们需要的产品。这时，对客户的研究显得尤为重要，客户关系管理便应运而生。

客户关系管理，是企业通过运用现代技术手段，以客户为中心，分析客户、选择客户、获得客户、维系客户、提高客户忠诚度和终生价值，提升企业赢利能力和竞争优势而开展的一种营销策略。

客户关系管理的含义主要体现在以下几个方面：

(1)客户关系管理的目的是促使企业从以一定的成本取得新顾客转变为想方设法留住现有顾客，从取得市场份额转变为取得顾客份额，从发展一种短期的交易转变为开发顾客的终生价值，从而提升企业的赢利能力和竞争优势。

(2)客户关系管理的前提是满足客户需求。提升企业的赢利能力和竞争优势，就必须保证企业的销售，而企业的销售取决于顾客的购买，企业稳定的销售来自稳定的客户群。而企业稳定客户的前提是满足客户需求，提高客户的满意度。研究表明，“客户满意度如果有了5%的提高，企业的利润将加倍”、“一个非常满意的客户的购买意愿将6倍于一个满意的客户”、“2/3的客户离开其供应商是因为对客户关怀不够”。

(3)客户关系管理的条件是运用一定的资源、政策、结构和流程。客户关系管理的核心思想是将企业的客户(包括最终客户、分销商和合作伙伴)作为最重要的资源，通过完善的客户服务和深入的客户分析来满足客户的需要，保证实现客户的终生价值。为此，需要企业构建以客户为中心的客户关系管理组织，如图9-1所示。

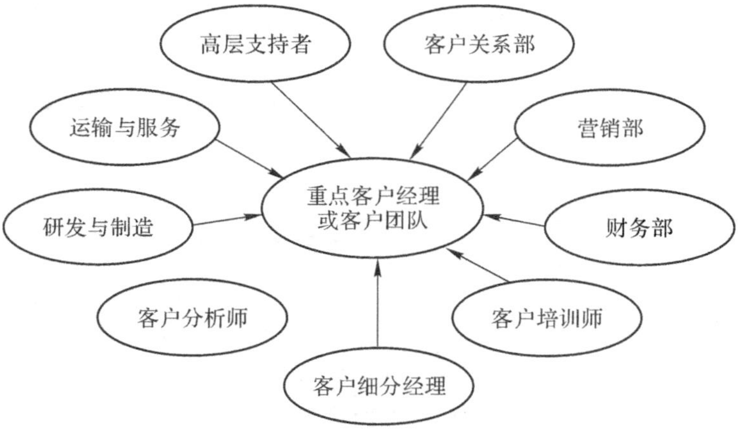

图9-1　客户关系管理组织

(4)客户关系管理的方法是密切与客户沟通，深入了解客户需求，提供优质产品，完善客户服务，提高响应速度。

(5)客户关系管理的内容是分析客户、选择客户、获得客户、维系客户关系、提高客户忠诚度。

综上所述，客户关系管理是从“以产品为中心”向“以客户为中心”转变过程中的必然产物，它使企业的关注焦点从企业的内部动作拓展到与客户的关系上来。客户关系管理能帮助企业获得客户的真实信息，在客户需求的拉动下，重组企业内部资源以及供应链上其他企业的优势资源，通过个性化的客户服务，提高客户价值和企业价值。

【小资料9-1】

英国连锁超市Tesco公司通过会员卡制度已经收集了600万份顾客资料，包括顾客地址、购物时间、地点，甚至他们喜欢可口可乐还是百事可乐。零售业的龙头老大沃尔玛在20世纪80年代建立客户数据库，用于记载客户的交易数据和背景信息，1988

年客户数据库容量为12GB,1989年升级为24GB,以后逐年增长,1996年其数据量已经达到7.5TB(1TB=1000GB),1997年为了圣诞节的市场预测和分析,沃尔玛将客户数据容量扩展到24TB,时至今日,该数据库容量已经超过100TB,成为世界上最大的客户数据系统。

启示:企业对目标顾客需求与偏好的深入了解,有赖于客户信息的积累,并将客户信息转化为知识,应用到具体的营销决策中。客户信息积累是一个长期、系统的过程,企业应该根据决策需要确定客户信息结构,并持续收集和更新客户信息。完善的客户信息有助于制定科学的营销决策。

任务2　掌握客户关系管理的核心内容

客户关系管理是以客户为中心,搜集、研究和使用各种客户信息,以便建立积极的客户关系,更好地满足客户需求,提高客户满意度和忠诚度,增加客户对企业的价值的一门艺术和科学。为赢得顾客的高度满意,建立与客户长期良好的关系,在客户管理中应开展多方面的工作。

1. 采集客户信息

(1)采集客户的有关信息,将更多的客户信息输入到客户数据库中。

(2)验证并更新客户信息,删除过时信息。

主要收集客户的基本信息和交易信息,并有效处理。

2. 对客户进行差异分析

(1)哪些客户导致了企业成本的发生?

(2)企业本年度最想和哪些客户建立商业关系? 选择几个这样的客户。

(3)上年度有哪些大宗客户对本企业的产品或服务多次提出了抱怨? 列出这些客户。

(4)去年最大的客户是否今年也订了本企业的产品? 找出这个客户。

(5)是否有些客户从本企业只订购了一两种产品,却会从其他地方订购很多种产品?

根据客户对企业的价值(如近期购买次数、购买频率、购买金额与本公司有业务交往的年限等),把客户分为A、B、C三类。

3. 与客户保持良性接触

(1)给自己的客户打电话,看得到问题答案的难易程度如何。

(2)给竞争对手的客户打电话,比较服务水平的不同。

(3)把客户打来的电话看做是一次销售机会。

(4)测试客户服务中心的自动语音系统的质量。

(5)对企业记录的客户信息进行跟踪。

(6)哪些客户给企业带来了更高的价值,与他们更主动地对话。

(7)通过信息技术的应用,使得客户与企业的交易更加方便。

4. 调整产品或服务以满足每一个客户的需求

(1)改进客户服务过程中各环节的工作,节省客户时间,节约公司资金。

(2)使发给客户的邮件更加个性化。

(3)替客户填写各种表格。

(4)询问客户,他们希望以怎样的方式、怎样的频率获得企业的信息。

(5)找出客户真正需要的是什么。

(6)征求名列前十位的客户意见,看企业究竟可以向这些客户提供哪些特殊的产品或服务。

(7)争取企业高层对客户关系管理工作的参与。

【小资料 9-2】

沃克斯霍尔(Vauxhall)英国分公司是通用汽车公司在全世界的分支机构中做得最出色的。它成功进行了全程客户关系管理规划,通过控制各个关键时点为客户创造完美体验,并与经销商建立稳定、共赢的关系网络,有力支撑客户价值的传递。当一辆新车到了第一次保养期(12 000 英里或 12 个月),沃克斯霍尔的电子营销部门的人员就会给客户打电话,提醒汽车该保养了,询问客户是否愿意让经销商打电话安排预约,如果预约,什么时间最方便。然后,这些信息和客户电话号码一起被转到经销商的服务部。另外,电子营销部的工作人员也会提醒客户质量保证期将到期,问他是否愿意延长。当客户的融资方案到了"节点"的时候(如客户决定改变付款方式或重新融资的时候,一般是满 3 年的时候),电子营销部门会给客户打电话,向他提供一整套"车童"服务和一辆崭新的借用汽车。如果客户同意,经销商的代表就为客户带来一辆客户自己选的新车,可以试用两天,与此同时,旧汽车被彻底清洗和重新估价。当代表送还面目全新的旧汽车的时候,会带来一份合同并告诉客户,如果他想继续开那辆崭新的汽车需要支付多少钱(例如,每月只多付 45 英镑就可以开这辆极好的新车,旧车可以由厂商折价收回)。

启示:为了将设定的价值交付传递给目标客户,企业需要在内外部构建价值网络,将供应商、分销商、合作伙伴、投资方以及员工等相关利益者整合起来,共同服务于目标客户,对抗竞争对手。在价值交付和传递的过程中,有两条相互连接、彼此依托、一明一暗的主线。明线是客户接触过程,它直接影响着客户的感受,是价值传递的最前沿阵地,而另一条隐藏于其后的暗线是维持着整个交付传递系统正常运转的价值战略网络,是客户接触的支撑平台。两者的结合,为客户价值准确、及时、有效的传递提供了有力的保障。

【课堂互动 9-1】 谈谈你所知道和观察到的企业在进行哪些客户关系方面的管理工作?

项目二　客户分析与筛选

客户是企业最宝贵的资源,没有客户资源,企业就丧失了生存和发展的土壤。全世界的供应商、服务提供商都在千方百计地取悦自己的顾客,尽他们最大的能力满足顾客的需求,力图赢得顾客的欣赏和忠诚,以获取利润。然而,不同客户对于企业的作用和价值是不同的,对企业产品和服务的要求也不相同，而企业的资源是有限的，这就需要企业加以区分对待。

因此，对客户进行分析是客户关系管理的核心工作之一。

任务 1　了解客户分析的相关理论

一、客户生命周期理论

客户生命周期是指一个消费者在购买产品或服务于企业发生关系的过程。其强调的是消费者从潜在需求、产生意向、真正购买、结束购买的发展过程。客户的生命周期是非常重要的，它直接影响到客户对一个公司的长期价值。

客户生命周期可以分为四个阶段：潜在客户、有意向者、真正客户、历史客户，如图 9-2 所示。

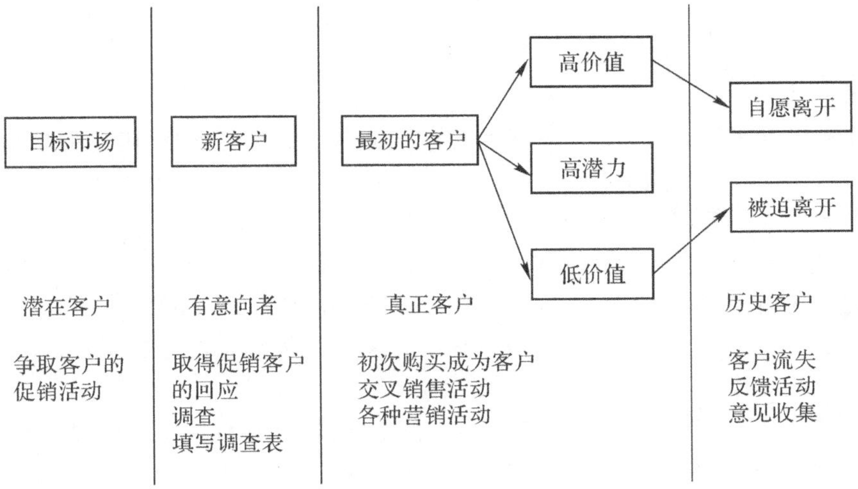

图 9-2　客户生命周期

(1)潜在客户，是目前还没有成为企业客户的目标市场客户。

(2)有意向者，是积极询问的人群或者已经登记在册的人群。这些客户会对企业的各种活动产生反馈，或是主动联系企业了解产品、服务的情况。

(3)真正客户，是正在使用产品和服务的人。他们的行为和变化成为了整个客户关系管理的核心所在，也是客户流失管理的重中之重。

(4)历史客户，是那些不管自愿还是非自愿，不再使用公司产品和服务的人。

从总体上观察客户的生命周期，可以发现，开始的时候，没有成为客户的人对公司产品和服务很有兴趣(因为他们是公司锁定的目标市场)。经过一段时间以后，他们成为真正的客户。这些客户最初的消费行为非常重要。虽然随着时间的推移，客户可能会变得越来越有价值，也有可能发挥出更大的潜在价值，甚至可能越来越没有价值。最终，他们不再是公司客户。

如信用卡公司的目标市场常常定位于需要信用借款且有能力偿还的人。某人只要填写信用申请表，就可成为有意向者。当申请表通过审批，申请人就会成为真正的客户，就可以启用他的信用卡。一个真正的客户，丧失客户身份的原因也是多方面的。自愿流失者将卡片撕毁，并将其寄回公司；悄悄溜走者仅仅指那些停止使用信用卡的人；而非自愿流失者是指直至停止付费，直到账号取消，信用卡也接着被取消的客户。

对于不同生命周期阶段的顾客，我们的客户管理工作也是不同的。对于潜在客户，争取客户的活动是面向目标客户市场的行销活动，但是需要首先获取这些潜在客户的资料。如数据挖掘可以将以前对类似的活动有兴趣的人员的特点整理出来作为本次行销活动的重点对象。也可以利用广告或其他的声像媒体找出有兴趣的客户群，建立客户群名单，了解客户信息等。对于有意向者，可以采用在网上留言、拨打免费电话、填写申请表、寄回保修单等方式让潜在客户变为有意向者。对于真正客户，通过交叉销售，促使客户购买尚未使用的产品和服务的行销手段，或者增量销售，促使客户将现有产品和服务升级的销售活动，以增强公司和客户的关系等。对于历史客户，查找原因，区别对待。有些客户的流失不必做过多考虑，有些客户的流失需要查明流失的原因、时间等，及时纠正和挽回，以避免相同原因造成更多的客户流失。

【小资料 9-3】

一些移动通讯运营商为了巩固在大学生群体中的市场地位，根据大学生活的周期性规律推出了不同主题的推广活动，极大提高了客户的保持率和满意度。大学生活动的周期性非常明显，处于不同时期的学生有着完全不同的活动偏好，而处于同一时期的学生又具有大致相似的活动内容。9 月份新生入学是获取客户的最佳时机，通过开展高校迎新促销、迎新晚会冠名、“感师恩”和校园 ORIEN-TATION 等活动，及时满足新生与师长、学长交流熟悉的迫切需要，帮助大家尽快熟悉大学生活环境，同时建立了学生对企业品牌的归属感。

在顾客维持阶段，通过组织校际间的篮球赛、足球赛和组建动感 WAP 网站、集群网，促进彼此的了解，同时创造群体空间增加企业和品牌对用户的吸引和渗透，降低用户流失的概率。等到大学生客户对企业和品牌形成一定程度的忠诚感之后，运营商开始了客户开发的工作，通过数据业务营销深入挖掘用户需求，开发和介绍新业务，刺激用户使用和消费。每年的 6 月又是学生毕业的季节，运营商除了资助举办一些大型的文艺活动，加强宣传介绍高端品牌业务、企业集团短信业务、企业集群网、移动办公系统等业务，并建立“移动求职联盟”，在帮助学生了解社会、尽快进行角色转变的同时，实现业务与品牌的提升。

启示：从寻找目标客户、识别客户价值、积累客户信息、设计客户价值到传递客户价值，不是一次循环就结束的过程，需要从客户周期的角度来经营客户关系，注意不同阶段客户需求的变化及演进的规律，注意不同阶段之间关系营销策略的衔接。

二、客户价值理论

客户对企业的价值是不尽相同的，很多公司或企业 80%的盈利，只来自 20%的客户。或者说其 80%的客户让公司或企业赚不到多少钱，有的甚至让公司、企业赔钱，这就是所谓的帕累托 80/20 法则。因此，企业要找出自己最有价值的客户资源，发现最为珍贵的客户，以便有的放矢地开展营销，有针对性地实施 CRM 管理。

根据客户的价值及其在企业总客户中所占的比例，可以将客户细分为以下几类，如图 9-3 所示。

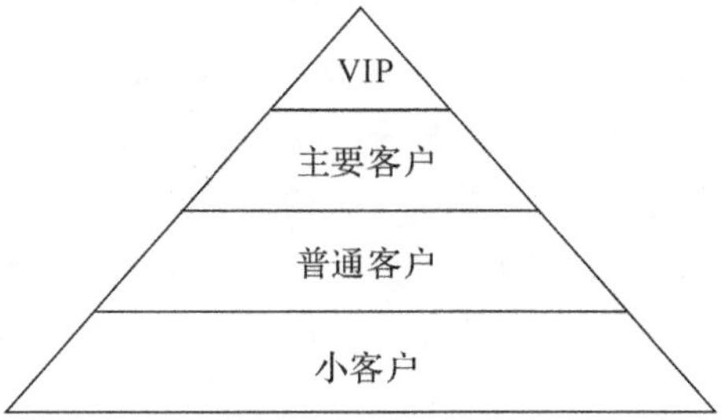

图 9-3 客户金字塔

(1)VIP 客户——这种类型的客户数量不多,但消费额在企业的销售额中占有的比例很大,对企业贡献的价值最大,他们位于金字塔的顶层,一般情况下占企业客户总量的 1%左右。

(2)主要客户——指的是除 VIP 客户外,消费金额所占比例较多,能够为企业提供较高利润的客户。这种类型的客户约占企业客户总量的 4%。

(3)普通客户——这些客户的消费额所占比例一般能够为企业提供一定的利润,占企业客户总量的 15%左右。

(4)小客户——这种客户人数众多,但是能为企业提供的盈利却不多,甚至企业不盈利或亏损,他们位于金字塔的底层。

可以看到,不同客户对企业的价值和重要性是不同的,不同的客户对企业产品和服务的要求也是不同的。而同时企业的资源是有限的,这就需要企业对不同客户进行差别化管理,开展有针对性的生产和营销,以便服务好重要的客户,锁定最有价值的客户群。

如对于 VIP 客户,是企业最有价值的客户,企业应当屈从于最有价值的客户,了解甚至是预测他们的需求,满足他们的需求,培养他们的兴趣,赢得他们的信任,努力与他们建立一种稳定的信任关系。企业的产品应当向这些客户倾斜,尽可能地取悦他们,锁定他们,赢得他们的忠诚,只有这样才能获得稳定而高额的利润。对于主要客户,企业当然不能放弃,但是从"屈从"转变成了"关怀"。企业应当跟踪调查这些客户的需求,随时与他们保持联系,在企业的产品中反映出这些客户的需求,以赢得他们的满意,并进一步强化与他们的关系,获取他们的忠诚。对于普通客户,企业不需要为这类客户的特殊要求而兴师动众,只需要使自身的产品适应他们的需要,能够引起其兴趣即可。小客户有些根本就不能为企业带来利润,甚至只能让企业亏本,这类客户属于被淘汰的范围,企业不必为他们浪费资源,对其只需要采取冷漠的态度即可。

【小资料 9-4】

联想集团了解到铂金层级的客户是典型的产品大量使用者,对价格并不十分敏感,愿意花钱购买,愿意试用新产品,对企业比较忠诚,赢利能力最强,而且有巨大的发展潜力,他们的业务总量在不断增大,未来在增量销售、交叉销售方面尚有巨大潜力可挖。对于铂金客户应该加强获取和维护的力度,优先、重点向他们配置企业最优的服务与营销资源。但同样是铂金客户,有时候对关系的类型偏好却大相径庭,有的商业用户侧重简单的、自动化的交易，讨厌客户经理天天充满温馨的问候，“闲聊”一些与业务无关的事情；有的个体客户却总希望客户经理能记得他喜欢打网球，一起谈谈最近的股票行情，生日的时候收到精美的贺卡和温馨的祝福。

启示：寻找合适的关系战略。不是所有的客户都应该发展贴身亲密的关系，这决定于客户的类型和客户对关系的需要。我们可以根据客户的终身价值对客户进行细分，了解他们对关系类型的偏好，进而发展合适的关系战略和策略。

任务2　掌握销售工作中客户的分析与筛选

客户关系管理中有一条重要的原则，就是帕累托的80/20原则，即企业的80%的销售和利润来自于20%的客户；企业的80%的麻烦来自于20%的客户；企业付出的80%的努力只带来20%的优质服务。企业需要对客户进行分析，分析客户及其给企业带来的影响，以便找出不同类型的客户。当确知某些客户比其他客户给企业带来的影响更大时，企业就应该做出正确的决定：如何使用有限的资源对其进行更加有效的服务。

一、建立客户档案

企业为了加强客户服务、掌握客户的动态以利于促销，应对客户进行建档管理。建立客户档案可以开展针对性的促销，激发客户的重复购买行为，以提高客户的购买次数；可以测定客户对企业的态度，如对产品的意见、品牌的偏好，借以调整销售政策和改善服务水准；可以创造交叉销售，提高客户的购买量；可以消除买卖双方的鸿沟，促使双方关系更密切。

各企业的客户众多，再加上每个客户的性质不同，应按本身的实际需要针对客户分类管理。对一般企业，可将客户进行如下分类：

(1)有成交记录的客户，即建档为“客户资料卡”。

(2)客户成交金额高低按A、B、C分级管理，并以不同的色卡进行“颜色管理”。A级为“重要客户、常交易客户”，B级为“一般客户”，C级为“小客户”，分别以不同的颜色区别。

(3)将客户分类为“现有(已交易)客户”、“可能客户”、“潜在客户”三类。销售工作是稳住“现有客户”；加强对“可能客户”的销售，使其尽快成为“现有客户”；对“潜在客户”进行拜访和促销，使其转化为“可能客户”，再经过努力变成“现有客户”。

(4)按销售人员的销售习惯，将客户分为三种不同的客户，即“固定卡”、“攻击卡”、“开发卡”，分别储存与管理。“固定卡”是已购买本企业产品的客户；“攻击卡”是已购买竞争品牌产品的客户，通过竞争性销售，有望抢夺为本公司的客户；“开发卡”指尚未购买本企业或其他品牌的客户。

客户资料卡的内容依企业需要、产品类别而分别设计。客户资料卡的内容，除包括顾客的姓名、住址、职业，所购商品名称与购买日期以外，有关其家庭成员的生日、嗜好等也是资料卡的重要内容。除此之外，竞争品牌的购买量、产品记录、地区记录、修理记录、寄发促销记录等均应记入客户资料卡。

二、客户分析

进行客户关系管理，不仅要对客户资料进行采集，而且要对客户资料进行多方面的分析，包括客户构成分析、客户与本企业的交易业绩分析、不同产品的销售构成分析、不同产品毛利率分析、产品周转率分析、交叉比率分析、贡献比率分析等。

1. 客户的构成分析

(1)将自己负责的客户按不同的方式进行划分,可以分为批发店、零售店、代理店、特约店、连锁店、专营店等。

(2)小计各分类客户的销售额。

(3)合计各分类客户的总销售额。

(4)计算各分类客户销售额在分类销售额中所占的比重及在总销售额中的比重。

(5)运用ABC分析法将客户分为三类:A类客户,企业的重点客户,占企业总销售额的80%;B类客户,企业的潜力客户,占企业总销售额的15%左右;C类客户,企业的小客户,占企业总销售额的5%左右。

表9-1　客户构成分析表

客户类型		销售额	客户销售额占分类销售额比重	小　计	合　计	分类客户销售额占总销售额比重
批发店	1					
	2					
	3					
零售店	1					
	2					
	3					
连锁店	1					
	2					
	3					
专卖店	1					
	2					
	3					
代理店	1					
	2					
	3					

2. 客户与本企业的交易业绩分析

(1)掌握各客户的月交易额或年交易额。

(2)统计各客户与本企业的月交易额或年交易额。

(3)计算出与各客户的交易额占本企业总销售额的比重。

(4)检查该比重是否达到了本企业所期望的水平。

客户与公司的交易业绩分析,如表9-2所示。

表 9-2 客户与公司的交易业绩分析表

客户名称	年(月)累计交易额	企业的客户销售目标	客户交易额占企业总销售额的比重	企业总销售额

通过分析,可以使企业发现最具价值及最具增长潜力的客户。

3. 不同产品的销售构成分析

(1)将自己对客户销售的各种产品按销售额由高到低排列。

(2)合计所有产品的累计销售额。

(3)计算各种产品销售额占累计销售额的比重。

(4)检查是否完成企业所期望的产品销售任务。

(5)分析不同客户产品销售的倾向及存在的问题,检查销售重点是否正确,将畅销产品努力推销给潜力客户,并确定以后产品销售的重点。

产品销售构成分析,如表 9-3 所示。

表 9-3 产品销售构成分析表

销售额 产品 / 客户	A	B	C	D	E	合 计	销售比重	销售排序	销售目标
1									
2									
3									
4									
5									
6									
合计									
销售比重									
销售排序									
销售目标									

4. 不同产品销售毛利率分析

(1)将自己所负责的对客户销售的产品按毛利额大小排序。

(2)计算各种产品的销售毛利率。

5. 产品周转率分析

(1)核定客户经销产品的库存量。通过对客户的调查,将月初客户拥有的本企业产品库存量和月末客户拥有的本企业产品库存量的总和进行平均，求出平均库存量。

(2)将销售额除以平均库存量，得出产品周转率。

6. 交叉比率分析

该方法的计算公式为：

交叉比率＝毛利率×商品周转率

毛利率和商品周转率越高的商品，就越有必要积极促销。

7. 贡献比率分析

(1)求出不同商品的贡献比率。计算公式为：贡献比率＝交叉比率×销售额构成。

(2)对不同客户商品销售情况进行比较分析，看是否完成了公司期望的商品销售任务，某客户商品促销或滞销的原因何在，应重点推销的商品(贡献比率高的商品)是什么。

不同客户之间的差异主要在于以下两点：一是他们对公司的商业价值不同；二是他们对产品的需求不同。因此，对这些客户进行有效的差异分析，可以帮助企业更好地配置资源，使得产品或服务的改进更有成效，牢牢抓住最有价值的客户，取得最大限度的收益。

二、筛选客户

对客户的管理是一种动态的管理，因为企业所面对的客户是不断变化的，一个有价值的客户可以在很短的时间内变得没有价值，而一个没有价值的客户也可能转变为企业利润的主要来源。筛选是将重点客户(大客户)保留，而淘汰那些无利润贡献、无发展潜力的客户。在筛选时，销售人员一般可以从以下五个方面衡量客户，作为筛选的依据。

(1)购买额，是指客户全年的购买额。

(2)收益性，即客户毛利贡献额的大小。

(3)安全性，即销售货款是否足额回收。

(4)未来性，即分析和确定客户的未来发展前途。

(5)合作性，即考察客户的合作态度。

针对以上标准对客户打分，满分为100分。赋予每个标准以不同的权重，如购买额占40分，收益性占10分，安全性占30分，未来性占10分，合作性占10分。对客户进行如此筛选之后，就会发现一些客户犹如仓库里的呆滞品或残次品，要给予特别处理，甚至丢弃；而另一些客户将成为企业利润的主要来源。客户筛选，如表9-4所示。

表9-4　客户筛选表

赋分标准及权重 ＼ 赋分 ＼ 客户		客户				
		A	B	C	D	E
购买额	40					
收益性	10					
安全性	30					
未来性	10					
合作性	10					
合　计						

三、客户保持管理

1. 建立并充分利用客户数据库

企业必须重视客户数据库的建立和管理工作，注意利用数据库来分析现有客户的简要情况，并找出人口数据及人口特征与购买模式之间的联系，为客户提供符合他们特定需要的定制产品和相应的服务，并通过各种现代通信手段与客户保持密切联系，从而建立持久的合作关系。

2. 通过客户关怀提高客户满意度

客户需要关怀，客户关怀活动应包含在从购买前、购买中到购买后的全部过程中。购买前的客户关怀活动，主要是在提供有关信息的过程中的沟通与交流；购买中的客户关怀活动，主要是给客户以热情的接待、善意的建议、效率的服务等；购买后的客户关怀活动，集中于高效的服务跟进和圆满地完成产品的维护与修理等相关步骤。

客户关怀的目的是提高客户的满意度和忠诚度，使客户重复购买企业的产品或服务，并向其周围的人多做对产品或服务有利的宣传，形成口碑效应。

3. 利用客户抱怨，分析客户流失原因

公司失去客户的原因很多，如客户搬迁、自然流失、因他人建议而改变主意等，但最重要的原因往往是企业置他们的要求于不顾而愤然离去。为了提高客户保持率就必须及时了解和分析客户的投诉或抱怨。

项目三　客户忠诚度管理

企业开展客户分类研究的目的是研究如何提升客户满意度，从而改善客户关系。但对于企业来说，仅仅知道和了解客户对企业已经或正在提供的产品和服务的满意程度，其一般只有借鉴和参考的作用，仅仅是获得了市场的“通行证”。只有进一步掌握客户对企业产品的信任和忠诚程度，对于企业发掘潜在客户和需求、增加未来市场销售才具有重要的指导意义。

企业无疑都希望拥有忠诚的客户群体，不仅对自己的品牌忠心不二，而且乐于说服身边的人成为同一品牌的消费者。同时，人们普遍认识到留住一个老客户比争取一个新客户成本更低而且获利更多，客户的保留已经成为大多数组织的重要目标。因此，很多企业在开展客户满意度研究的同时，也在开展客户忠诚度的分析。

任务1　理解客户忠诚度

一、客户忠诚度的含义与层次

客户关系管理的重要目的是提高客户的忠诚度。客户忠诚是指客户对某一企业、某一品牌的产品或服务认同和依赖，它是客户满意不断强化的结果。

筛选客户的目的在于保留对企业有价值的客户和对企业忠诚的客户。一般来说，客户忠诚可以分为三个层次：认知忠诚、情感忠诚和行为忠诚。

1. 认知忠诚

客户对企业的认知忠诚是基于企业的产品和服务而形成的，因为这种产品和服务正好满足了客户的个性化需求，于是客户产生对企业的信任。但是，这种信任只是基础的层面，它可能会因为兴趣、环境等因素的变化而发生转移。

2. 情感忠诚

情感忠诚是客户在使用产品和服务之后获得的一种对企业的持久满意，它可能形成对产品和服务的偏好，这种忠诚是客户对企业的一种依赖，具有一定的持久性。

3. 行为忠诚

行为忠诚是客户把企业提供的产品和服务当做一种不可或缺的需要和享受，表现为与企业长期关系的维持和对企业产品与服务的重复购买，以及对企业和产品的重点关注，并且在这种关注中寻找巩固信任的信息或者求证不信任的信息以防受到欺骗。

老顾客是对企业、产品或服务有信任感而多次重复购买企业产品或接受服务的群体。企业为了提高市场占有率和完成不断增长的销售压力，都或多或少地把寻找新顾客作为销售管理的重点，而忽视了老顾客的作用。实际上，这是一个误区。Daniel Charmich 教授用“漏洞”来形象地比喻企业的这种行为。在桶的底部有许多的洞，这些洞分别指劣质的服务、未经过训练的员工、质量低劣、选择性差等，他把桶中流出的水比作客户。他指出，企业为了保住原有的营业额必须从桶顶不断注入“新顾客”，来补充流失的客户，这是一个没有尽头的过程。因此，越来越多的企业开始通过提高服务质量来维系老客户，因为堵住漏桶带来的不是“客户数量”，而是“顾客质量”的提高。

二、客户忠诚的价值效应

客户忠诚是揭示企业在满足客户需求，为客户创造价值方面的作为，所以获得和保持客户忠诚是成功企业立于不败之地的真正的法宝。企业要想在经营效益上取得持续性的提高，唯一的途径就是仔细研究目标顾客并向其提供满意的产品和服务，保证所提供的产品或服务与顾客期望相吻合，并把它看做是一个长期持续的过程。这对于一个企业来说至关重要，只有这些客户对企业完全满意，他们才会一如既往地保持对企业的忠诚。客户忠诚对企业的价值主要体现在三个方面，即市场效应、经济效应、发展效应。

1. 客户忠诚的市场效应

客户忠诚的市场效应，表现为客户数量效应即客户份额的增长。忠诚的客户会向熟人、朋友反复诉说自己接受满意服务的经历，推荐他们所信任的企业，介绍更多的人成为该企业的客户，并会努力说服那些不愿去接受服务的人，以及转变那些不接受公司产品人的看法。而根据别人推荐而接受服务的客户，在客户质量上往往更胜一筹，与那些冲着诱人广告、高声叫卖或价格减让而来的客户相比，他们对企业更为有利，与企业的关系的维持时间也更为长久。企业保留的忠诚客户越来越多，形成再次销售和多次销售，以及客户之间的口碑相传，从而使企业收入增加、市场份额扩大。

假设有两家公司，一个公司的客户保持率是 95%，而另一个公司为 90%。再假设两家公司每年的新顾客增长率均为 10%，那么第一家公司的客户份额将比第二家公司每年净增加 5%。这样一来，14 年之后，第一家公司的市场规模将翻一番，但第二家公司将没有实质性的增长。在其他条件相同的情况下，如果顾客保持率每年增加 5%，则企业的客户存量每 14 年翻一番；倘若每年维持 10%的增长优势，那么每 7 年即可实现成倍增长。

2. 客户忠诚的经济效应

客户忠诚的经济效应，表现为顾客人均利润率的提高，直接反映忠诚客户对企业的贡献。在大多数行业里，客户的购买量会随着时间的延续而增加，企业赚取每一位客户的利润与客户保留的时间成正比。例如，在零售业中，时间一长，客户便对店中的全部商品越来越熟悉，老来买衬衣的人后来会注意到这里还卖皮鞋之类的商品。贝恩公司的研究表明，如果客户流失率降低5%，企业利润就会增长25%～85%。

企业争取新客户与获得老客户的忠诚在经济效益上是截然不同的。为了把新客户请进门，几乎每个企业都得先行投入资金，如针对新客户展开的广告宣传、向新客户推销所需的佣金、销售人员的管理费用等。有报道认为，吸引新客户的成本是保留老客户的5倍甚至更多，在汽车保险、人寿保险、信用卡等行业，获得一个新客户所花费的成本通常需要一至两年才能得到补偿。

企业在服务客户时可获得基本利润，即价格高于成本的部分。显而易见，企业保留顾客的时间越长，获取基本利润的时间也越长，企业为获得该客户的投资回报就越来越多。同时在大多数行业里，老客户既熟悉企业的服务程序，也了解企业的所有产品，因此他们不像新客户那么在乎某一具体商品的较低价格，即他们的价格敏感度较低。加之有时候试销的折扣价只对新客户有效，所以老客户支付的价格实际上要比新客户的高，企业因而能获得较高的利润。

另外，企业为忠诚客户提供的服务是低成本的。由于忠诚的客户对于企业服务的了解、信任、参与程度较高等多种原因，大大降低了企业的服务成本。忠诚的客户往往对企业提供的服务称心如意，而客户的满意又是企业员工勤奋敬业的动力之一。满意度高的员工留在企业的时间会更长，对客户的需求了解更多，并能为他们提供更好的服务，让客户感觉更为满意，从而使企业获得高度的客户忠诚。客户忠诚也可增强员工的自豪感和满意度，提高员工的保持率，这又减少了雇用和培训员工的成本。如此形成一个良性循环，最终实现企业总成本降低，生产力提高。

3. 客户忠诚的发展效应

客户忠诚对企业如此重要，企业没有理由不通过加强产品和服务的营销，为客户提供更具价值的产品和服务来满足客户的需求，以提高客户的忠诚度。比如，企业向客户提供个性化的产品，向客户提供及时、准确的服务，同时加强员工培训、提升员工服务能力等。

企业为提高客户忠诚度所做的一切，使企业的业绩得到了提高，也使企业自身得到了不断的发展。

【课堂互动9-2】 客户忠诚度和客户满意度的关系是什么？

任务2 理解客户忠诚度的评价指标

一、客户忠诚度的级别

忠诚的不同级别如图9-4所示。

(1)普通购买者：包括市场上所有种类产品/服务的购买者。这类购买者可能没有察觉到你提供的产品或者没有购买它的倾向。

(2)潜在客户：那些对你的组织有点兴趣但是还没有开始和你交易的潜在客户。

(3)客户：对你的组织没有确切喜好感觉的一次性购买者(这一部分也可以包括那些重

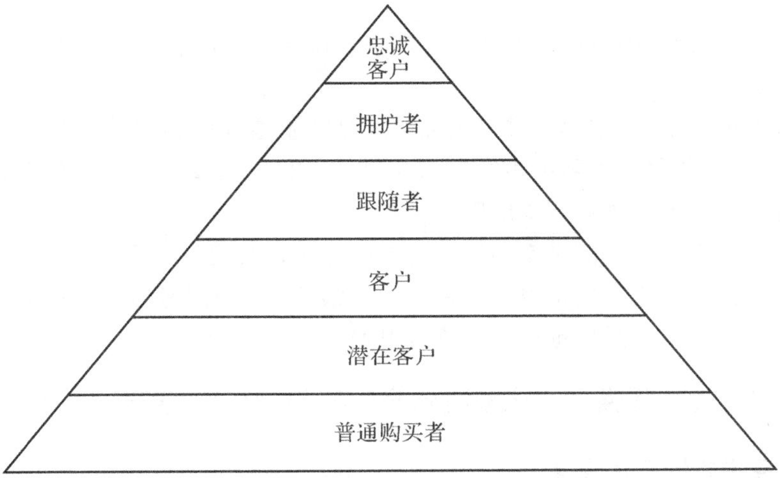

图 9-4　客户忠诚度金字塔

复购买者)。组织的支持不够主动。

(4)跟随者:对你的产品(服务)的发生变化也一如既往地使用。

(5)拥护者:那些通过把你的组织推荐给别人来主动支持你的客户。

(6)合伙人(忠诚客户):最强的客户——供应商关系模式,该模式因为合伙人双方都认为这种伙伴关系互利而能够持续下去。

二、客户忠诚度的评价

加强客户管理,提高客户忠诚度,就必须清楚衡量客户忠诚度的标准,对症下药。客户忠诚度的衡量标准主要有以下几项内容:

(1)客户的重复购买率。客户对某种产品重复购买的次数越多,说明他对这一产品的忠诚度越高;反之,则越低。对于经营多种产品的企业来说,重复购买本企业品牌的不同产品,也是对企业忠诚度高的一种表现。

(2)客户对本企业产品、品牌的关心程度。一般情况下,客户对企业的产品和品牌给予关注的次数越多,表明忠诚度越高。应注意,关心程度和购买频率并不完全相同,例如,某品牌的专卖店,客户经常光临,但是并不一定每一次都购买商品。

(3)客户需求满足率。客户需求满足率是指在一定时期内客户购买某种商品的数量占其对该类产品或服务全部需求的比例。这个比例越高,表明客户的忠诚度越高。

(4)客户对产品价格的敏感程度。客户对产品价格的敏感程度越低,表明忠诚度越高。客户对产品价格的敏感程度可以通过侧面来了解,比如,公司在价格调整之后,客户购买量的变化、其他购买行为的反应等。但需要注意的是,忠诚客户对产品价格不敏感,并不是说企业可以利用单独的调价行为来谋取额外的利益。

(5)客户对竞争产品的态度。人们对某一品牌态度的变化,大多数是通过与竞争产品的比较而产生的。客户对竞争者表现出越来越多的偏好,表明其对本企业的忠诚度在下降。

(6)客户对商品的认同度。如果客户经常向他身边的亲属、同事、朋友等推荐企业的产品和服务,或者间接地表示认同,则说明忠诚度高。

(7)客户购买时间的长短。客户在挑选产品的时候,所用的时间越短,说明忠诚度越高;

反之，说明忠诚度越低。

(8)客户对产品质量事故的承受能力。客户忠诚度越高，对于出现的质量事故也就越能给予宽容和理解。

(9)客户增加幅度与获取率。客户增加幅度是指新增加的客户数量与现有客户数量之比。客户获取率，是指最后实际成为客户的人数占所有争取过的客户的总人数之比。这主要是衡量实施客户忠诚计划后带来的间接效果。

(10)客户流失率。客户流失率的历史记录能显示出谁是最有希望的客户群，企图对那些威胁着要离开的客户进行挽留也是一种资源的浪费。在销售业务上，对实际应该舍弃的客户进行改善服务质量的投资也可能是资源浪费。

任务3　掌握提高客户的忠诚度的方法

一、影响客户忠诚度的因素

影响客户忠诚的因素有主、客观两方面，具体可分解为六个因素：客户满意、客户价值、客户信任、客户关怀、购买成本、转移成本。

1. 客户满意

根据调查，90%～98%的不满意客户从不抱怨，他们仅仅是转到另外一家。不满意肯定就会转向别家，而满意却不一定就忠诚。那么客户忠诚度与满意度有多大关联性呢？研究表明，客户忠诚度的获得必须有一个最低的客户满意水平。在这个满意度水平线以下，忠诚度将明显下降，在该满意度水平线以上的相对大的一定范围内，忠诚度不受影响，但是满意度达到某一高度，忠诚度会大幅度增长。客户满意是导致重复购买最重要的因素。客户忠诚度与客户满意度的关系如图 9-5 所示。

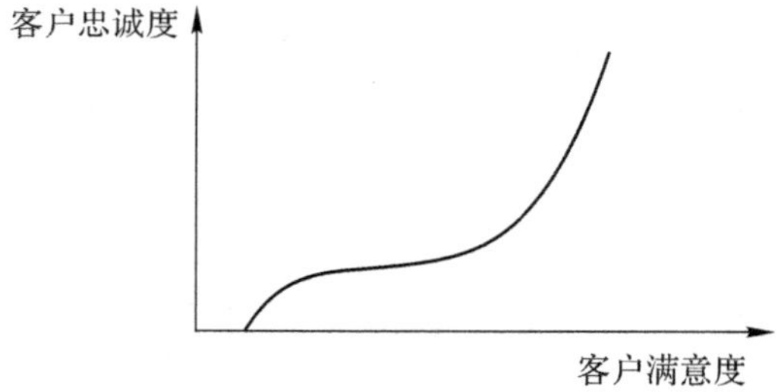

图 9-5　客户忠诚度与客户满意度的关系

2. 客户价值

客户在购买产品或服务时，总希望以较小的成本获取更多的实际利益，以使自己获得最大限度的满足。客户从选择的产品或服务中，能够获得优异的质量、优惠的价格、优质的服务，尤其是客户期望之外的东西会给客户留下深刻的印象，产生积极的效果。客户忠诚的根本动力是客户价值。

3. 客户信任

信任是忠诚的直接基础，要成功地建立高水平的长期的客户忠诚，必须把焦点放在客户信任而不仅是放在客户满意上。电信行业普遍采取预交话费的办法，一旦客户通话费用超过预交话费，账务系统就自动中断对客户的服务。这种办法有效地减少了欠费，但也产生了一些问题，最突出的问题就是一些老客户、大客户，从来就没想过要有意欠费，如突然被停机，就会十分反感，觉得这是对客户的不尊重、不信任。这些客户在一定的外因促使下便会离开企业。

4. 客户关怀

如果客户想到的你都能给予，客户没想到且需要的你也能提供，这必然使客户时刻感到企业的关心，产生一种亲近感。如客户在外出差，突然发现手机电池没电了，但又没带充电器，一般情况下，客户只能埋怨自己丢三落四，不会对旅店表示不满。但此时此刻，如果旅店能提供租用电池或充电器服务，客户一定会感到旅店的服务确实做得好，能时刻为客户着想，这就产生了关怀感、亲近感。亲和友善的客户关系在企业提供产品的同时，能够满足客户感情上的需要，通过心理作用，提升产品价值和企业形象，加强客户的忠诚。

5. 购买成本

客户的购买成本一般包括货币、时间、精神和体力等。客户在选购产品时，往往从价值和成本两个方面进行比较分析，从中选择价值最高、成本最低的产品作为优先选购的对象。当所有提供的物品非常类似，价格也没有多少或根本没有差别时，客户常常很难有兴趣花费时间进行选择。很多日常用品的销售就是这样，客户按惯性保持着忠诚度。

6. 转移成本

老客户通常会发现，如果更换品牌或供货商，会受到转移成本和延迟利益的限制。如跑更远的路，冒尝试新产品或服务质量好坏的风险，失去眼看到手的奖励等。在软件行业中，许多企业免费提供软件，帮助客户学习正确地使用软件，因为他们相信，客户学习所花的时间将会成为一种转移成本，使客户在别的选择不能体现明显的优越性时，自愿重复使用。航空公司对办理会员的客户有相当大的累计优惠，对于频繁旅行的客户来讲，一旦选择了这家公司，并有一定积累的话，如果放弃这家公司，就会失去应有的奖励，不可避免地付出一定的代价。这样，频繁旅行的客户就加强了对这家航空公司的忠诚。一般来讲，企业建构转移壁垒，使客户在更换品牌或供货商时感到转移成本过高，原来获得的利益会因转移而流失，这样可以加强客户的忠诚。

二、提高客户忠诚度的策略

1. 控制产品质量和价格

产品质量是企业开展优质服务、提高客户忠诚度的基础。世界众多品牌产品的发展历史告诉我们，客户对品牌的忠诚在一定意义上也可以说是对其产品质量的忠诚。只有过硬的高质量产品，才能真正在人们的心目中树立起“金字招牌”，从而受到人们的喜爱。当然仅有产品的高质量是不够的，合理地制定产品价格也是提高客户忠诚度的重要手段。企业要以获得正常利润为定价目标，坚决摒弃追求暴利的短期行为，要尽可能地做到按客户的“预期价格”定价。所谓“预期价格”，是大多数客户对某一产品的“心理估价”。如果企业定价超出“预期价格”，客户会认为价格过高，名不副实，从而削弱购买欲望；如果企业定价达不到“预期价格”，客户又会对产品的性能产生怀疑，进而犹豫不买。

2. 了解企业的产品

企业必须要让销售及服务人员完全、充分地了解企业的产品，传授关于产品的知识和提供相关的服务，从而让企业赢得客户的信赖。同时，服务人员应该主动地了解企业的产品、服务和所有折扣信息，尽量预测到客户可能会提出的问题。

3. 了解企业的客户

企业应该尽可能地了解相关客户的情况，这样就可以提供最符合他们需求和消费习惯的产品和服务。和他们交谈，倾听他们的声音，这样就不难找到使他们不满的根源所在。当客户对服务提供者相互了解后，如企业了解客户的服务预期和接受服务的方式等，服务过程就会变得更加顺利，时间也会缩短，而且服务失误率也会下降。由此，为每个客户提供服务的成本会减少，反过来企业的利润就会增加。企业常陷在自己的世界里，就会察觉不到客户的实际感受。花些时间站在另一个角度上，或充当一次竞争对手的客户，对企业会有很大的帮助。

4. 提高服务质量

企业的每位员工，都应该致力于为客户创造愉快的购买经历，并时刻努力做得更好，超越客户的期望值。要知道，经常接受企业服务而且感到满意的客户，会对企业做正面的宣传，而且会将企业的服务推荐给朋友、邻居、生意上的合作伙伴或其他人。他们会成为企业"义务"的市场推广人员。许多企业，特别是一些小型企业，就是靠客户的不断宣传而发展起来的。在这种情况下，新客户的获得不再需要企业付出额外的成本，但显然又会增加企业的利润。

5. 提高客户满意度

客户满意度在一定意义上是企业经营"质量"的衡量方式。通过客户满意调查、面谈等，真实了解企业的客户目前最需要的是什么，什么对他们最有价值，再想想他们能从你提供的服务中得到哪些认知的最好的做法。但是，除了销售活动、售后服务和企业文化等因素外，客户满意度的高低还会受法律等其他一些强制性约束条件的影响。对于那些由于心理特性和社会行为方式而背离企业的客户，放弃无疑是企业的最佳选择。从这个意义上讲，企业应该尽可能地提高客户满意度，而非不惜一切代价致力于全面的甚至极端的客户满意。

6. 超越客户期待

不要拘泥于基本和可预见的水平，而向客户提供渴望的甚至是意外、惊喜的服务。在行业中确定"常规"，然后寻找常规以外的机会，给予超出"正常需要"的更多的选择。客户会注意到你的高标准服务。也许这些可能被企业的竞争对手效仿，但企业只要持续改进，就一定不会落于人后。

7. 满足客户个性化需求

通常企业会按照自己的想象预测目标客户的行动。事实上，所有关于客户人口统计和心理方面的信息都具有局限性，而且预测模型软件也具有局限性。因此，企业必须改变"大众营销"的思路，注意满足客户的个性化要求。要做到这一点，就必须尽量占有客户信息，利用各种可以利用的机会来获得更全面的客户情况，包括分析客户的语言和行为。如果企业不是持续地了解客户，或者未能把所获得的客户信息融入执行方案之中，就不可能利用所获得的客户信息形成引人注目的产品或服务。

8. 正确处理客户问题

要与客户建立长期的相互信任的伙伴关系，就要善于处理客户的抱怨或异议。有研究表明，通常在25个不满意的客户中，只有1个人会去投诉，其他24个则悄悄地转移到其他企业的产品或服务上。因此，有条件的企业应鼓励客户提出抱怨，然后再设法解决其遇到的问题。研究显示，一个最好的客户往往是受过最大挫折的客户。得到满意解决的投诉者，与从没有不满意的客户相比，往往更容易成为企业最忠诚的客户。一般而言，在重大问题投诉者中，有4%的人在问题解决后会再次购买该企业产品，而小问题投诉者的重购率则可达到53%，若企业迅速解决投诉问题，重购率将在52%～95%之间。

9. 让购买程序变得简单

企业在销售程序的设计上，客户购买的程序越简单越好。简化一切不必要的书写、填表步骤，去帮助客户找到他们需要的产品，并且做任何能够简化交易过程的事情，制定标准简化的服务流程。

10. 服务内部客户

所谓内部客户是指企业的雇员。如果内部客户没有适宜的服务水平，使他们以最大的效率进行工作，那么外部客户所接受的服务便会受到不良影响，必然会引起外部客户的不满，甚至丧失外部客户的忠诚。员工忠诚是客户忠诚的必要前提，如果企业对这一问题不给予足够的重视，势必会导致较低的客户忠诚度和较高的客户流失率，最终导致企业赢利能力降低。

拓展提高

客户忠诚度计划

由于科技的进步，产品的多样化和品牌竞争的日趋激烈，企业要留住客户和提升客户忠诚度的难度越来越大，这也是近年来客户关系管理(CRM)越来越受到营销者重视的重要原因之一。而客户忠诚度计划作为客户关系管理的重要技巧之一，正在悄悄风行，在发达国家，这种计划已经相当普及了。在此，我们将客户忠诚度计划做一个简要的介绍，并通过国际成功的案例对其执行过程给出一些建议。

1. 什么是客户忠诚度计划

客户忠诚度计划就是通过维持客户关系和培养客户忠诚度而建立客户长期需求，并降低其品牌转换率的客户计划。客户忠诚度计划通常的形式包括客户分级会员制、累计消费奖励制度等，如航空公司的里程计划、信用卡的累计使用奖励。近年来，在信息技术迅速发展的背景下，客户忠诚度计划应该包含三个要素：信息技术的运用、客户信息的获得、直接与客户个性化的沟通。比如，英国最大的连锁超市Tesco就通过磁条扫描技术与电子会员卡结合的方式来分析每一个持卡会员的购买偏好和消费模式，并根据这些分析结果来为不同的细分群体设计个性化的信息资讯。

2. 客户忠诚度计划原理：客户终身价值

客户终身价值即以净现值表现的从一个客户终生所能够获得的利润总和。简而言之，它体现的是这样一种理念：与某一客户单笔交易的完成并不是一个关系的终结，而恰恰是开始，企业应该着眼于发展与现有客户的长期关系，因为忠诚客户价格敏感度较低，较易产生重复购买，并能为产品开拓新客户带来口耳相传的效应。保留现有客户的成本通常要低于获取新客户的成本，而现有客户保留率的增加，通常能比吸引新客户带来更多的利润。

80/20原理在很多企业的销售数据上得到体现，即一个企业总销售量的大约80%来源于20%的客户，因此企业应该将有限的资源合理地相对集中配置在这20%的客户上。当然，80与20的比例会因行业或企业具体情况的不同而略有不同。例如：Tesco购买力最强的前5%客户贡献了20%的销量，而底层的25%客户的消费量只占销量的2%。

3. 对客户忠诚度计划的反思

(1)从客户品牌忠诚的行为模式来说，研究发现，某种产品的重度使用者通常会对他认定的某几个而不是一个常用产品的品牌忠诚，并在这些品牌间不断转换，即多品牌忠诚；而对单一品牌极度忠诚的客户，通常并不是这种产品的重度使用者。例如，银行个人储蓄服务，经常使用这类服务的人，如都市白领，通常会同时在几家银行开立多个账户。而不经常使用的人，如退休老人，可能只在一家银行开立账户。而客户忠诚度计划试图去改变这两种客户固有的行为模式，即使得重度使用者减少或停止品牌转换，或使非重度使用者增加消费，这都是非常困难的，尤其当竞争品牌也推出类似计划的时候。

(2)从消费行为学的角度去看客户的购买动机，我们可以做这样一个调查：是什么因素促使你去加入一个里程计划或会员制？调查结果表明，答案通常是因为“他们希望得到那些特殊待遇，或仅将其看做一种折价”，并且“客户加入某一客户忠诚度计划是因为他们经常购买某产品或服务，而不是因为加入了某个客户忠诚度计划才去购买该产品”。那么，就有了一个问题：我们设立客户忠诚度计划，究竟是希望提高客户对产品和品牌的情感忠诚，还是增加行为忠诚？

(3)从企业内部经营管理的角度看，我们可以对客户忠诚度计划的基本理念作一个考量。忠诚客户服务成本较低，价格敏感度较低，更易增加消费量，并为吸引新客户带来推荐效应。但是，从客户服务的成本来说，影响服务成本的是类似标准操作流程这样的变量，而不是客户忠诚度；从价格敏感性来说，驱动敏感度的是客户感知的品牌价值，而不是品牌忠诚度；从增加购买量来说，单个客户对某一公司产品的购买量通常是由增加使用的品类带来的；从推荐效应来说，客户的总体满意度是客户行为忠诚的主要影响因素。

4. 客户忠诚度计划实践

从对客户忠诚度计划的反思中，可以看到一些计划制订过程中的误区，并用以指导我们的类似计划，让我们通过一些国际上成功的经验来看客户忠诚度计划的成功要素。

(1)对于多品牌忠诚的购买行为，一个值得借鉴的方法是品牌联合计划，即同为竞争品的几个强势品牌联合推出一个客户忠诚度计划。这种方法适合市场领导者巩固其市场优势。澳大利亚最大、拥有最多会员数量的 Fly Buy 就是一个例子，它是一个由强势零售商 David Jones 百货、Coles 超市和 BP 石油公司等常用消费品的零售终端联合推出的一个消费积点获奖计划。会员可以通过在以上零售终端的日常消费积累点数，获得从个性礼品、航空里程到汽油优惠的各种奖励。这是一个强势品牌联合做大蛋糕，而不是分抢蛋糕的方法。这一计划实行以来，成功地减少了会员在中小型零售终端 15% 的消费。

(2)从客户对于奖励的交易性动机来看，想得到某些特殊待遇或折价的动机，既是我们想要的，又是我们不想要的。

从短期来看，这样的动机正是吸引客户加入计划的诱因。从这个角度，奖励的设计应该充分考虑到 5 个方面：客户对奖励的感知价值、奖励的选择自由度、奖励的期望值、客户感知的获得奖品的难易程度、参加计划活动本身的难易程度。英国 Tesco 的 Club Card 会员制活动就针对不同群体提供了多样的奖励，例如，针对家庭妇女的“我的时间我做主”活动，家庭女性可以在日常购买中积累点数，换取从当地高级美容、美发沙龙到名师设计服装的免费体验或大幅折扣。

从长期来看，应避免客户过度交易倾向，奖品的设计应和品牌形象相符，注重鼓励重复购买,并提供长期利益。

(3)从企业内部经营管理来说,应避免因单一强调忠诚度而忽视日常管理,在客户忠诚度计划中达到企业与客户间信息和奖励互换的良性循环过程。以 Tesco 的 Club Card(会员卡)为例,这不是一个单纯的积满点数换奖品的忠诚度计划,它是一个结合信息技术和客户数据库,并据此来获得更精确的客户细分、更准确的客户资料和更有针对性的营销策略的客户关系管理系统。

通过这样的过程,Tesco 根据客户的购买偏好细分了 6 个客户群体,根据生活阶段分出了 8 个客户群体,根据使用和购买速度划分了 11 个客户群体,而根据购买习惯和行为模式来细分的目标群体更是达到 5000 组之多。它为 Tesco 带来的好处包括:更有针对性的价格策略,有些价格优惠只提供给了价格敏感度高的组群;更有选择性的采购计划,进货构成是根据数据库中所反映出来的消费构成而制定的;更个性化的促销活动,针对不同的细分群体,Tesco 设计了不同的信息资讯,并提供了不同的奖励和刺激消费计划;更贴心的客户服务,详细的客户信息使得 Tesco 可以对重点客户提供特殊服务,如为孕妇配置个人购物助手等;更可测的营销效果,针对不同细分群体的营销活动,可以从他们购买模式的变化看出活动的效果;更有信服力的市场调查,基础数据库的样本采集更加精确。以上所列带来的结果,自然就是客户满意度和忠诚度的提高。

当然,不同企业根据自身条件、行业现状等,对客户忠诚度计划会有不同的解读和执行方式。但不应忘记这样的宗旨:你现有的客户是一笔待开采的宝贵财富,它公平地躺在每一位营销者的面前,要获取它,须赢得客户的心。

归纳总结

面对变化快速、竞争激烈的市场环境,企业如果不及时调整创新很容易被市场淘汰。当前,随着竞争的加剧、信息技术的充分发展,越来越多的企业管理者开始关注客户关系的管理。

客户关系管理,是将客户作为企业最重要的资产,重视对客户关系的维护和加强。其最核心的工作就是将客户进行分类筛选,以使企业的时间、资金、管理资源能集中在这些客户身上,并着重加强企业同有价值客户的关系,提高销售的效率。

保留一个老客户的成本远低于获取一个新客户的成本,因此客户关系管理一个重要的内容是客户忠诚度的管理。开展客户忠诚度计划,了解和分析客户的忠诚度,有针对性地采取相应策略提高客户忠诚度,可以最终带来企业利润率的提高。

CRM 还可以直接起到对销售的促进作用,而这种促进作用不仅仅只是客户资源的分类管理,更是从一种工作方法和节奏上带来改进,以直接提升工作效率、提高工作业绩。

实用技术训练

一、知识训练

1. 重要概念解释

客户关系管理

2. 问题理解

(1)简述客户关系管理的内容。

(2)何谓二八原则?

3. 知识应用

(1)单项选择题。

①CRM 最基本的管理思想是(　　)。

A. 让客户更满意　　B. 差异化竞争

C. 按价值管理客户　　D. 以客户为中心

②客户忠诚度是建立在(　　)基础之上的,因此提供高品质的产品、无可挑剔的基本服务,增加客户关怀是必不可少的。

A. 客户的盈利率　　B. 客户的忠诚度

C. 客户的满意度　　D. 客户价值

③(　　)是指客户对某一特定产品或服务产生了好感,形成了偏好,进而重复购买的一种趋向。

A. 客户满意度　　B. 客户价值

C. 客户忠诚度　　D. 客户利润率

④企业实施客户关系管理的最终目的是(　　)。

A. 把握客户的消费动态

B. 针对客户的个性化特征提供个性化服务,极大化客户的价值

C. 做好客户服务工作

D. 尽可能多地收集客户信息

⑤在客户关系管理里,对于客户价值的分析与评价,常用所谓的“二八原理”(80/20 Pare To Principle),这个原理指的是(　　)。

A. VIP 客户与普通客户通常呈 20∶80 的比例分布

B. 企业的利润的 80%或更高是来自于 20%的客户,80%的客户给企业带来的收益不到 20%

C. 企业的内部客户与外部客户的分布比例为 20∶80

D. 企业的利润的 80%是来自于 80%的客户,20%的客户给企业带来 20%的收益

⑥对于企业来说,达到(　　)是基本任务,否则产品卖不出去,而获得(　　)是参与竞争取胜的保证。

A. 客户忠诚,客户满意　　B. 客户价值,客户忠诚

C. 客户满意,客户价值　　D. 客户满意,客户忠诚

(2)多项选择题。

①客户忠诚的关键影响因素有(　　)。

A. 客户感知价值　　B. 客户满意

C. 行业竞争度　　D. 转移成本

E. 感知质量

②筛选客户的目的在于保留对企业有价值的客户和对企业忠诚的客户。一般来说,客户忠诚可以分为三个层次(　　)。

A. 认知忠诚　　　　B. 情感忠诚　　　　C. 行为忠诚　　　　D. 态度忠诚

③客户生命周期可以分为哪几个阶段？（　　）

A. 潜在客户　　　　B. 有意向者　　　　C. 真正客户　　　　D. 历史客户

④在客户关系管理里，可以根据不同的维度去细分客户群，根据客户的价值进行划分的客户群有（　　）。

A. 主要客户　　　　B. 内部客户　　　　C. 小客户　　　　D. VIP 客户

二、技能训练

1. 案例分析

迪克连锁超市的客户关系管理

肯·罗布是迪克连锁超市的高级营销副总裁，这是一家在威斯康星州乡村地区拥有八家分店的超级市场。当罗布的顾客来商场采购时，他十分了解这些顾客想要买些什么。这一点连同超市所提供的优质服务的良好声誉，是迪克连锁超市对付低价位竞争对手的主要防御手段。迪克超市采用数据优势软件——一种由康涅狄格州的关系营销集团所开发的软件产品，对扫描设备里的数据加以梳理，即可预测出其顾客什么时候会再次购买某些特定产品。接下来，该系统就会“恰如其时地”推出特惠价格。

它是这样运行的：在迪克超市每周消费 25 美元以上的顾客每隔一周就会收到一份订制的购物清单。这张清单是由顾客以往的采购记录及厂家所提供的商品现价、交易政策或折扣共同派生出来的。顾客购物时可随身携带此清单，也可以将其放在家中。当顾客到收银台结账时，收银员就会扫描一下印有条形码的购物清单或者顾客常用的优惠俱乐部会员卡。无论哪种方式，购物单上的任何特价商品都会被自动予以兑现，而且这位顾客在该店的购物记录会被刷新，生成下一份购物清单。

“这对于我们和生产厂家都很有利，因为你能根据顾客的需求订制促销方案。由此你就可以做出一个与顾客商业价值成正比的方案。”罗布说。

迪克超市还依靠顾客特定信息，跨越一系列商品种类把订制的促销品瞄准各类最有价值的顾客。比如，非阿司匹林产品（如泰诺）的服用者可以被分成三组：全国性品牌，商店品牌和摇摆不定者。这些组中的每组顾客又可以根据低、中、高用量被分成三个次组。用量就代表着在某类商品中顾客对迪克超市所提供的长期价值。

假设超市的目标是要把泰诺用户转变成商店品牌的用户，那么罗布就会将其最具攻击性的营销活动专用于用量大的顾客，因为他们最有潜在价值。给予大用量顾客的初始折扣优惠远高于给予低用量和中等用量的顾客。促销活动的时间会恰好与每一位顾客独有的购买周期相吻合，而对这一点，罗布通过分析顾客的以往购物记录即可做出合理预测。

“顾客们认为这太棒了，因为购物清单准确地反映了他们要购买的商品。如果顾客养有狗或猫，我们就会给他提供狗粮或猫粮优惠；如果顾客有小孩，他们就可以得到孩童产品优惠，比如尿布及婴幼儿食品；常买很多蔬菜的顾客会得到许多蔬菜类产品的优惠。”罗布说：“如果他们不只在一家超市购物，他们就会错过我们根据其购物记录而专门提供的一些特价优惠，因为很显然我们无法得知他们在其他地方买了些什么。但是，如果他们所购商品中的大部分源于我们商店，他们通常可以得到相当的价值回报。我们比较忠诚的顾客常会随同购物清单一起得到价值为 30～40 美元的折价券。我们的目标就是回报那些把他们大部分的日常消费都花在我们这儿的顾客。”

有时可以通过获取其他相关单位的赞助，来尽量减少折扣优惠所造成的经济损失；反过来，这些单位可以分享不断收集到的信息资讯。以迪克超市为例，生产厂商会给予绝大多数的打折商品补贴。作为整个协议的一部分，生产厂家可以获得从极为详尽的销售信息中所发现的分析结果（消费者名字已去除）。这些销售信息的处理加工均是由关系营销集团进行的，这家公司不但提供软件产品，而且还提供扫描数据采掘服务。

讨论：

(1)什么是客户忠诚？什么是客户满意？

(2)迪克连锁超市是如何进行客户分析的，具体做了哪些工作？

(3)结合我们身边的大型超市，分析其与迪克连锁超市在客户关系管理上的区别。

2. 操作实训

【项目】认识客户关系管理。

【目的】理论与实践相结合，通过了解客户关系管理实践加深对理论知识的理解。

【内容】以某一企业为个案，研究其客户关系管理的内容和特点。

【步骤】

(1)寻找在销售工作中对客户关系管理比较有特色的企业。

(2)通过文献调查、深度访谈、企业实习等方式，了解其客户关系管理的内容和特点。

(3)熟悉该企业销售工作客户关系管理的内容、方式与特点，其客户忠诚度管理方面的工作。

(4)就实训项目撰写一份调查报告或实训报告。

（赵　静）

学习情境十　客户服务管理

学习目标

服务是销售活动必不可少又极其重要的组成部分。服务的方式、服务的内容、服务的质量等不但直接关系到企业的销售效益，也影响到销售的深入和发展，所以服务日益成为竞争的焦点而受到人们的重视。

❖知识目标

了解客户服务管理的含义，理解客户服务的内容，理解客户服务质量的评价，理解客户满意度的测评体系，掌握提高企业服务质量的途径，掌握处理客户投诉的基本策略。

❖技能目标

能评价企业服务质量的高度，能通过问卷测量客户的满意度，会有效地处理常见的顾客投诉行为。

情境引入

在现代企业激烈的竞争中，更多的是对客户的竞争，产品同质化的时代使得无形的服务越来越难以被模仿和替代，并渐渐成为企业的竞争优势。正确理解客户服务管理等知识可以有效地服务客户，提高客户的满意度，培养忠诚客户。在服务客户的过程中，任何企业也难以避免出现差错，如何有效地处理客户投诉也成为提高客户满意度的重要途径。

项目一　客户服务管理认知

任务1　理解客户服务管理的相关含义

一、服务的含义

按市场营销学中关于整体产品的描述，整体产品包括核心产品、形式产品和附加产品。其中附加产品即是服务，服务也是企业营销的对象，它可能以实体产品为依托，也可能与实体产品没有任何关系，只是一种技术或者智力付出。服务是一种十分复杂的现象，在现实生活中有很多种表现形式。一些学者从企业管理的角度将其总结为三大类。

1. 单纯服务

单纯服务是指人与人之间在日常生活中的单纯劳务交易，比如客户与理发师之间的买卖发型服务、旅客与航空公司之间的买卖客运服务。

2. 附属服务

附属服务是指依附于产品买卖的劳务转让，比如某客户对订购的机器拥有特定的功能和规范要求，那么生产厂商就只能舍弃正常的批量生产途径，而专门组织技术力量进行设计、加工、测试和包装等。

3. 事务性服务

事务性服务是指企业向客户提供的事务性帮助，如企业处理客户的索赔要求等。正因为服务的表现形式多种多样，而且覆盖面广，一般可以从广义的角度来理解服务的含义。服务是一方能够向另一方提供的任何一项活动或利益，它从本质上是无形的，并且不产生对任何东西的所有权问题，它的产生可能与实际产品有关，也可能无关。

二、客户服务的含义

所谓客户服务，是指企业在合适的时间和地点，以适当的价格和方式向客户提供产品与服务，使客户的需求得到满足、价值得到提升的活动过程。企业为了能够与客户形成稳固的互动关系，使每一位客户从开始享受服务到最终满意，在整个过程中，企业所能做的一切工作都叫做客户服务工作。客户服务是根据客户本人的喜好使他们满意，同时客户会感到受到重视，他们会把这种好感铭刻于心，最终成为企业的忠诚客户。

客户服务已成为竞争的主题，日益受到企业的重视。客户服务在销售管理中发挥着十分重要的作用，不仅可以全面满足客户的需求，还可以扩大产品销售，提高企业竞争能力、经济效益和社会效益。

三、服务质量的含义

服务质量是衡量企业出售产品或提供劳务时，对客户服务程度和服务水平的考核标准。它是一个主观的范畴，取决于客户对服务的预期同其实际感知的服务水平的对比。既然服务质量是客户感知的反映，那么服务质量由服务的技术质量、职能质量、形象质量和真实瞬间构成。

1. 技术质量

技术质量是指服务过程的产出，即客户从服务过程中所得到的东西。例如，宾馆为旅客休息提供的房间和床位，饭店为客户提供的菜肴和饮料，航空公司为旅客提供的飞机、舱位等。对于技术质量，客户容易感知，也便于评价。

2. 职能质量

职能质量是指服务推广的过程中，服务人员在履行职责时的行为、态度、穿着、仪表等给客户带来的利益和享受。职能质量完全取决于客户的主观感受，难以进行客观的评价，技术质量与职能质量构成了服务质量的基本内容。

3. 形象质量

形象质量是指客户对企业在社会公众心目中形成的总体印象的评价，企业形象通过视觉识别系统、理念识别系统和行为识别系统多层次地体现。客户可以从企业的资源、组织结构、市场运作、企业行为方式等多个侧面认识企业形象。企业形象质量是客户感知服务质量的过滤器。如果企业拥有良好的形象质量，即使有少许失误，也会赢得客户的谅解，但如果失误频繁发生，则会损害企业形象。倘若企业形象不佳，则企业任何细微的失误都会给客户造成很坏的印象。

4. 真实瞬间

真实瞬间是服务过程中客户与企业进行服务接触的过程。由于这个过程是在一个特定的时间和地点，企业向客户展示自己服务质量的时机，是服务质量构成的特殊因素。真实瞬间是服务质量展示的有限时机，一旦时机过去，服务交易结束，企业就无法改变客户对服务质量的感知，如果在这一瞬间服务质量出了问题，也无法补救。所以，企业服务的生产和传送过程应计划周密，执行有序，防止棘手的"真实的瞬间"的出现。一旦"真实的瞬间"失控，服务质量就会退回到一种原始状态，服务的职能质量受害更深。

【小资料 10-1】

失败的服务

国家法定的放假日期，水上乐园内游人如织。笔者和朋友一行几人高兴地来到水上乐园的小卖部准备买泳裤，走进店内发现品种不少，就埋头挑了起来，但令人遗憾的是在每个商品的下面都没有标价签，而站在旁边的两位营业小姐也好像没"看"出我们的烦恼，自顾自地站在一旁，没有理会我们。无奈之下我们只好拿着两条看起来不太贵的泳裤走向收银台，我试探着说："两条 30 元吧？"话音还未落就听见站在旁边的营业小姐不屑一顾地说："什么 30 元，你现在到哪里去买 15 元一条的短裤？"听到这话我心里很不舒服，于是说道"你这样说话就不对了，15 就 15，20 就 20，何必用这种语气和态度呢？"小姐听到这句话狠狠地盯了我两眼，一副很不服气的样子。

交完钱，我真心诚意地对那位小姐说："小姐，我觉得您的服务态度应该改进一下。"话还没说完，背后就传来一句"我们还不想卖给你呢"，我心中的无名怒火随着她这一句话"腾"的一下就串了上来，被这样的服务态度着实给惹火了。我走过去，要求看她的工牌，正在这时，旁边一位一直未开口的小姐走上前来用手使劲地推着我说"算了，算了，你快走吧！"这一举动真正地把我激怒了，我强烈要求他们经理来见我，我要投诉。这时一位经理来到小卖部，我便开始把事情详细的经过告诉了他，这位经理听完后一副"没有关系"的表情，不当回事，只是想很快地把我劝走，并且一再强调说："我现在不能听你的一面之词，我一定要调查清楚。"经过这个倒霉的事件，我的好心情也全给破坏了，希望以后不会再来这个鬼地方。

任务 2　掌握客户服务的分类和内容

一、客户服务的分类

客户服务的方式多种多样，内容丰富多彩，依照不同的划分标准，可以对客户服务进行不同的分类。

1. 按服务的时序分类

(1)售前服务。售前服务是指在销售产品之前为客户提供的服务，主要是充分研究和分析客户心理，用各种服务方式激发客户的购买欲望，为销售活动做好准备，保证销售任务的完成。

(2)售中服务。售中服务是指在销售过程中为客户提供的服务，是客户服务的中心环节。

(3)售后服务。售后服务是指在产品出售以后为客户提供的服务。售后服务既是一种促销手段,也是一种扩大企业影响、树立企业形象的良好方法,企业必须予以足够重视。

2. 按服务的性质分类

(1)技术性服务。技术性服务是指企业向客户提供的与产品的技术和效用有关的服务,由专门的技术人员提供,主要包括安装、调试、维修及技术咨询、技术指导、技术培训等。

(2)非技术性服务。非技术性服务是指企业向客户提供的与产品的技术和效用无直接关系的服务,主要包括广告宣传、送货上门、信息指导、分期付款等。

3. 按服务的地点分类

(1)定点服务。定点服务是指企业在固定地点建立或委托其他部门设立服务网点为客户提供服务,如生产企业在全国各地设立的维修服务网点、零售门店的服务等。

(2)巡回服务。巡回服务是指没有固定地点,由销售人员或其他专业人员定期或不定期地按客户分布巡回提供服务,如流动货车、上门销售、巡回检修等。

4. 按服务的费用分类

(1)无偿服务。无偿服务是指企业向客户提供的不收取费用的服务,一般是附加的、义务性的服务,在企业售前、售中、售后的多数服务项目都是免费的。

(2)有偿服务。有偿服务是指企业在向客户供应产品时提供的收费服务项目,一般是在"三包"规定之外的应客户要求提供的个性化服务。

5. 按服务的次数分类

(1)一次性服务。一次性服务是指企业向客户一次提供完毕的服务,如送货上门、产品安装等。

(2)经常性服务。经常性服务是指企业多次向客户提供的服务,如产品的检修、保养服务等。

二、客户服务的内容

一般而言,企业常以售前、售中和售后这三个时序阶段为客户提供优质的服务。企业在向客户提供服务之前,应该清楚每个服务阶段客户的需求是什么,提供哪些服务客户才会感到满意。因此,此处重点介绍第一种分类方式。

1. 售前服务

售前服务就是要在客户购买产品之前和他们进行沟通和交流,增进客户对企业产品的了解,并使之产生兴趣。良好的开端是销售成功的一半。一般而言,售前服务的内容通常有以下几个方面:

(1)大规模的广告宣传。

广告已成为现代经济生活的一个重要组成部分,人们几乎每时每刻都可以从不同的媒介上看到不同的广告。广告不但丰富了人们的文化生活,更重要的是已成为人们消费和购买的重要指导方式。广告实际上就是一种售前服务工作,它是引导消费、传递信息、促进销售不可或缺的手段。广告既能为客户提供信息和知识的服务,扩大企业或产品的影响,又可以诱发客户的购买欲望。所以,企业应高度重视产品的广告传播,除了在电视、电台和报刊等大众媒介上进行传播外,还应根据不同的情况采取少花钱也能办事的各种宣传手段,如产品示范、商品展览、橱窗陈列、露天广告牌等。

(2)为客户提供各种方便。

企业要赢得客户,吸引客户来购买自己的商品,就必须尽可能地为客户提供各种方便,使他们能称心如意地购买到所需要的商品。比如,企业为客户提供技术培训、免费咨询指导;商店为客户设立服务台、试衣室、休息室、储蓄所,为客户免费供应开水,提供携带物品暂存服务等,使客户一来到商店就有舒适的心理感受,从而增强了商品对客户的吸引力。

(3)做好社会性的公关服务活动。

企业社会性的公关服务的方式很多,如协办一些大型的体育比赛或文艺晚会,赞助中小学、幼儿园的教学建设,创办福利事业等。这些都可以提高企业的知名度和美誉度,树立企业良好的市场形象。同时,企业还可以通过举办新闻发布会、记者招待会、产品展销会等活动扩大企业的社会影响。

(4)精心设计店铺。

企业店铺的环境卫生、招牌设计、铺面风格、通道设计、内部装饰、灯光色彩、营业设备、商品摆布等都会给客户购物以强烈的影响,会引起客户不同的情绪感受,并由此激发他们的购买欲望。同时,店铺也是企业的一个对外窗口,良好的店铺环境代表了企业的形象。

(5)开办各种培训,为客户提供技术咨询和指导。

技术性强的产品,其使用方法不易被客户掌握,不能让客户熟悉和了解产品,一定会影响产品的销售。所以,企业要为客户提供技术培训、咨询与指导服务,激发客户的购买欲望,促进产品的销售。

2. 售中服务

方便而周到的售中服务,不仅可以吸引更多的客户,促进成交,而且还能增强企业与客户的关系,增加客户的信任感,提高企业的竞争能力。常见的售中服务通常有以下几个方面:

(1)向客户传授产品知识,当好客户的顾问。

销售人员在向客户销售产品的同时,必须向客户介绍有关产品的性能、质量、用途、品种、规格等方面的知识,当好客户的购买顾问。一方面,这是客户做购买决策的客观要求,客户在做购买决策时需要掌握必要的产品知识,以作为产品比较和选择的依据;另一方面,销售人员向客户介绍产品知识的同时,也有利于销售气氛的融洽,并形成和谐的人际关系。

(2)帮助客户挑选,当好客户的参谋。

客户在购买产品时,其心态不仅受自身因素如客户需求、社会地位、文化程度、购买习惯、消费经验等的影响,还会受到外部刺激因素的影响,如产品的价格、质量、用途、广告、购物环境等。所以,销售人员不仅要热情接待,更重要的是从客户的角度考虑其真实需求,帮助客户排除干扰,树立购买的信心。

(3)尽最大努力满足客户的需求。

在销售过程中,客户会提出各种各样的要求,其中大多是比较合理的。销售人员应尽最大努力满足客户的合理要求,让客户满意,从而促成交易的达成。

(4)操作表演要吸引客户参与。

在销售中的操作表演,能真实地体现产品的质量、性能和特点,引起客户的购买兴趣。同时,操作表演也能提高销售人员的说服力,增强客户的信任感。一定要注意吸引客户的参与,在销售人员的指导下,让客户动手操作,这样更能增加客户对产品的直观感觉,增强购买的信心。

3. 售后服务

企业向客户提供售后服务的目的是解决客户由于使用企业产品而带来的一系列问题和麻烦，要保证客户方便、放心地使用产品，降低使用产品的成本或风险、增加使用产品的效益，使客户成为回头客，提高客户对企业的忠诚度。

(1)免费送货上门和安装。

对购买体积大、不易搬运的产品，或一次性购买金额大、有特殊困难的客户，企业要提供送货上门的服务，最好是免费送货，有利于提高客户对企业的忠诚度。对技术含量高、安装复杂的产品，企业要为客户提供上门安装与调试服务，保证售出的产品质量，让客户放心使用。

(2)开通客户免费服务热线电话。

客户在使用产品时难免会出现一些问题，为了尽快帮助客户解决问题，企业要开通客户免费服务热线电话，使客户不用出门就可以享受周到的服务。

(3)做好电话回访和人员回访。

凡购买企业产品的客户，要让客户填写“联系通知单”，写清姓名、地址及通信方式，以便服务人员进行跟踪服务。企业要以打电话的方式或派专人上门服务的方式对客户进行回访，及时了解客户使用产品的情况，解答客户提出的问题。

(4)建立客户档案。

建立客户档案的目的是为了与客户保持长期的联系。通过这种方式，一方面，可以跟踪客户所购买产品的使用情况，了解客户的喜好，在企业开发出新产品后，及时向可能感兴趣的客户推广；另一方面，销售人员还可以利用客户档案上门回访或电话回访，与客户保持联系，提高客户的购买频率。

任务3 掌握服务质量的评价

一、服务质量的评价原则

服务的无形性特点，决定了客户对服务的满意度受到各种有形和无形因素的制约。企业难以把握客户对服务质量的感知，所以服务质量不像有形产品的质量那样容易评价，很难用固定的标准来衡最服务质量的高低。一般来说，客户对企业提供的服务，主要根据可感知性、可靠性、反应性、保证性和移情性五个方面进行评价。

1. 可感知性

可感知性是指服务被感知的部分，即“有形部分”，如提供服务用的各种设施等。由于服务的本质是一种行为过程，而不是某种实物形态，因而具有不可感知的特征。因此，客户在一定程度上可借助这些有形的部分来把握服务的好坏。服务的可感知性特点从两个方面影响客户对服务质量的看法：一方面，它为客户评价服务质量提供了一种有形的线索；另一方面，它直接影响着客户对服务的感知，比如客户到餐厅用餐，干净卫生的用餐环境、礼貌的服务人员，自然会使客户在评估其服务质量时给予较高的评价。

2. 可靠性

可靠性是指企业所承诺的服务可以准确无误地提供给客户。可靠性实际上要求企业在提供服务时应尽量避免出现任何差错，使实际提供的服务与企业的承诺相符。如果在向客户提供服务的过程中，因某种原因而出现差错，那么不仅会给企业造成直接的经济损失，而且更严重的是会有损企业的形象，使企业失去潜在的客户，这种损失是无法估计的。

3. 反应性

反应性是指企业随时准备为客户提供有效的、快捷的服务。企业能否及时地满足客户提出的各种要求是企业服务导向的一种体现，即企业是否把客户的利益放在第一位。服务的效率是企业服务质量的一个重要反映，客户往往十分重视等候服务时间的长短，并将其作为衡量服务好坏的一个重要标准。因此，企业应尽量缩短让客户等候的时间，提高服务的效率。

例如，超市收款员的服务应准确而迅速，不能让客户等候过长时间，等候结算的客户一般不能超过五位，否则就会影响客户对服务的评价。

4. 保证性

保证性是指服务人员友好的服务态度和胜任服务工作的能力，能够增强客户对企业服务质量的信心和安全感。服务人员良好的服务态度会使客户感到心情愉快，会影响客户的主观感受，从而决定客户对服务质量的评价。服务人员具备渊博的专业知识，能够胜任服务工作，会使客户对企业及其提供的服务产生信心，并对获得的服务感到放心。

5. 移情性

移情性是指企业要真诚地关心客户，了解他们的实际需求并给予满足，使服务过程充满人情味。

二、服务质量的评价标准

从管理者的角度出发，服务质量必须符合以下标准：

(1)规范化和技能化。服务人员具备必要的知识和技能，规范作业，能解决客户提出的疑难问题。

(2)态度和行为。服务人员用友好的方式主动关心照顾客户，并以实际行动为客户排忧解难。

(3)可亲近性和灵活性。企业的地理位置、营业时间、营运系统的设计和操作便于企业人员为客户提供服务，并能灵活地根据客户要求随时加以调整。

(4)可靠性和忠诚感。企业要让客户确信，无论发生什么情况，企业都遵守承诺，尽心竭力保证客户的最大利益。

(5)自我修复。企业要让客户知道，无论何时出现意外，企业都将迅速、有效地采取行动，寻找可行的补救措施。

(6)名誉和可信性。企业要让客户相信企业所提供的服务物有所值，相信企业的优良业绩和超凡价值可以与他们共同分享。

在这六个标准中，规范化和技能化与技术质量有关，名誉和可信性与形象质量有关，而态度和行为、可亲近性和灵活性、可靠性和忠诚感、自我修复与职能质量有关。

三、服务质量的评价程序

服务质量评价一般采取评分量化的方式进行，对服务质量的评分量化的大致步骤如下：

(1)选取服务质量的评价标准。

(2)根据各条标准在所调查的服务行业的地位确定权数。

(3)对每条标准设计四五个具体问题。

(4)制作问卷。

(5)发放问卷,请客户逐条评分。

(6)对问卷进行综合统计。

(7)采用服务质量模型(服务质量分数=实际感知服务质量分数－期望的分数)分别测算出预期质量和感知质量。

(8)根据服务质量分数公式,求得平均服务质量差距值(即质量分数),其差距值大,表明感知服务质量与预期服务质量差距大,服务质量好;相反,则服务质量差。

例如,某航空公司客户感知服务质量的测算,见表 10-1。

表 10-1　某航空公司客户感知服务质量测算表

感知项目	顾客 A	顾客 B	顾客 C	顾客 D	顾客 E	权　重
安全性	95	95	85	75	85	0.5
正点程度	95	75	65	55	75	0.2
价格	85	85	95	95	85	0.1
机型	95	95	85	75	65	0.1
空姐仪表	85	85	95	55	95	0.1

据此,计算出五位客户对航空公司的感知服务质量的评分,具体计算如下:

$$A=95\times0.5+95\times0.2+85\times0.1+95\times0.1+85\times0.1$$
$$=47.5+19+8.5+9.5+8.5=93$$
$$B=95\times0.5+75\times0.2+85\times0.1+95\times0.1+85\times0.1$$
$$=47.5+15+8.5+9.5+8.5=89$$
$$C=85\times0.5+65\times0.2+95\times0.1+85\times0.1+95\times0.1$$
$$=42.5+13+9.5+8.5+9.5=83$$
$$D=75\times0.5+55\times0.2+95\times0.1+75\times0.1+55\times0.1$$
$$=37.5+11+9.5+7.5+5.5=71$$
$$E=85\times0.5+75\times0.2+85\times0.1+65\times0.1+95\times0.1$$
$$=42.5+15+8.5+6.5+9.5=82$$

可见,客户对航空公司感知服务质量的总评为$(93+89+83+71+82)\div5=83.6$。如果客户对该航空公司的预期服务质量分数为 88,那么该航空公司的服务质量分数为$83.6-88=-4.4$,客户感知服务质量低于客户期望的服务质量 4.4。显然,该航空公司的服务有待改进,从客户对服务质量的测评来看,主要是正点程度和机型的问题。

四、服务质量的差距分析

在服务提供过程中,由于影响服务质量的因素很多,很容易形成服务质量差距。经过长期市场营销实践,美国服务问题专家建立了一个服务差距分析模型,如图 10-1 所示。

分析和设计服务质量时,这个基本框架说明了必须考虑哪些步骤,然后查出问题的根源。要素之间有五种差异,也就是所谓的质量差距。质量差距是由质量管理前后不一致造成的,最主要的差距是期望服务和感知服务之间的差距(差距 5)。

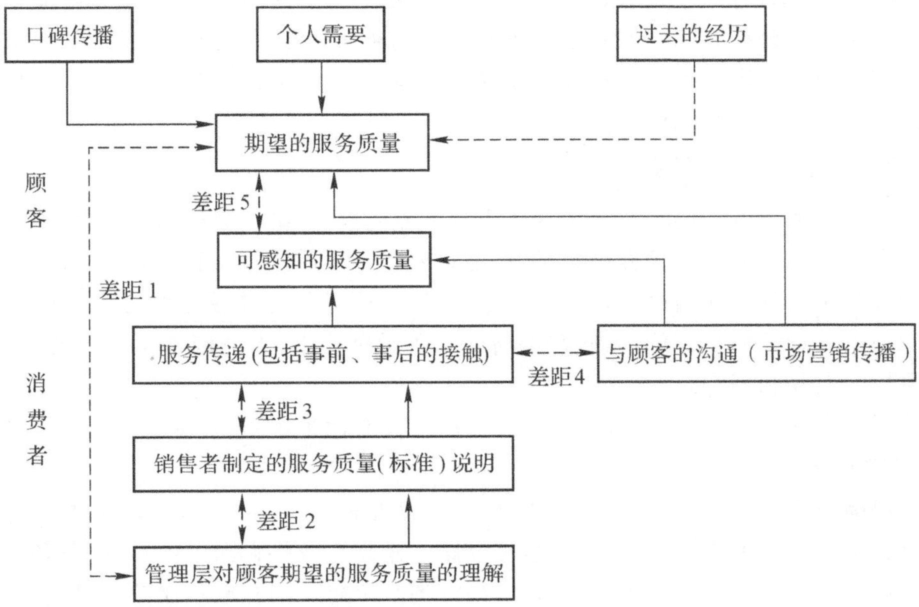

图 10-1　服务差距分析模型图

(1)管理者认识的差距(差距 1)。管理者认识的差距指企业管理者对客户期望质量的感觉不明确。产生的原因可能是,企业对市场研究和需求分析的信息不准确;对客户期望的解释信息不准确;没有进行有效的客户需求分析;从企业与客户联系的层次向企业管理者传递的信息失真或丧失;企业臃肿的组织层次阻碍或改变了在客户联系中所产生的信息。

(2)质量标准差距(差距 2)。质量标准差距指企业提供的服务质量标准与管理者对客户质量期望的认知不一致。原因可能是,计划失误或计划过程不够充分;计划管理混乱,组织无明确目标;服务质量的计划得不到最高管理层的支持。在今天的服务竞争中,客户感知的服务质量是成功的关键因素,为此在服务管理上把质量排在前列是非常必要的。

(3)服务交易差距(差距 3)。服务交易差距指在服务生产和交易过程中,员工的行为不符合质量标准。其具体原因可能是:标准太复杂或太苛刻,员工根本无法达标;员工对标准有不同意见,形成抵触情绪;标准与现有的企业文化发生冲突,无法执行;服务生产管理混乱,标准的执行与监督不力;内部营销不充分,或根本不开展内部营销,标准不能得到员工的理解与支持;技术和系统没有按照标准为工作提供便利。

(4)营销沟通的差距(差距 4)。营销沟通的差距指在营销沟通中,企业所做出的承诺与实际提供的服务不一致。产生的原因可能是:营销沟通计划与服务的生产没有统一;传统的市场营销和服务生产之间缺乏协作;营销沟通活动提出一些标准,但组织却不能按照这些标准完成工作;有故意夸大其词,承诺太多的倾向。概括地讲,引起这一差距的原因可分为两类:一是外部营销沟通的计划与执行没有和服务生产统一起来;二是在广告等营销沟通过程中,往往存在承诺过多的倾向。

(5)感知服务质量差距(差距 5)。客户感知差距指客户感知或经历的服务与期望的服务不一致,这是服务质量差距的综合,它会导致以下后果:客户形成消极的质量评价,口碑不佳;对企业形象的消极影响:丧失客户,丧失业务。感知服务差距产生的原因可能是以上讨论的服务质量差距分析原因中的一个或者是它们的组合。当然,也有可能是其他未被提到的因素。服务质量差距分析模型指导企业管理者发现引发质量问题的根源,并寻找消除差距适当的措施,提高客户满意程度。

五、服务质量的提高方法

企业改善服务质量,首先,必须明确企业对服务质量的规定,必须清楚执行,贯穿于整个服务传递系统的设计和运作过程的始终,不能只依赖于事后的检查和控制。其次,客户对服务质量的评价是一种感知的过程,他们往往习惯通过服务传递系统中服务人员的表现及其与客户之间的互动关系来评价,因此在提高服务质量过程中,人的因素至关重要,企业必须重视对员工的培养和训练。

有关提高企业服务质量的方法很多,常用的方法有两种:一是标准跟进;二是蓝图技巧。

1. 标准跟进

企业提高服务质量的一种简便和快捷的途径就是向竞争者学习,标准跟进就是鼓励企业向竞争者学习的一种方法。具体地说,标准跟进是指企业将自己的产品、服务和市场营销的过程与市场上的竞争对手相比,尤其是与最好的竞争对手的标准相比较,在比较和检验的过程中寻找自身的差距,从而提高自身的水平。例如,施乐公司就是最早采用标准跟进方法的企业之一,在该公司面临严重的竞争压力和财务危机的情况下,采取标准跟进法很快扭转了被动的局面,不仅重新获得较高的市场份额,而且降低了生产的成本,提高了产品的质量。

企业在运用标准跟进时,可以从经营、战略、业务管理等几个方面着手:

(1)在企业经营管理方面,企业应集中精力降低竞争成本,从提高竞争差异化的角度来制定自己的经营战略。

(2)在企业战略方面,企业应将自身的战略同竞争对手已成功的战略进行比较,寻找彼此的关系。如竞争者将目标市场定在哪里?竞争者采取的是成本领先战略、差异化战略还是技术领先战略?竞争者如何在产品研制、生产、市场开发方面分配资源?通过一系列的比较和研究,企业会发现被企业忽略的成功的战略因素,从而制定出符合市场条件和自身资源水平的战略。

(3)在业务管理方面,企业可对照竞争对手的做法,重新评估支持性职能部门对整个企业的作用,如后勤部门等。学习竞争对手的经验,使得企业支持性职能部门与其他部门的步调保持一致,这无疑是提高服务质量的保证。

2. 蓝图技巧

企业要想提供较高水平的服务质量,同时提高客户的满意度,还必须明确影响客户对服务认识的各种因素。蓝图技巧为企业有效地分析和理解这些因素提供了方便。蓝图技巧是指通过分解组织系统和机构,界定客户和服务人员的接触点,并从这些接触点出发来改进企业服务质量的一种方法,它包括从前台服务到后勤服务的全过程。

蓝图技巧的主要步骤如下:

(1)将服务所包括的各项内容以流程图的方式画出来,使得服务过程能够清晰、客观地展现出来。

(2)将其中容易导致服务失败的环节找出来。

(3)确定服务执行的标准和规范,并使这些标准和规范体现出企业服务的特点。

(4)找出客户能够看得见的判断服务水平的证据，将每一个证据都当成企业与客户的服务接触点。

企业在运用蓝图技巧的过程中，正确选择服务接触点，并对其进行有效的管理具有十分重要的意义。因为在每一个服务接触点上，客户对服务质量感知的好坏直接影响到客户服务质量的整体评价。例如，客户到一家餐馆就餐，至少涉及以下接触点：客户在服务员引导下就座，客户点菜，等候上菜，客户需要茶水、纸巾等用品，客户用餐，客户结账。如果其中任何一个环节出错，都可能使客户认为餐馆的服务质量较差。

【课堂互动 10-1】

迪斯尼公司是否该有所行动?

在美国迪斯尼乐园，一位女士带 5 岁的儿子排队玩梦想已久的太空穿梭机。好不容易排了 40 分钟的队，上机时却被告知：由于小孩年龄太小，不能做这种游戏。在队伍的开始和中间，都有醒目标志：10 岁以下儿童，不能参加太空穿梭游戏。遗憾的是母子俩过于兴奋而未注意到。

项目二　客户满意度管理

任务 1　了解客户满意度的含义

客户满意反映的是客户的一种心理状态，是客户对企业的某种产品和服务消费所产生的可感知效果与其期望值进行比较后，所形成的愉悦或失望的感觉状态。就是说，“满意”并不是一个绝对概念，而是一个相对概念。所以，企业不能停留在对客户的服务、服务态度、产品质量、产品价格等指标是否优化的主观判断上，而应认真考察自己所提供的产品和服务是否与客户期望和要求相吻合。只有使客户感知的产品或服务效果与其期望相吻合，才能让客户满意。

客户的满意度有三种情况：如果感知效果大于期望值，称为十分满意或高度满意；如果感知效果等于期望值，称为基本满意或一般满意：如果感知效果小于期望值，称为不满意或失望。

许多企业追求高度客户满意，因为那些一般满意的客户一旦发现有更好的产品，依然会很容易地更换供应商，而那些十分满意的客户一般不打算更换供应商。高度满意和愉快创造了一种品牌情感上的共鸣，而不仅仅是一种理性偏好。正是这种共鸣创造了客户的高度忠诚，一个高度满意的客户比一个一般满意的客户留在企业的时间更长，购买的产品更多。

然而，客户如何形成他们的期望呢？期望基于客户过去的购买经验及朋友和伙伴的种种言论。如果企业将客户的期望提得太高，客户很可能失望。例如，某旅行社曾推出一项“客户不必惊奇”的活动，但结果依然遇到了一系列的问题，以致该旅行社不得不撤销了这项活动。另一方面，如果企业将客户的期望值定得太低，就无法吸引足够的客户，尽管那些购买产品的客户会感到比较满意。

成功的企业就是要善于将客户的期望与可感知的效果相吻合。如施乐公司的“保证在客户购买的三年内，如有任何不满意，公司将为其更换相同或类似的产品，一切费用由公司承担”的承诺；西那公司“在你满意之前，我们将永远不会达到百分之百的满意”的宣传；本田公司的“我们的客户之所以这样满意的理由之一是我们不满意”的服务理念；等等。这些成功企业“客户至上”的观念体现在现实产品和服务的提供上，就形成了客户对企业的满意和忠诚。

【小资料 10-2】

热心帮助顾客

李娜是某大型商场的前台员工，是全商场的服务模范。2002 年 5 月中旬的一天，有位顾客抱着孩子到商场购物。挑了很多商品准备买单，这时才发现钱包丢了，身上所有的钱都在钱包里，当时非常着急，有服务员让她去前台看一下。起先由另一位员工接待，因太着急，小孩也哭了，讲了几遍，员工也未听明白。李娜见状，立即上前先把小孩哄住，一边告诉顾客不要急并且安慰她：如果有好心的顾客或者员工捡到一定会交来前台，一边耐心地解说，如果需要帮忙，我们会尽力帮助。当时李娜了解到顾客的家离商场较远，顾客无法抱着小孩回家，于是从身上掏出 10 元钱，让顾客先坐车回家，如果有消息再和顾客联系。临走时，顾客问李娜叫什么名字，想以后好好感谢。而李娜却说：“这是我们应该做的，我们商场的每一位员工看到了都会这么做的。”顾客走了两步回过头来说：“你们商场的服务态度和员工素质真好，我要好好宣传宣传，好让更多的顾客进来购物。”

任务 2　掌握客户满意度的影响因素

影响客户满意度的因素分析可以从两个层面进行：一个是产品贡献层面；另一个是市场表现层面。通过对产品贡献层面的分析，可以发现在一个企业整体客户的满意度中，不同的产品所起的贡献的大小和正负面作用是不一样的。通过市场表现层面分析，可以帮助企业区分来自市场推广、产品性能、服务等环节对于满意度的贡献。客户满意度的形成一般是多种因素综合在一起的，所以考察影响客户满意度的因素需要进行细致的分析。

1. 影响产品购买满意度的因素

影响产品购买满意度的因素，即企业在市场表现层面对客户满意度的影响。影响客户购买满意度的因素，如在购买现场的布置、购买现场的信息提供、现场销售人员的表现等。

2. 影响产品使用满意度的因素

影响产品使用满意度的因素，即企业产品贡献层面对客户满意度的影响。影响客户产品使用满意度的因素，如在产品使用中，客户可感知的产品性能、质量，以及客户周围人对产品性能、质量的评价。

3. 影响客户服务满意度的因素

服务对客户满意度有重要影响，这一点是不言而喻的。影响客户服务满意度的因素，首先来自企业的服务设计，如提供服务的信用度、有形度、反应度、保证度和移情度。其次来自企业的服务提供和交易过程，如销售人员的专业技能水平、服务态度、服务设施等。以沃尔沃汽车公司向客户提供服务的有形展示为例，沃尔沃汽车公司销售卡车时，提供了一个整体解决方案，其中包含一个物流管理软件，它可以为客户提供演示、试用，企业有时也可以把它送给客户。这种服务增加了服务的有形度，化无形服务为有形服务，提高了客户的满意度。

4. 影响员工满意度的因素

员工满意度与客户满意度有很大关系。研究表明，员工满意度提高5%，客户满意度就会提高1.3%，同时企业销售业绩提高0.5%，这表明重视员工满意度可以给企业带来收益。那么，影响员工满意度的因素也就间接影响了客户的满意度，它们是薪酬和奖励、保险和保障、工作时间和环境、晋升的机会、管理参与度、人际关系、个人发展等。

任务3　掌握客户满意度的测量标准

有效衡量客户服务满意度是提升服务质量的关键。多数企业都在通过客户满意度调查问卷、客户服务监督体系等方式不断地衡量企业的客户服务满意度，然而通过这些方式得出的数据结果的有效性又怎样呢？一项研究结果表明：4%的不满意客户会向你投诉；96%的不满意客户不会向你投诉，但是会将他的不满意告诉16～20个人。这个研究结果告诉我们，作为一个企业，要想有效地提升客户服务的满意度，首先需要能够准确地衡量客户服务的满意度。

全美最权威的客户服务研究机构美国论坛公司投入数百名调查研究人员，用近10年的时间对全美零售业、信用卡、银行、制造、保险、服务维修等14个行业的近万名客户服务人员和这些行业的客户进行了细致深入的调查研究，发现一个可以有效衡量客户满意度的RATER指数。RATER分别代表Reliability（信赖度）、Assurance（专业度）、Tangibles（有形度）、Empathy（同理度）、Responsiveness（反应度）。客户对于企业的满意程度直接取决于RATER指数的高低。

1. 信赖度

信赖度是指一个企业是否能够始终如一地履行自己对客户所做出的承诺，当这个企业真正做到这一点的时候，就会拥有良好的口碑，赢得客户的信赖。

2. 专业度

专业度是指企业的服务人员所具备的专业知识、技能和职业素质，包括：提供优质服务的能力，对客户的礼貌和尊敬，与客户有效沟通的技巧。

3. 有形度

有形度是指有形的服务设施、环境、服务人员的仪表，以及服务对客户的帮助和关怀的有形表现。服务本身是一种无形的产品，但是整洁的服务环境、餐厅里为幼儿提供的专用座椅、麦当劳里带领小朋友载歌载舞的服务小姐等，都能使服务这一无形产品变得有形起来。

4. 同理度

同理度是指服务人员能够随时设身处地地为客户着想，真正同情理解客户的处境、了解客户的需求。

5. 反应度

反应度是指服务人员对于客户的需求给予及时回应，并能迅速提供服务的愿望。当服务出现问题时，马上回应、迅速解决能够给服务质量带来积极的影响。作为客户，需要的是积极主动的服务态度。

对于服务质量这五个要素重要性的认知，客户的观点和企业的观点有所不同：客户认为这五个服务要素中信赖度和反应度是最重要的，这说明客户更希望企业或服务人员能够完全履行自己的承诺，并及时为其解决问题。而企业则认为这五个服务要素中有形度是最重要的，这正表明企业管理层与客户的期望值之间存在着差距。从这里我们可以看出，客户服务的满意度与客户对服务的期望值是紧密相关的。企业需要站在客户的角度不断地通过服务质量的五大要素来衡量自己所提供的服务，只有企业所提供的服务超出客户的期望值时，企业才能获得持久的竞争优势。

任务 4　理解客户满意度的测评体系

客户满意度测评指标体系是客户满意度测评的核心部分，在很大程度上决定了测评结果的有效性、可靠性。客户满意度测评指标中的客户期望、客户对质量的感知、客户对价值的感知、客户抱怨和客户忠诚变量等均不可以直接测评，需要逐级展开，直到形成一系列可以直接测评的指标，这些逐级展开的测评指标就构成了客户满意度测评指标。

一、指标体系的构成

客户满意度测评指标体系是一个多指标的结构，运用层次化结构设定测评指标，能够及时、深入清晰地表述客户满意度测评指标体系的内涵。一般将测评指标体系划分为四个层次，每一层次的测评指标都是由上一层的测评指标展开的，而上一层次的测评指标是通过下一层次的测评结果反映出来的。

(1)客户满意度指数。这是总的测评目标，为一级指标，即第一层次。

(2)客户期望、客户对质量的感知、客户对价值的感知、客户满意度、客户抱怨和客户忠诚等六大要素作为二级指标，即第二层次。

(3)根据不同的产品、服务、企业或行业的特点，可将六大要素展开为具体的三级指标，即第三层次。比如将客户对服务质量的感知指标分为客户对服务质量的总体评价、客户对服务质量满足需求程度评价和客户对服务质量的可靠性评价等三级指标。

(4)三级指标可以展开为问卷上的问题，形成测评指标体系的四级指标，即第四层次。

客户满意度测评指标体系见表 10-2。

表 10-2　客户满意度测评指标体系表

一级指标	二级指标	三级指标
顾客满意度指数	客户期望	对产品(或服务)质量的总体期望
		对产品(或服务)质量满足需求程度的期望
		对产品(或服务)质量稳定性的期望
	客户对产品质量的感知	客户对产品质量的总体评价
		客户对产品质量满足需求程度的评价
		客户对产品质量可靠性的评价
	客户对服务质量的感知	客户对服务质量的总体评价
		客户对服务质量满足需求程度的评价
		客户对服务质量可靠性的评价
	客户对价值的感知	给定价格时客户对质量级别的评价
		给定质量时客户对价格级别的评价
		客户对总成本的感知
	客户满意度	客户对总价值的感知
		总体满意度
	客户抱怨	感知与期望的比较
		客户抱怨
	客户忠诚	客户投诉情况
		重复购买的次数
		能承受的涨价幅度
		能抵制的竞争者的降价幅度

二、测评问卷的设计

测评问卷是由客户满意度测评指标体系中的三级测评指标展开而来。在设计测评问卷时，不仅要符合问卷设计的原则和要求，还要考虑被测评的产品或服务的本质特征，以及客户的消费心理和行为特征，将关键的四级测评指标转化为问卷上的问题。但要注意，问卷必须是被调查者容易回答的问题，而且不宜太长，20～30 个问题最为适合。

下面列举一些常见的具体问题：

(1)开发票是否准确迅速？

(2)供货时间是否准确？

(3)客户记录是否准确？

(4)销售人员的专业知识和技能如何？

(5)技术支持人员和后勤保障人员的服务意愿和技能如何？

(6)企业服务电话是否容易接通？

(7)客户等候服务的时间长短？

(8)营业时间和地点的安排是否方便客户？

(9)销售人员或开发票、送货的有关人员的举止仪表是否符合职业规范？

(10)企业员工有无不礼貌的言行举止？

(11)有关人员对企业服务项目的介绍是否准确及时？

(12)有关人员对企业的销售政策是否及时传达？

(13)企业是否满足了客户的特殊要求？

(14)企业员工是否给客户以充分的关注？

(15)销售人员或开票人员对经常光顾的客户熟悉吗？

(16)客户有被企业有关人员欺骗的情形吗？

(17)客户档案的有关资料有泄密的情况吗？

(18)购买以后多长时间出现的故障？

(19)产品维修的频率是多少？

(20)多长时间光顾一次本企业？

三、测评指标的量化

客户满意度测评的本质是一个定量分析的过程，即用数字去反映客户对测量对象属性的态度，因此需要对测评指标进行量化。客户满意度测评了解的是客户对产品、服务或企业的看法、偏好和态度，通过直接询问或观察的方法来了解客户态度是困难的。利用某些特殊的态度测量技术进行量化处理，将会使那些难以表达和衡量的“态度”既客观又方便地表示出来。这种态度测量技术所运用的基本工具，就是所谓的“量表”。“量表”的设计包括两个步骤：第一步是“赋值”，根据设定的规则，对不同的态度特性赋予不同的数值；第二步是“定位”，将这些数字排列或组成一个序列，根据受访者的不同态度，将其在这一序列上进行定位。

客户满意度测评中，一般使用“五级李克特量表”。“李克特量表”中的五级态度分别是满意、较满意、一般、较不满意和不满意，相应赋值为5，4，3，2，1。表10-3是利用李克特量表测评客户对某产品质量满意程度的一个示例。

表10-3　客户对某产品质量满意度测评表

测评指标	满　意	较满意	一般满意	较不满意	不满意
产品外观	□	□	□	□	□
质量稳定性	□	□	□	□	□
使用性能	□	□	□	□	□
安全性	□	□	□	□	□

通过调查了解可以汇总计算每个测评指标的客户满意度评价值，从而了解被访群体对测量对象各方面的态度。同时，可以计算每个受访者对测量对象的态度总分，以了解不同被访者对受测对象的态度。

四、提高客户满意度的方法

提高客户满意度是企业销售管理与服务的重要目标。要提高客户满意度，首先要做好客户满意度的测评,并通过统计分析,找到导致客户不满意的关键因素和关键指标;其次是行动,找到提高客户满意度的策略和方法,制订并实施客户满意度提高的计划;最后是改进,对提高客户满意度计划的执行进行监控与改进。

1. 做好客户满意度的测评

测评客户满意度时,要注意做好以下工作:

(1)细分客户。按照一定的标准,对企业的客户进行细分。

(2)确定衡量客户满意度的关键指标,指标的确定可以通过内部员工访谈及外部客户调查来总结分析得出。

(3)根据关键指标,设计出客户满意度的调查表和客户需求程度的调查表。

(4)采用多种调研方法,实施客户满意度调研和客户需求程度调研。

(5)收集调查表,整理调查结果。

(6)对调查结果进行描述性分析和量化统计分析。

(7)总结调查结果,撰写评估报告。

2. 采取积极的行动提高客户满意度

在对客户的满意度评估以后,接着要做的是采取积极的行动:

(1)根据评估分析结果,找到问题的关键所在。

(2)对需要改进的关键指标进行优先排序。

(3)制订提高客户满意度的分步实施计划。

(4)实施提高客户满意度的计划。

3. 改进服务,提高客户满意度

制订了提高客户满意度的计划后,要切实落实,做好改进服务的工作:

(1)监督、控制客户满意度提升的实施。

(2)找到影响计划实施的因素。

(3)提出改进计划的建议。

(4)进一步完善和实施计划。

(5)为下一步客户满意度的评估做好准备。

项目三　客户投诉处理

任务1　了解有效处理客户投诉的意义

对于销售人员来讲,很少有人没有受到客户投诉的经历。对于销售经理来说,接受客户投诉也就成为一项日常工作。那么,如何有效地处理客户投诉,就成为一个亟待解决的问题。

及时发现问题并留住客户对企业来说非常重要。有一些客户投诉实际上并不是抱怨产品或者服务的缺点,而只是向企业讲述对产品和服务的一种期望,或是提出他们真正的需求,这样的投诉会给企业提供一个发展的机遇。像美国的"戴尔",在IT笔记本电脑市场竞争这么激烈的情况下,依然能做得那么出色,正是因为它提供给客户一个更好的营销手段,那就是产品定制。

客户投诉处理的最终目的无非是取得客户的满意，与此同时还要考虑到获取收益。因此，客户投诉处理要达到以下四个目的：

1. 消除客户的不满、恢复信誉

从保护、重视客户的立场来看，客户投诉处理是事关企业生死存亡的大事。因此，处理投诉时最为基本的目的就是要消除客户的不满、恢复信誉。企业理所当然地应该真诚、及时地对客户投诉进行处理。

2. 确立企业的质量保证体制

如何利用客户投诉来改进工作是一个企业很重要的能力。通过处理客户投诉，改进企业产品质量和服务水平，从而为客户提供更为满意的产品和服务。

3. 收集客户信息

客户投诉是客户对产品和服务最真实检查的结果，也是最为可靠的市场调查结果。企业要将客户的投诉收集起来，然后对它们进行充分的分析，妥善地保存好其结果，并在生产及试验方法的改进方面加以利用。

4. 挖掘潜在的需求

挖掘市场的潜在需求也是处理客户投诉不可忽略的一大作用：投诉是客户不满足的一大信号。但是，在现实工作中，一般都把注意力集中到追究商品缺陷的发生责任或对投诉的处理上，却忽略了客户的真正需求。由于客户投诉是与市场紧密相关的，所以在研发新商品时，如果考虑到客户投诉的提示作用，那么新商品的开发成本就会比较低，销量也会较好。

任务2　理解处理客户投诉的原则

因为企业销售的各环节均有可能出现问题，所以客户投诉的内容可能涉及产品及服务提供的各个方面，这些可能出现的问题可归纳为以下几点：

1. 产品质量投诉

客户对产品质量问题的投诉，包括产品在质量上的缺陷、规格不符、技术规格超出允许的误差、产品故障等。

2. 购销合同投诉

客户对购销合同问题的投诉，包括产品数量、等级、规格、交货时间、交货地点、结算方式、交易条件等方面与原购销合同规定不相符。

3. 货物运输投诉

客户对货物运输问题的投诉，包括货物在运输途中发生损坏、变质和丢失，以及因包装或装卸不当而造成损失等。

4. 服务投诉

客户对服务的投诉，包括对企业各类人员的服务质量、服务态度、服务方式、服务技巧等提出的批评和抱怨。

对于各种各样的投诉，企业都应认真对待，在处理客户投诉的过程中，更应该严格遵循以下一些原则：

1. 先处理情感，后处理事件

美国有一家汽车修理厂，它们有一条服务宗旨很有意思，叫做“先修理人，后修理车”。

也就是一个人的车坏了，他的心情会非常不好，我们应该先关注客户的心情，然后再关注汽车的维修，“先修理人，后修理车”讲的就是这个道理。可是这个道理很多企业都忽略了，往往是只修理车，而不顾人的感受。正确处理客户投诉的原则，首要的就是“先处理情感，后处理事件”。

2. 耐心地倾听顾客的抱怨，分析顾客抱怨的原因

比如，一个顾客在商场购物，对于所购买的产品基本满意，但是他也发现了一个小问题，提出来退换，但是售货员不太礼貌地拒绝了他，这时他开始抱怨，投诉到商场经理。事实上，在他的抱怨中，更多的是购货员的服务态度问题，而不是产品质量问题。只有认真听取顾客的抱怨，才能发现其实质性的原因。客户投诉多数是发泄性的，情绪都不稳定，一旦发生争执，只会火上加油，适得其反。真正处理客户投诉的原则：开始时耐心地倾听客户的抱怨，避免与其发生争辩，先听他讲。

3. 及时处理问题，想方设法平息顾客的抱怨

由于顾客的投诉多数属于发泄性质，只要得到卖方的同情和理解，消除了怨气，心理平衡后，事情就容易解决了。因此，作为一名销售人员，在面对客户投诉时，一定要设法搞清楚客户的怨气从何而来，以便对症下药，有效地平息客户的抱怨，并及时解决问题。拖延时间，只会使客户的抱怨变得越来越强烈，客户感到自己没有受到足够的重视。例如，客户抱怨产品质量不好，企业通过调查研究，发现主要原因在于客户的使用不当，这时应及时地通知客户维修产品，告诉顾客正确的使用方法，而不能简单地认为与企业无关，不予理睬，虽然企业没有责任，但是也会失去顾客。如果经过调查，发现产品确实存在问题，应该给予赔偿，尽快告诉客户处理的结果。

4. 站在客户的立场，表示理解

漠视客户的痛苦是处理客户投诉的大忌，客户非常忌讳客户服务人员不能站在客户的立场上去思考问题。服务人员必须站在顾客的立场上将心比心，诚心诚意地去表示理解和同情，承认过失。对所有的客户投诉的处理，无论已经被证实，还是没有被证实的，都不是先分清责任，而是先表示道歉，这才是最重要的。

5. 迅速采取行动

体谅客户的痛苦而不采取行动是一个空礼盒。例如，与其说“对不起，这是我们的过失”，不如说“我能理解给您带来的麻烦与不便，您看我们能为您做些什么呢？”客户投诉的处理必须付诸行动，不能单纯地同情和理解，要迅速地给出解决的方案。

任务3 掌握处理客户投诉的策略

企业处理客户投诉的方法有很多，应面对不同情形采取有效的应对策略。下面介绍几种常用的处理客户投诉的策略。

1. 认真倾听

倾听是解决问题的前提。在倾听投诉客户的时候，不但要听他表达的内容，还要注意他的语调与音量，这有助于你了解客户语言背后的内在情绪。同时，要通过解释与澄清确保你真正了解了客户的问题。例如，你听了客户反映的情况后，根据你的理解向客户解释一遍：“王先生，来看一下我理解的是否对。您是说您一周前买了我们的传真机，但发现有时会无法接收传真。我们的工程师已上门看过，但测试结果没有问题。今天，这种现象再次发生，您很不满意，要求我们给你更换产品，是吗?”或者说，“我理解了您的意思吗?”认真倾听客户，向客户解释他所表达的意思，并请教客户我们的理解是否正确，都向客户显示我们对他的尊重，以及我们是想真诚地解决问题，这也给客户一个机会去重申他没有表达清晰的地方。

2. 认同客户的感受

客户在投诉时会表现出烦恼、失望、气馁、发怒等各种情感。我们不应当把这些表现当做是对个人的不满，特别是当客户发怒时，我们可能心里会想:“凭什么又对着我发火? 我又没惹你!”要知道，愤怒的情感通常都会在潜意识中通过一个载体来发泄。对于愤怒，客户仅是把你当成了倾诉的对象。客户的情绪是完全有理由的，是理应得到重视和最迅速、合理地解决的。要让客户知道你非常理解他的心情，关心他的问题:“王先生，对不起，让您感到不愉快了，我非常理解您此时的感受。”无论客户是否是对的，至少在客户的世界里，他的情绪与要求是真实的，我们只有与客户的世界同步，才有可能真正了解他的问题，找到最合适的方式与他交流，从而为成功地处理投诉奠定基础。我们有时候在说道歉时感觉很不舒服，因为这似乎是在承认自己有错，说声“对不起”、“很抱歉”，并不一定表明我们或公司犯了错误，这主要表明我们对客户不愉快经历的遗憾与同情。不用担心客户会因得到我们的认可而越发地强硬，表示认同的话会将客户的思绪引向关注问题的解决。

3. 提供解决方案

针对客户投诉，每个企业都应有各种预案或解决方案。我们在提供解决方案时要注意以下几点。

(1)为客户提供选择。通常一个问题的解决方案都不是唯一的，给客户提供选择会让客户感到受尊重。同时，客户选择的解决方案在实施的时候也会得到来自客户方的更多认可和配合。

(2)诚实地向客户承诺。能够及时地解决客户的问题当然最好，但有些问题可能比较复杂或特殊，我们不能确定该如何为客户解决。如果不能确定，不要向客户做任何承诺，而是诚实地告诉客户情况有点特别，我们会尽力帮客户寻找解决的方法，但需要一点时间。然后约定给客户回话的时间，注意一定要确保准时给客户回话。即使到时你仍不能帮客户解决问题，也要准时打电话向客户解释问题进展，表明自己所做的努力，并再次约定给客户答复的时间。同向客户承诺你做不到的事相比，诚实会更容易得到客户的尊重。

(3)适当地给客户一些补偿。为了弥补企业工作中的一些失误给客户带来的不便，可以在解决客户问题之外给一些额外补偿，但要注意一定要先解决问题。一有投诉就用小恩小惠去息事宁人，这根本不能减少问题的发生，反而会造成错误的期望。

4. 合理解决索赔

如果客户提出了索赔的要求，而且也符合企业关于赔偿的有关规定，就应为客户解决赔偿的问题，但要提出一个公平合理的解决办法。在解决客户索赔时，销售人员必须获得下列信息:客户索赔的金额和索赔的频率，客户账户的数量和客户的重要程度，企业所采取的行动对其他客户可能的影响程度等。在获取了以上信息之后，企业可选择的解决方案有以下几种:

(1)产品完全免费退换。

(2)产品完全退换，由客户支付劳动力和运输费用。

(3)产品完全退换，由客户和企业共同承担相关费用。
(4)产品完全退换，支付客户折扣价格。
(5)企业负责维修，客户承担维修费用。
(6)产品返厂，再做处理。
(7)客户向第三方索赔。

【小资料 10-3】

“辰光”酸牛奶中有苍蝇

某日，在某购物广场，顾客服务中心接到一起顾客投诉，顾客说从我商场购买的“辰光”酸牛奶中喝出了苍蝇。投诉的内容大致是：顾客李小姐从我商场购买了“辰光”酸牛奶后，马上去一家餐馆吃饭，吃完饭李小姐随手拿出酸牛奶让自己的孩子喝，自己则在一边跟朋友聊天，突然听见孩子大叫：“妈妈，这里有苍蝇。”李小姐寻声望去，看见小孩喝的酸牛奶盒里(当时酸奶盒已被孩子用手撕开)有只苍蝇。李小姐当时火冒三丈，带着小孩来商场投诉。正在这时，有位值班经理看见便走过来说：“你既然说有问题，那就带小孩去医院，有问题我们负责！”顾客听到后，更是火上加油，大声喊：“你负责？好，现在我让你去吃10只苍蝇，我带你去医院检查，我来负责好不好？”边说边在商场里大喊大叫，并口口声声说要去“消协”投诉，引起了许多顾客围观。

该购物广场顾客服务中心负责人听到后马上前来处理，赶快让那位值班经理离开，又把顾客请到办公室交谈，一边道歉一边耐心地询问了事情的经过。询问重点：①发现苍蝇的地点(确定餐厅卫生情况)；②确认当时酸牛奶的盒子是撕开状态而不是只插了吸管的封闭状态；③确认当时发现苍蝇是小孩先发现的，大人不在场；④询问在以前购买“辰光”牛奶有无相似情况。在了解了情况后，商场方提出了处理建议，但由于顾客对值班经理“有问题去医院检查，我们负责”的话一直耿耿于怀，不愿接受商场的道歉与建议，使交谈僵持了两个多小时之久，依然没有结果，最后商场负责人只好让顾客留下联系电话，提出换个时间与其再进行协商。

第二天，商场负责人给顾客打了电话，告诉顾客：我商场已与“辰光”牛奶公司取得联系，希望能邀请顾客去“辰光”牛奶厂家参观了解(“辰光”牛奶的流水生产线：生产——包装——检验全过程全是在无菌封闭的操作间进行的)，并提出，本着商场对顾客负责的态度，如果顾客要求，我们可以联系相关检验部门对苍蝇的死亡时间进行鉴定与确认。由于顾客接到电话时已经过了气头，冷静下来了，而且也感觉商场负责人对此事的处理方法很认真严谨，顾客的态度一下缓和了许多。这时商场又对值班经理的讲话做了道歉，并对当时顾客发现苍蝇的地点——并非是环境很干净的小饭店，时间——大人不在现场、酸奶盒没封闭，已被孩子撕开等情况做了分析，让顾客知道这一系列情况都不排除是苍蝇落入(而非牛奶本身带有)酸奶的因素。

通过商场负责人的不断沟通，顾客终于不再生气了，最后告诉商场负责人：他们其实最生气的是那位值班经理说的话，既然商场对这件事这么重视并认真负责处理，所以他们也不会再追究了，他们相信苍蝇有可能是小孩喝牛奶时从空中掉进去的。顾客说：

“既然你们真的这么认真地处理这件事，我们也不会再计较，现在就可以把购物小票撕掉，你们放心，我们会说到做到的，不会对这件小事再纠缠了！”

归纳总结

客户服务就是企业在合适的时间和地点，以适当的价格和方式向客户提供产品与服务，使客户的需求得到满足、价值得到提升的活动过程。在整个服务过程中，企业既要重视售前服务，也要重视售中和售后服务，并掌握评价服务质量的方法。

客户满意反映的是客户的一种心理状态，是客户对企业的某种产品和服务消费所产生的可感知效果与其期望值进行比较后，所形成的愉悦或失望的感觉状态。就是说，“满意”并不是一个绝对概念，而是一个相对概念。

影响客户满意度的因素有：影响产品购买满意度的因素，影响产品使用满意度的因素，影响客户服务满意度的因素，影响员工满意度的因素。一般可以从效用和心理形成过程两个角度来对客户满意度进行分析，通过对客户满意度的效用分析，可以将客户满意度定义为客户购买的总价值和购买的总成本之比。客户满意度测评指标体系是客户满意度测评的核心部分，在很大程度上决定了测评结果的有效性、可靠性。客户满意度测评指标中的客户期望、客户对质量的感知、客户对价值的感知、客户抱怨和客户忠诚变量等均不可以直接测评，需要逐级展开，直到形成一系列可以直接测评的指标，这就构成了客户满意度测评指标体系。

提高客户满意度是企业销售管理与服务的重要目标。要提高客户满意度，首先要做好客户满意度的测评，并通过统计分析，找到导致客户不满意的关键因素和关键指标；其次是行动，找到提高客户满意度的策略和方法，制订并实施客户满意度提高的计划；最后是改进，对提高客户满意度计划的执行进行监控与改进。

对于销售人员来讲，很少有人没有受到客户投诉的经历。对于销售经理来说，接受客户投诉也就成为一项日常工作。那么，如何有效地处理客户投诉，就成为一个亟待解决的问题。有效处理客户投诉，可以维护企业形象，可以挽回客户对企业的信任，可以及时发现问题并留住客户。显然，有效处理客户投诉能有效提高客户的忠诚度。而客户投诉的主要内容有产品质量问题、合同条款问题、运输问题等，销售经理要理清客户投诉的问题，在处理客户投诉中坚持原则，按规定的工作程序，采取适当的策略，高效地处理客户投诉。

处理客户投诉应坚持的原则：先处理情感，后处理事件；耐心地倾听顾客的抱怨，分析顾客抱怨的原因；及时处理问题，想方设法平息顾客的抱怨；站在客户的立场，将心比心；迅速采取行动。处理客户投诉的工作程序：记录投诉内容，判定投诉是否成立，确定投诉处理责任部门，分析投诉原因，提出处理方案，提交主管领导指示，实施处理方案，总结评价。处理客户投诉的基本策略有：认真倾听，认同客户的感受，提供解决方案，合理解决索赔，同时，在处理客户投诉时，要注意建立制度，追究责任，研究预案，善后问题的处理等。

实用技术训练

一、知识训练

1. 重要概念解释

客户服务　服务质量　客户满意度

2. 问题理解

(1)简述客户服务的内容。

(2)如何评价服务质量?

(3)如何测评客户满意度?

(4)有效处理客户投诉的策略有哪些?

3. 知识应用

(1)单项选择题。

①感知服务质量与预期服务质量差距大,服务质量越(　　)。

A. 差　　B. 好　　C. 一般　　D. 不相关

②广告实际上是一种(　　)工作,它是引导消费、传递信息、促进销售不可缺少的手段。

A. 售前服务　　B. 售中服务　　C. 售后服务　　D. 免费服务

③服务人员在履行职责时的行为属于(　　)。

A. 服务的技术质量　　B. 职能质量　　C. 形象质量　　D. 真实瞬间

④服务质量测定一般采取(　　)方式进行。

A. 综合比较　　B. 小组讨论　　C. 评分量化　　D. 目标评定

⑤影响产品购买满意度的因素,即企业在(　　)上对客户满意度的影响。

A. 物质层面　　B. 精神层面　　C. 产品贡献层面　　D. 市场表现层面

⑥在一定时期内,客户对某一产品或服务重复购买的次数越多,说明客户的满意度(　　)。

A. 越高　　B. 越低　　C. 一般　　D. 不能确定

⑦(　　)是客户不满意的信号,妥善处理可以重塑企业形象。

A. 咨询　　B. 讨价还价　　C. 投诉　　D. 退货

⑧处理客户投诉时,客服人员首先要做的是(　　)。

A. 道歉　　B. 聆听　　C. 追究责任　　D. 采取行动

(2)多项选择题。

①服务质量由(　　)构成。

A. 技术质量　　B. 职能质量　　C. 形象质量　　D. 真实瞬间

②按服务的时序分(　　)。

A. 售前服务　　B. 定点服务　　C. 售中服务　　D. 售后服务

③提高企业服务质量的常用的方法有(　　)。

A. 客户满意　　B. 蓝图技巧　　C. 标准跟进　　D. 客户忠诚

④影响客户满意度的因素主要分为(　　)。

A. 影响产品购买满意度的因素

B. 影响产品使用满意度的因素

C. 影响客户服务满意度的因素

D. 影响员工满意度的因素

二、技能训练

1. 案例分析

某日晚上，一位女顾客带着读中学的儿子来到某购物广场一楼钟表柜台，请营业小姐检查购买才14天的"防水手表"就已经出现漏水现象。那位少年说："你们这表有质量问题，买了才两周就不行了。夜视指示灯按钮不灵，有时可以按亮，有时就不行，下雨天就进水，里面全是雾气。"小姐接过表按了一下按钮说："没问题呀！"少年又说："你再按一次看看。"小姐又按了一次说："哟，是有些问题。"孩子的母亲说："那现在怎么办呢？""在15天之内可以换货。""那正好，我买了才14天，9月1日买的，应该可以换货。"营业员小姐一听，马上说："啊，对不起，我记错了，电器才是15天，钟表是7天。""小姐，不会吧！"顾客不相信地看着小姐，小姐马上接过话："这是国家的新三包规定，又不是我定的。"

顾客懒得与营业员进行理论，就说："那就维修吧。多长时间可以取货？""至少要15天。""太长时间了，能不能快一点？小孩读书天天要用表。""最快也要10天，修好了，我们电话通知你。""如果修好后再坏了怎么办？""如果修了三次，就可以换一块？""那多麻烦，你们应该给顾客多考虑一下，不要让顾客来来回回跑，这样会使顾客流失掉的。还有就是你们修表时间太长，别的商场一般是一个星期，而你们要半个月，这样很不好。"顾客带着孩子离开钟表柜台去购物，孩子还在说："以后不要来这里买了。"

讨论：

(1)此处的售后服务出现了什么问题？

(2)如何有效地处理顾客遇到的问题？

2. 操作实训

【项目】处理客户投诉。

【目的】理论与实践相结合，通过模拟售后服务来掌握客户投诉处理的策略和技巧。

【内容】以生活中遇到或听说的实际案例为个案，研究服务人员的处理过程。

【步骤】

(1)寻找生活中碰到关于投诉或售后服务的个案。

(2)组建团队，通过角色扮演法来分别扮演客户和服务人员展开活动。

(3)通过换位扮演重复上述投诉处理过程。

(4)相互点评和总结活动过程中处理到位和不到位的地方。

(5)以书面报告的形式提交本次实训的收获。

（姜素芳）

课堂互动及实用技术训练参考答案

学习情境一　做一名医药销售经理

课堂互动

1－1　分析提示：管理者与领导者的最大区别是管理者拥有下属，领导者拥有追随者。管理者的影响力随着职权的消失而消失，而领导者靠人格魅力影响别人，故其影响力不会随职权的失去而消失。

1－2　分析提示：随着经济和科技的发展，顾客的需求在不断地变化，出现了以下规律性的特点：

(1)对产品的档次要求越来越高；

(2)对产品的价格要求越来越低；

(3)对产品的质量要求越来越高；

(4)对产品的服务要求越来越高；

(5)对产品的个性化要求越来越高；

(6)对产品的品牌内涵要求越来越高；

(7)对产品的企业形象要求越来越高。

一、知识训练

1. 重要概念解释

销售管理：对企业销售活动的计划、组织、训练、领导和控制，以达到实现企业价值的过程。

2. 问题理解

(1)销售管理包括制订销售计划、构建销售组织、销售人员的选聘与培训、销售人员的薪酬与激励、销售分析与绩效考评、货品管理、信用管理、客户关系管理、客户服务管理等内容。

(2)了解销售经理的职责与职权；掌握销售经理的职能与技能；了解销售经理应具备的品质；理解销售经理的角色定位。

3. 知识应用

(1)单项选择题：①A　②D　③D　④C　⑤D　⑥C

(2)多项选择题：①ABCD　②ABC　③ABCD　④ABD

二、技能训练

1. 案例分析：略

2. 操作实训：略

学习情境二　制订销售计划

课堂互动 2－1

定性预测的优点：注重于事物发展在性质方面的预测，具有较大的灵活性，易于充分发挥人的主观能动作用，且简单迅速，省时省费用。定性预测的缺点：易受主观因素的影响，比较注重于人的经验和主观判断能力，从而易受人的知识、经验和能力的多少的束缚和限制，尤其是缺乏对事物发展作数量上的精确描述。

定量预测的优点：注重于事物发展在数量方面的分析，重视对事物发展变化的程度作数量上的描述，更多地依据历史统计资料，较少受主观因素的影响。定量预测的缺点：比较机械，不易处理有较大波动的资料，更难于事物预测的变化。

定性预测和定量预测并不是相互排斥的，而是可以相互补充的，在实际预测过程中应该把两者正确地结合起来使用。

一、知识训练

1. 重要概念解释

销售潜力：销售潜力是市场潜力的子集，是指在特定时期内，某特定企业所能取得的最大市场份额的合理预期。

销售预测：销售预测是指某个企业对其未来一段时间内，在特定市场上按照预定的市场营销计划可能实现的销售额(量)所作的估计。

销售目标：销售目标往往是在销售预测的基础上，结合本公司的营销战略、行业特点、企业现状以及竞争对手的状况来制定的。

销售定额：销售定额是销售经理计划管理工作中最有力的措施之一，它规定了销售单位和个人必须实现的最低目标，它可以用来衡量销售单位、销售人员完成任务的状况。

2. 问题理解

(1)不可控因素：市场需求、政治环境、经济环境、行业竞争环境；可控因素：生产状况、销售人员、营销和销售政策。

(2)定性预测：经理人法、销售人员意见法、消费者意见法、德尔菲法；定量预测：平均值法、指数平滑法、回归分析法、能力基础预测法。

(3)公平性、灵活性、可行性、可控性和可接受性。

(4)首先，取得部门别、客户别的产品销售比重，将去年同月的部门别、客户别的产品销售比重予以分析研究。其次，对部门别及客户别产品销售比重的调整，将去年同月的部门别、客户别的产品销售比重予以调整。最后，确定部门别、客户别销售计划目标，用调整后的销售比重乘以部门的销售计划目标定额，即可获得部门别、客户别的销售计划目标。

3. 知识应用

(1)单项选择题：①A　②A　③A　④A　⑤A

(2)多项选择题：①ABCD　②ABCD　③ABCD　④ABCD　⑤ABCD

二、技能训练

1. 案例分析

(1)在预测时，最终一次判断是综合前几次的反馈做出的，因此一般取后一次判断为依据。则如果按照8位专家第三次的平均值计算，则预测这个新产品的平均销售量为：

$$\frac{415+570+770}{3}=585(\text{千件})$$

(2)将最可能销售量、最低销售量和最高销售量分别按0.50、0.20和0.30的概率加权平均，则预测平均销售量为：

$$570\times0.50+415\times0.20+770\times0.30=599(\text{千件})$$

(3)用中位数计算，可将第三次判断按预测值高低排列如下：

最低销售量： 300 370 400 500 550

最可能销售量： 410 500 600 700 750

最高销售量： 600 610 650 750 800 900

中间项的计算公式为$\frac{n+1}{2}$(n=项数)

最低销售量的中位数为第三项，即400。

最可能销售量的中位数为第三项，即600。

最高销售量的中位数为第三、第四项的平均数，即700。

需要说明的是，如果数据分布的偏态较大，一般使用中位数，以免受个别偏大或偏小的判断值的影响；如果数据分布的偏态比较小，一般使用平均数，以便考虑到每个判断值的影响。

2.操作实训：略

学习情境三　构建销售组织

课堂互动3－1

销售组织的设计受许多因素的影响，企业必须根据自身情况选择最合适的销售组织结构形式，以最大程度地实现企业的目标。在设计销售组织之前，企业除了要在具体的组织结构形式之间进行选择外，也需要在是采取机械式还是选择有机式的组织形式之间进行选择。

机械式组织是一种正规的严密控制的组织结构形式，其特征是：高度的专业化、界限分明的部门划分、高度正规化、有限的信息沟通（大多是下行沟通）、基层员工很少参与决策。机械式的组织结构适合经营日用消费品的公司。

与机械式组织形成鲜明对比的是有机式组织，这是一种灵活的具有高度适应性的组织形式。有机式组织也进行劳动分工，但人们所从事的工作并不是标准化的。员工经过良好的训练，并被授权进行多种多样的工作活动和处理不同的问题，因此，这些组织经常使用员工团队。有机式组织中的员工不需要多少正式的规则和直接监督，因为他们高水平的技能和训练，以及来自其他团队成员的支持，使正规化和严密的管理控制成为不必要。有机式组织适合需要团队配合的工业用品、咨询服务和大型项目的销售。

一、知识训练

1.重要概念解释

组织：指关于一群人活动的安排或运行机制，目的是使相关者一起活动的效果优于单个人的活动。

组织机构：就是组织内部对工作的正式安排，是组织内各要素及其相互关系的总和。它包括以下内容:正式关系和责任模式、对组织中不同部门的个人活动或活动安排、这些活动或任务的协调、组织内部的等级关系、指导组织内部人们活动和关系的方针、程序、标准、评价系统等。

组织职能:指根据一个组织的目标,将实现这个目标所必须进行的各项活动和工作加以划分和归类,设计出适应的组织结构,配备负责人员,分工授权并进行协调的一系列活动的总称。

销售组织:企业内部从事销售工作的人、事、物、信息、资金的有机结合,通过统一协调行动完成企业既定的销售目标。

职能型组织结构:按工作专门化要求组建的一种组织结构形式。

2.问题理解

(1)销售组织的职能:①确定内部员工之间的正式关系。②确定各职位的责、权、利。③负责招聘、录用、培训、考核、激励销售组织员工。④负责组织内部人、财、物、时间和信息等资源的计划、使用和调度及使组织效率最大化。⑤负责企业销售目标的达成与销售计划的实施。⑥负责销售渠道的拓展与管理工作。⑦负责具体促销活动的组织实施。⑧负责销售内勤事务处理工作。

(2)销售组织未来发展趋势主要体现在两个方面:一是采用复合型销售组织结构的企业逐渐增多;二是采用团队销售组织结构将成为未来销售组织的主要形式。

(3)销售组织设计的原则:任务目标原则、顾客导向的原则、精简与高效的原则、管理幅度合理的原则、分工协作原则、命令统一原则、责权利相结合原则、集权与分权相结合原则、执行与监督分开设置原则、稳定而有弹性的原则。

(4)销售组织设计的步骤:明确销售组织设立的目标;分析达到销售组织目标所必须完成的各项任务、确定适合人员的上岗、制定协调与控制方法、改善销售业务部门的组织工作。

(5)外部环境的变化主要包括以下几个方面:①宏观经济环境变化造成需求变化。②行业竞争的加剧造成市场份额降低。③战争、自然灾害、瘟疫等不可抗力造成经营环境变化。

公司内部条件的变化包括:①由于新产品和新业务的增加,出现了本公司要开发的新市场。②本公司产品在寿命周期上的位置发生较大变化。③本公司产品之间的销售率出现较大变化。④本公司的流通政策有了较大的变化。⑤本公司销售人员的质量结构出现变化。

3.知识应用

(1)单项选择题:①A ②B ③A ④B ⑤B

(2)多项选择题:①ABCD ②ABCDE ③ABDE ④ADE ⑤AB

二、技能训练

1.案例分析

(1)A 公司采用的组织结构类型是区域型销售组织。

(2)A 公司的组织结构设计不合理。因为 A 公司的医药产品很多,而且均为技术复杂、具备较强专业性的医药类产品,宜按产品或客户划分市场区域,即每个业务员负责一类产品或某个客户群的销售工作。如可分为处方药销售组和非处方药销售组,然后再根据不同的产品类型进行市场划分,进行人员的配置。另外,该公司的此类组织结构设计方法对业务员的控制力太弱,万一该业务员辞职,将带走大片市场,导致公司市场份额的丧失,因此必须在组织架构上采用方法加大对业务员的控制力度,比如增加直线经理的权限范围,要求直线经理必须能够掌握大客户的情况，做到及时和业务员随访，有效监督和分散业务员对市场的控制力。

2. 操作实训：略

学习情境四　销售人员的选聘与培训

一、知识训练

1. 重要概念解释

"3H1F"模式：3H 是指 Head、Heart、Hand，1F 是指 Foot。Head 是指销售人员要善于思考，应该怎样地沟通客户、拜访客户，从而成功地挽留客户和获得客户的订单。Heart 是指销售人员要用心去做事，要具备爱心、信心、耐心、关心、诚心、良心、恒心、决心、专心、小心、虚心、真心、热心、安心、留心。Hand 是指销售人员要勤于动手，建立客户档案，总结每次失败与成功的经验。Foot 是指销售人员要勤于跑动，经常拜访客户，要广泛寻找可能存在的客户。

2. 问题理解

(1)奋斗才干包括：强烈的进取心，拼搏的精神；比别人做得更好，更优秀；有强烈的欲望，每天都要达到一定的成就；他们是自己给自己上发条的人，工作非常勤奋、甚至是工作狂；有强烈的荣誉感；体力充沛、耐力持久；竞争性强；追求功名。

(2)好的绩效包括：完成率、增长率、完成金额、重点医院纯销的增长、新产品的增长率、团队中的排名、销售明星、生意持续增长、市场排名和市场占有率。

3. 知识应用

(1)单项选择题：①D　②A　③D　④D　⑤A　⑥B

(2)多项选择题：①AB　②ABC　③ABC　④ABCD

二、技能训练

1. 案例分析

答：面试人员的面试目标：①创造一个融洽的会谈气氛，使应聘者能够正常展现自己的实际水平；②让应聘者更加清楚地了解企业发展状况、应聘岗位信息和企业人力资源政策；③了解应聘者的专业知识、岗位技能和非智力素质；④决定是否录取。

应聘者的面试目标：①展现自己的实际水平；②说明自己具备的条件；③被理解、被尊重，并得到公平对待；④充分地了解自己关心的问题；⑤决定是否去留。

2. 操作实训：略

学习情境五　销售人员的薪酬与激励

课堂互动

5－1　略

5－2　案例中韩国总经理用的是精神激励的方法。

5－3　拿破仑在智救落水者过程中用的是负激励的方法。

一、知识训练

1. 重要概念解释

销售人员薪酬是指销售人员通过从事销售工作而取得的利益回报。

纯粹佣金制度是与一定期间的销售工作成果或数量直接关联的一种薪酬形式，即按一定比率给予佣金。

纯粹薪金制度是指无论销售人员的销售额是多少，其在一定的工作时间之内都获得固定数额的薪酬。

环境激励是指企业创造一种良好的工作氛围，使销售人员心情愉快地开展工作。

目标激励是指为销售人员确定一些拟达到的销售指标，以目标激励销售人员上进。

2. 问题理解

(1)销售人员薪酬设计应考虑：企业因素、客户因素、市场因素和员工因素。

(2)销售人员培训不力，不能适应市场竞争的需要；管理人员与销售人员缺乏有效沟通；薪酬制度设计不合理；“以人为本”的企业文化缺乏，销售人员成了“经济人”。

3. 知识应用

(1)单项选择题：①A ②B ③B ④B ⑤A

(2)多项选择题：①ABCD ②ABCD ③ABC ④ABCD

二、技能训练

1. 案例分析：略

2. 操作实训：略

学习情境六 销售分析与绩效考评

课堂互动 6－1

绩效管理，是指各级管理者和员工为了达到组织目标共同参与的绩效计划制订、绩效辅导沟通、绩效考核评价、绩效结果应用、绩效目标提升的持续循环过程，绩效管理的目的是持续提升个人、部门和组织的绩效。

绩效考核也称成绩或成果测评，绩效考核是企业为了实现生产经营目的，运用特定的标准和指标，采取科学的方法，对承担生产经营过程及结果的各级管理人员完成指定任务的工作实绩和由此带来的诸多效果做出价值判断的过程。

绩效管理的目的是持续提升个人、部门和组织的绩效。绩效考核的目的是测评成绩或成果。绩效考核是绩效管理的一种手段。

一、知识训练

1. 重要概念解释

销售额分析：就是通过对企业全部销售数据的研究和分析，比较和评估实际销售额与计划销售额之间的差距，为未来的销售工作提供指导。

销售成本：指已销售产品的生产成本或已提供劳务的劳务成本以及其他销售的业务成本。销售成本包括主营业务成本和其他业务支出两部分。

市场占有率分析：市场占有率又称市场份额，是指在一定时期内，企业产品在市场上的销售量或销售额占同类产品销售总量或销售总额的比重。

横向比较法：这是一种把各位销售人员的销售业绩进行比较和排队的方法，这里不仅要求对销售人员完成的销售额进行对比，而且还应考虑到销售人员的销售成本、销售利润和顾客对其服务的满意程度等。

2. 问题理解

(1)销售额分析的两个方法：①销售差异分析，就是分析并确定不同因素对销售绩效的不同作用；②特定产品或地区销售差异分析，就是具体分析和确定未能达到计划销售额的特定产品、地区等。

(2)销售成本分析的目的：①销售成本分析是拟定企业销售政策的基础；②为选择销售途径提供依据；③为制定价格或计算折扣比率提供依据；④用以作为销售活动的管理资料。

(3)销售费用控制的方法：①加强销售费用预算管理；②建立健全财务制度；③对一些关键费用的控制。

(4)销售人员业绩考评由以下四个方面组成：收集考评资料、建立绩效标准、选择考评方法和进行具体考评。

3. 知识应用

(1)单项选择题：①C　②A　③D　④D　⑤D

(2)多项选择题：①BD　②AD　③BCD　④AC

二、技能训练

1. 案例分析

(一)绩效管理与人力资源管理的其他管理环节有着密不可分的关系，在人力资源管理中有着重要的作用。

(1)绩效管理有助于发现员工绩效的缺点和不足，为员工的培训和开发提供依据；

(2)考评的结果能够公平合理地确定员工的薪酬，为调整工资以及确定奖金提供依据；

(3)绩效管理是员工工作岗位调配决策的重要前提和依据；

(4)绩效管理还可以作为人员提升和晋级的依据。

绩效管理的上述作用，从考评的内容、考评结果的应用上，在通达公司中都或多或少地有所体现。

(二)通达公司绩效管理存在的问题

(1)考评的目的不清晰，或非常狭窄：只是为了确定奖金，需要进一步明确公司构建绩效考评制度的基本目的和总目标。

(2)考评指标的确定缺乏科学性：从考评指标的内容、绩效目标的制定过程可见一斑。

(3)考评的周期不当：对业务人员的绩效考评周期要短一些，有助于发现问题；对管理人员来说，其能力素质以及工作效果的考评，周期应当相对长一些，如按季度进行。不能将两者考评周期都统一在一年上；全年的月度、季度考评应与年终考评有效地结合在一起。

(4)考评小组对考评的理解可能有失偏颇：考评小组由高层领导与相关的职能部门人员组成，他们对员工的工作缺乏了解，使考评的准确性和可靠性程度降低。例如建立360度的考评体系可能效果会更好一些。

(5)考评不到位，与其他的工作环节衔接不紧密。公司高层领导应当高度重视员工的绩效考评工作，要做到“四有”：有制度、有落实、有监督和检查、有反馈和指导。

2. 操作实训：略

学习情境七　货品管理

课堂互动 7—1

略

一、知识训练

1. 重要概念解释

订单生产模式：在“订单生产模式”下，订单管理的关键是接受订单的过程，订单完成后也就进入了“销售订单管理流程”。

窜货：又称为倒货或冲货，特指产品的越区销售或者跨区销售。

2. 问题理解

(1)“订单生产模式”下，企业接受订单的流程大体包括以下几个环节：客户调查——接受订货样品——样品分析——客户认可——商定价格——正式接单。

(2)退货工作流程。

①区域经理或分销商经理填写退货申请，注明退货原因和退货数量及金额。

②由 CSR(Customer Service Representative，客户服务代表)核对单价、数量及金额，然后交 SLT 分管经理签名。

③CSR 通知客户退货。

④仓管员收到实际退货后，填写冲减红单，并交给 CSR。

⑤CSR 核对冲减红单中的单价、数量和金额是否准确无误。

⑥CSR 将红单传真至客户，以明确实收退货数量和金额。

⑦CSR 留下冲减红单的一联备案，交一联至财务部。

⑧CSR 和财务部同时冲减客户应收款。

(3)选择适宜的终端类型；争取店方的合作；增加人力的支持；提高促销的整体配合。

3. 知识应用

(1)单项选择题：①A　②D　③B　④D

(2)多项选择题：①ABCD　②ABC　③ABC　④ABC

二、技能训练

1. 案例分析：略

2. 操作实训：略

学习情境八　信用管理

课堂互动

8—1　分析提示：赊销又叫做信用销售，是指厂家在同购货客户签订购销协议以后，让客户将企业生产或代理的成品取走，购货客户则按照购货协议规定的付款日期付款或以分期付款形式逐渐付清货款。在医药销售中，绝大部分的药店、医院对医药销售企业实行约定付款的策略；医药生产企业、医药销售企业相互之间也存在着赊销现象。

8—2　分析提示：企业中与信用管理部门关系最为密切的当属财务部门和销售部门，它们之间有一定的利益制衡关系。信用管理部门与财务部门之间应当说是一种互补性的关系:信用管理部门经常需要借助财务部门所提供的资料如客户付款记录等进行信用分析与评价,而信用管理部门所作的应收账款发生和回收预测等对于财务部门的预算工作又有很大帮助。实际上,两个部门在控制应收账款的规模、消除逾期账款等方面的努力方向是一致的,两者的关系协调主要在于分工和协作。信用管理部门与销售部门有较大的利益冲突,产生利益冲突的原因之一是两个部门的工作目标不一致:销售部门的主要目标是增加销售额,而信用管理部门的主要目标是控制信用风险。信用管理部门为达到工作目标,就必须对客户的资信状况进行分析,剔除风险较大的客户,而销售人员会认为这是信用管理部门在限制他们创造销售成绩。

8－3　分析提示:注意重视信用调查和风险评估,在合作前应从各个渠道全面、客观地获悉客户的信用信息;合作对象的负责人等发生重大事情,应及时发现并果断采取措施,防范可能带来的投资风险及损失;必须对医药项目本身和国内医药政策有足够的了解,审查项目的合法性。

8－4　分析提示:应收账款的特点可以概括为以下几点:

(1)回收的不确定性。应收账款能否收回是由债权者和债务者之间的利益关系博弈与商业信誉决定的,影响因素包括购买方的资信状况、财务状况和销货方的财务状况、催收力度,而客户方面的因素又占据了主导地位,所以账款的回收导致债权方陷入被动,企业对未来资金回笼的风险变得不可控。

(2)不易变现。在企业的资产负债表中应收账款虽然被归类于流动性资产中,但其排序位置往往是靠下的;我国商业信用体系发展的落后与不完善也是限制应收账款流动性的重要因素。

(3)回收成本较高。应收账款的回收成本包括收账人员的工资、奖金、差旅费等收账费用,收集客户信息的费用,以及列入逾期账款而计提的坏账损失准备金。因为现实经济生活中100%收回应收款是有很大难度的,尤其当客户财务状况恶化、客户关系不稳定和遭遇商业欺诈时,回收成本可能要远远大于因销售收入增长所带来的短期利润。

8－5　分析提示:应收账款控制的内容一般包括以下四方面。

(1)根据企业的实际情况和市场环境,制定科学的信用政策,依此指导企业的信用销售和应收账款管理。

(2)控制应收账款的发生规模,使企业持有应收账款总额保持最佳水平。认真审查客户,确保应收账款的及时足额回收。

(3)配合企业财会部门,加强对应收账款的日常监督与分析,以便随时掌握企业持有应收账款的情况,便于做出适时的决策。

(4)采取有力措施,加强应收账款的收款管理。对于确实无法收回的应收账款,建立坏账注销制度。

8－6　分析提示:企业讨债的基本途径有以下四种:企业自行追账、委托追账、仲裁追账和诉讼追账。

一、知识训练

1. 重要概念解释

信用:信用是一种建立在信任基础上的不用立即付款就可获取资金、物资、服务等的能力,是以偿还为条件的价值运动的特殊形式。在商品交换和货币流通存在的条件下,债权人以有条件让渡形式贷出货币或赊销商品，债务人则按约定的日期偿还借贷或偿还货款，有的要支付利息或以更高的价格偿还货款。

信用管理：指对在信用交易中的风险进行管理，即对信用风险进行识别、分析和评估。通过制定信用管理政策，指导和协调内部各部门的业务活动，以保障应收账款安全和及时的回收，有效地控制风险和用最经济合理的方法综合处理风险，使风险降低到最小程度。

2.问题理解

(1)企业信用管理的目标主要是力求在实现销售最大化的同时，将信用风险降低至最低，从而使企业的效益和价值得到最大程度的提高。

企业信用管理的内容一般包含五个方面：一是收集客户资料，完善防范风险信息；二是评估客户的信用，决定给予客户怎么样的信用额度和结算方式；三是通过严格审查单证票据、审核合同条款等手段保障企业债权；四是分析应收账款逾期原因并及时追收，做好应收账款管理；五是做好信用标准、信用条件、收账政策等信用政策的制定。

其中，制定信用政策、应收账款管理和对客户评估授信是企业信用管理的三个主要内容。

(2)应收账款客户是按照客户拖欠债务的情况分类的，对不同的拖欠情况，应采用不同的讨债技巧。不拖欠的客户，应及时提醒客户按约付款，以免新的拖欠；对于恶意拖欠、信用品质不良的客户应当从信用清单中除名，并加紧催收。催收无果而金额较大的应通过诉讼方式解决；对于超过信用期但信用记录良好的客户，争取在延续、增进相互业务关系中妥善地解决应收账款拖欠问题，如果逾期的应收账款金额较大，应在诉讼时效内及时通过诉讼方式解决。

3.知识应用

(1)单项选择题：①D　②A　③A

(2)多项选择题：①ABCDE　②BCD　③ABD

二、技能训练

1.案例分析

(1)64.52%；(2)9.68%；(3)12.90%；(4)12.90%。

根据计算结果可以看出，该企业有12.90%的账款逾期90天以上，说明该企业的应收账款管理水平不高，应加大企业的催收力度，提高账款的回收质量。对B客户，信用管理部门多采取自行催收的方式进行。对C客户，信用管理人员和信用经理必须将这个客户作为重点客户严密监控，频繁地与客户沟通和追讨，直接利用外勤了解情况和追讨。对D客户，委托专业机构进行追收。当账款超过180天后的，可考虑通过法律诉讼的形式追讨。

2.操作实训

实训指导：实训时可以将全体学生以7～8人为一组，分成6个小组，要求小组成员明确分工，各负其责按步骤开展调研活动。选择医药企业时可以有意识地让6个小组分别选择医药生产企业、医药批发(物流)企业、医药零售企业展开调研，通过小组竞赛，做好评比激励和总结分享工作。

学习情境九　客户关系管理

课堂互动

9－1　分析提示：可上网查阅和调研。

9－2　分析提示：①客户满意不等于客户忠诚；②客户忠诚是客户满意的提升；③客户忠诚比客户满意更有价值。

一、知识训练

1. 重要概念解释

客户关系管理：指企业通过运用现代技术手段，以客户为中心，分析客户、选择客户、获得客户、维系客户、提高客户忠诚度和终生价值，提升企业赢利能力和竞争优势而开展的一种营销策略。

2. 问题理解

(1)客户关系管理的内容：①采集客户信息；②对客户进行差异分析；③与客户保持良性接触；④调整产品或服务以满足每一个客户的需求。

(2)二八原则：即帕累托的80/20原则，即企业的80%的销售和利润来自于20%的客户；企业的80%的麻烦来自于20%的客户；企业付出的80%的努力只带来20%的优质服务。企业需要对客户进行分析，分析客户及其给企业带来的影响，以便找出不同类型的客户。当确知某些客户比其他客户给企业带来的影响更大时，企业就应该做出正确的决定：如何使用有限的资源对其进行更加有效的服务。

3. 知识应用

(1)单项选择题：①D　②C　③C　④B　⑤B　⑥D

(2)多项选择题：①ABDE　②ABC　③ABCD　④ACD

二、技能训练

1. 案例分析

(1)客户忠诚是客户在较长的一段时间内对企业产品或服务保持的选择偏好与重复性购买。

客户满意是客户需要得到满足后的一种心理反应，使客户对产品或服务本身或其特性满足自己需要程度的一种评价。

(2)分析数据了解这些顾客想要买些什么，及时以优惠的价格为客户提供他们想要的产品。如通过软件，对扫描设备里的数据加以梳理，即可预测出其顾客什么时候会再次购买某些特定产品。最后，"恰如其时地"推出特惠价格。

迪克超市还依靠顾客特定信息，根据客户的购买量，对客户的价值进行分类，并跨越一系列商品种类把订制的促销品瞄准各类最有价值的顾客。给予大用量顾客的初始折扣优惠远高于给予低用量和中等用量的顾客。促销活动的时间会恰好与每一位顾客独有的购买周期相吻合。

(3)启示：光收集大量的客户信息还远远不够。成败关键取决于利用这些信息针对个体客户制定出量身定做的服务政策。

2. 操作实训：略

学习情境十　客户服务管理

课堂互动 10－1

迪斯尼服务人员上前询问了孩子的姓名，不一会儿，拿着一张刚刚印制的精美卡片(上有孩子姓名)走了过来，交给孩子，并对孩子说，欢迎他到年龄时再来玩这个游戏，到时拿着卡片不用排队——因为他已经排过了。(仅供参考)

一、知识训练

1.重要概念解释

客户服务：企业在合适的时间和地点，以适当的价格和方式向客户提供产品与服务，使客户的需求得到满足、价值得到提升的活动过程。

服务质量：指衡量企业出售产品或提供劳务时，对客户服务程度和服务水平的考核标准。它是一个主观的范畴，取决于客户对服务的预期同其实际感知的服务水平的对比。

客户满意度：反映的是客户的一种心理状态，是客户对企业的某种产品和服务消费所产生的可感知效果与其期望值进行比较后，所形成的愉悦或失望的感觉状态。客户的满意度有三种情况：如果感知效果大于期望值，称为十分满意或高度满意；如果感知效果等于期望值，称为基本满意或一般满意；如果感知效果小于期望值，称为不满意或失望。

2.问题理解

(1)①售前服务。售前服务是指在销售产品之前为客户提供的服务。主要是充分研究和分析客户心理，用各种服务方式激发客户的购买欲望，为销售活动做好准备，保证销售任务的完成。②售中服务。售中服务是指在销售过程中为客户提供的服务，是客户服务的中心环节。③售后服务。售后服务是指在产品出售以后为客户提供的服务。售后服务既是一种促促销手段，也是一种扩大企业影响、树立企业形象的良好方法，企业必须予以足够重视。

(2)一般来说，客户对企业提供的服务，主要根据可感知性、可靠性、反应性、保证性和移情性五个方面进行评价。①可感知性：指服务被感知的部分，即"有形部分"，如提供服务用的各种设施等。②可靠性：指企业所承诺的服务可以准确无误地提供给客户。③反应性：指企业随时准备为客户提供有效的、快捷的服务。④保证性：指服务人员友好的服务态度和胜任服务工作的能力，能够增强客户对企业服务质量的信心和安全感。⑤移情性：指企业要真诚地关心客户，了解他们的实际需求并给予满足，使服务过程充满人情味。

(3)通过客户满意度测评指标体系进行，它是客户满意度测评的核心部分，在很大程度上决定了测评结果的有效性、可靠性。客户满意度测评指标中的客户期望、客户对质量的感知、客户对价值的感知、客户抱怨和客户忠诚变量等均不可以直接测评，需要逐级展开，直到形成一系列可以直接测评的指标，这些逐级展开的测评指标就构成了客户满意度测评指标。

(4)①认真倾听。②认同客户的感受。③提供解决方案(为客户提供选择；诚实地向客户承诺；适当地给客户一些补偿)。④合理解决索赔。

3.知识应用

(1)单项选择题。

①A　②A　③B　④C　⑤D　⑥A　⑦C　⑧A

(2)多项选择题。

①ABCD　②ACD　③BC　④ABCD

二、技能训练

1. 案例分析

略

2. 操作实训

略

参考文献

[1]菲利普·科特勒.营销管理(第10版).北京:中国人民大学出版社,2001.
[2]熊银解,查尔斯·M.富特雷尔.销售管理.北京:高等教育出版社,2005.
[3]李先国.销售管理.北京:中国人民大学出版社,2004.
[4]张启杰.销售管理.北京:电子工业出版社,2009.
[5]张启杰,田玉来.销售管理实务.北京:中国电力出版社,2009.
[6]易正伟,敖旭鹏.销售管理原理与实务.北京:中国水利水电出版社,2011.
[7]吴晶妹.信用管理概论.上海:上海财经大学出版社,2011.
[8]朱菁华,邹荣.医药企业区域营销经理实战宝典.北京:海洋出版社,2004.
[9]李晶荣.简述企业应收账款的管理.北京:经济科学出版社,2004.
[10]秦毅.如何管理与控制销售队伍.北京:北京大学出版社,2004.
[11]秦毅.如何培训与激励销售队伍.北京:北京大学出版社,2006.
[12]秦毅.如何系统规划销售组织与业务.北京:北京大学出版社,2006.